한국식문화사
(韓國食文化史)

저자 손 종 연

도서출판 진로

머리말

전통식품은 그 나라의 문화이며 역사이다. 우리의 전통식품은 중국에 많은 영향을 받으면서 발전하여 왔으며, 그 후 우리의 기후, 계절, 풍토, 문화에 맞는 독자적인 전통식품을 창출하여 왔다. 따라서 우리의 전통식품에는 수 천년동안 이어져 온 선조의 지혜와 마음, 민족의 역사와 문화가 담겨져 있다.

그러나 식생활도 서구화되면서 서양식품의 이용이 증가하여 우리의 전통식품은 경시되어 온 것이 현실이다. 이와 같이, 우리는 고유의 훌륭한 전통식품문화를 가지고 있으면서도 이를 학문적이고, 체계적으로 발전, 계승시키지 못하고 있다. 이러한 현실 속에서 우리의 전통식품에 대한 올바른 지식을 널리 보급, 전수하고, 지속적인 전통식품의 발전과 세계화를 도모하는 것은 매우 중요하다. 우리의 전통식품은 특히, 외국식품과는 차별화된 우수성을 갖고 있어 세계화의 가능성도 높다고 생각한다. 근래 국내외적으로 전통식품에 대한 관심이 높아지고, 그 수요도 증가하고 있는 것은 참으로 다행스런 일이다.

전통음식을 발전시키기 위해서는 우선적으로 우리 고유의 전통음식을 이해하여야 한다. 즉, 전통음식이 형성되게 된 역사적인 배경과 전통식품의 기본적 본질을 이해하여 전통식품을 계승, 발전시켜야만 한다.

본 책의 내용은 현재 많이 이용되고 있는 전통식품들을 우선적으로 다루었으며, 각각의 전통식품에 대한 역사적 배경, 시대적 발달, 조리법, 특징, 기능적 우수성 및 문제점 등을 설명하였다.

또한, 한국, 중국, 일본은 서로 다른 독특한 식문화를 가지고 있지만, 역사적으로 매우 밀접한 관계를 가지고 있다. 따라서 한국, 중국, 일본의 식품문화의 차이점을 문헌적으로 비교, 고찰하여 독자들의 올바른 이해를 돕고자 하였다.

부디, 전통식품에 대한 인식을 새롭게 하여, 과거의 전통식품을 재현하는 것만이 아닌 식품문화의 계승과 발전에 도움이 되었으면 한다. 더 나아가 시대적 흐름에 따라 우리 문화와 정서에 조화된 전통식품을 외래식품과의 접목하여 우리 것으로 받아들이고, 보다 우수한 음식문화를 발전시켜 나갔으면 하는 바램이다.

이상과 논한 것과 같이 우리의 전통식품의 근본적인 이해를 돕고자 하였으나, 아직 미비한 점이 많을 것이라고 생각한다. 본서의 미비한 점은 새로운 지식의 추가와 함께 시정, 보완하고자 하니 독자들의 넓은 관용을 바란다.

끝으로 본서를 출판을 가능케 해 주신 도서출판 진로의 임종철사장님과 관련 직원 여러분께 진심으로 감사드리는 바이다.

2009년 7월

저자 씀

차 례

1장

한국의 식문화

1.1. 식문화(食文化)란?

식문화란 인간이 수렵이나 채집의 이동식 생활에서 벗어나 기후, 풍토, 지리적 특성에 맞게 정착해온 식생활의 체계를 말한다.

특히, 기후는 식생활에 가장 큰 영향을 주는 요인이다. 즉, 한대지방은 음식이 담백하고, 가공하지 않은 날것을 많이 먹으며, 음식종류가 적다는 특징이 있다. 또 향신료를 많이 사용하지 않고, 독한 술을 많이 마신다. 우리나라와 같은 온대지방은 음식의 종류가 많고, 향신료를 적당히 사용하며, 조림 등의 가공식품과 발효식품이 발달해 있다. 열대지방은 튀기거나 볶은 음식이 많아 기름지고, 강한 향신료를 많이 사용하는 것이 특징이다(표 1-1).

우리나라의 경우, 북부지방은 여름이 짧고 겨울이 길어 음식의 간이 남쪽 지방에 비해 싱겁고 매운 맛이 적고, 음식의 크기도 크고 푸짐하다. 예를 들어 냉면과 순대는 북부지방의 대표적인 음식이다. 반면, 중부지방은 화려한 궁중요리풍이고, 남부지방은 조미료와 젓갈을 많이 사용하여 음식의 간이 짜고, 매운 맛도 강하다.

[표 1-1] 기후에 따른 음식의 특징

기 후	특 징
한 대	- 음식이 싱겁고 담백하다. - 음식의 종류가 다양하지 않다. - 생선, 유제품을 많이 이용한다. - 향신료를 많이 사용하지 않는다.
온 대	- 음식의 종류와 조리법이 다양하다. - 가공식품이 발달했다. - 곡물, 채소를 많이 이용한다. - 향신료를 적당히 사용한다.
열 대	- 기름에 튀기거나 볶는 조리법이 많다. - 과일을 이용한 음식이 많다. - 독특한 향신료를 많이 사용한다.

1.2. 한국의 풍토

1. 지리적 여건

우리나라는 지리적으로 유라시아 대륙과 일본열도 사이에 위치하여 다양한 외래작물을 도입하고, 대륙문화를 일본에 전하면서 독자적인 식문화를 형성하였다.

또 3면이 바다로 둘러싸인 한반도의 동해는 난류(15~25℃)와 한류(15~16℃ 이하)가 교차하여 어장(漁場)이 발달하였고, 섬이 많고 수심이 낮은 남해, 서해는 많은 해산물을 생산하였다.

1) 동해

여름철에는 난류성어류(꽁치, 멸치, 고등어, 오징어)가 많고, 겨울철에는 한류성 어류(명태, 청어, 도루묵, 대구)가 많다. 먼 바다의 심층에는 냉수대가 있어 명태, 가자미, 이면수가 일년내내 어획된다.

2) 서해

우리나라의 서해는 수심이 낮고 북방에서 유입되는 한류가 없으며, 조석간

만의 차가 심하다. 여름철(수온 20℃ 이상)에는 난류성어류(조기, 갈치, 멸치, 삼치, 민어, 농어)가 많고, 겨울철에는(수온 5℃ 이하) 한류성어류(대구, 청어)가 많다. 또한 연평도를 중심으로 경기도, 황해도에 걸쳐 조기어획이 특색이다. 또한 넓은 간척지로 조개, 새우가 많이 잡히고 염전의 최적지이다.

3) 남해

남해는 일년내내 난류가 흐르고 한류성, 난류성 어종이 모두 풍부하며, 계절마다 어획되는 어종도 다르다(멸치, 고등어, 대구, 전갱이, 갈치, 도미, 조기). 복잡하고 낮은 해안을 이용한 김, 미역양식이 성행하였다.

생선이름의 어원

(1) 참 치 : 가장 맛있는 물고기
(2) 가물치 : 치는 물고기를 나타내는 접미사.
검은 물고기(검을치→감을치→가물치), 흑어(黑魚), 오어(烏魚)라고도 함.
(3) 넙 치 : 넙적한 물고기, 광어(廣魚)라고도 함.
(4) 날 치 : 날아다니는 물고기
(5) 갈 치 : '칼'처럼 생긴 물고기('갈'은 칼의 옛말). 도어(刀魚)라고도 함.
(6) 멸 치 : 물 밖에 나오면 금방 죽는 물고기(滅치)
(7) 꽁 치 : 아가미 근처에 구멍이 있는 물고기(孔치→꽁치)
(8) 대 구 : 입이 큰 물고기
(9) 조 기 : 조(助, 도울조), 기(氣, 기운기). 즉, 사람의 원기를 복돋아 주는 물고기, 석수어(石首魚)라고도 함.
(10) 민 어 : 우리 민족이 선호하는 물고기
(11) 은 어 : 입 주변에 뚜렷한 은색을 띄고 있는 물고기
(12) 쏘가리 : 등지느러미의 가시가 쏘는 물고기
(13) 쥐 치 : 쥐를 닮은 물고기
(14) 오징어 : 까마귀(烏, 까마귀 오)의 적(敵)이 되는 물고기(오적어→오징어)
(15) 이면수 : 함경북도의 임연수가 잘 잡는 물고기
(16) 명 태 : 함경도 명천의 태씨라는 사람이 잘 잡는 물고기
(17) 빙 어 : (1) 입춘이 지나 얼음이 녹으면 잘 안 보이는 물고기
(2) 공어(空魚), 氷魚(빙어)는 음만 취한 글자임.
(18) 가자미 : 전처의 자식을 미워한 계모가 죽어 태어난 물고기(계→갖, 어미→어미)
(19) 청 어 : 등이 푸른 물고기라고 하여 청어(青魚)
(20) 고등어 : 고등어의 모습이 칼을 닮은 물고기 : 고도어(古刀魚)→고등어

2. 지형적 여건

우리나라는 평야에 비해 산지(국토의 75%)가 많다. 북부와 동부에 높은 산맥이 많고, 남부와 서부는 낮은 평지가 많다. 이 때문에 북부와 동부는 밭농사가, 남부와 서부는 쌀농사가 발달하였다. 또 채식재료는 주로 산과 들에서 자생하는 나물이며, 밭에서 재배하는 채소도 다양하다. 이러한 풍토의 다양성은 두류, 곡류 등 다양한 식용작물의 재배를 가능하게 하였다. 또 산, 평야, 강, 바다 등을 구비하고 있어 다양한 식품이 산출되었다.

3. 기후적 여건

사계절의 변화가 뚜렷하고 남북간의 기온차가 커서 다양한 기후대를 형성하고 있다. 북부지방은 아한대기후, 남부지방은 온대기후를 나타낸다. 이 때문에 절식(節食)과 시식(時食) 풍속이 발달하였다. 또한 겨울철에는 낮은 기온으로 작물재배가 불가능하여 김치와 같은 저장식품이 발달하였다.

또, 강수량은 연강수량의 반 이상이 여름철(6~9월)에 집중되고, 고온다습한 기후와 긴 일조량으로 벼농사의 최적조건을 갖고 있다. 따라서 우리나라는 쌀 등의 곡물식품이 발달하였다.

이와 같이 기후나 지리적 특성이 식생활에 미치는 영향이 매우 큰 것을 알 수 있다. 우리나라는 계절변화가 뚜렷하여, 그 계절에 맞는 독특한 음식 조리법을 발달시킬 수 있었다.

1.3. 우리나라 식문화의 변천사

1. 구석기시대의 식생활 문화

구석기시대에는 열매를 채취하거나 사냥을 하여 식생활을 해결하였고, 먹을 것이 떨어지면 새로운 식량을 찾기 위해 이동생활을 하였다. 구석기시대에는 불을 이용하여 사냥한 짐승을 먹었으며, 불 위에 직접 고기를 굽는 법은 인류가 발견한 최초의 요리법이다.

2. 신석기시대의 식생활 문화

구석기 시대의 이동생활에서 벗어나, 일정 지역에서 정착하면서 농경과 목축을 하였다. 빗살무늬토기의 사용으로 곡류를 끓이는 조리법(죽)이 많이 이용되었다. 또 신석기중기에는 조, 수수, 기장, 피 등의 잡곡농사가 시작되었으며, 후기에는 벼농사가 시작되어(기원전 2,400년), 생산된 곡식과 농작물이 식생활의 기본이 되었다.

[표 1-2] 우리나라 식문화의 시대별 변천

시 대	특 징
구석기	- 수렵, 채집, 불을 이용, 이동생활
신석기	- 빗살무늬토기의 사용으로 곡류를 끓이는 조리법(죽) 이용 - 신석기 중기에는 잡곡농사, 후기에는 벼농사 시작
부족국가	- 농경 생활의 정착. 발효식품, 시루떡, 고기요리(맥적) 등장
삼국 및 통일신라	- 불교문화로 육류조리법 쇠퇴, 차 문화 발달 - 식생활의 신분상 구분 - 밥을 주식으로 주식과 부식이 분리
고 려	- 밥상의 기본 구조 형성 - 채식 위주의 사찰음식(한과, 두부)과 차 문화가 발달 - 중기 이후 몽고의 식문화 유입(육식습관 부활, 소주, 상화 등의 전래)
조 선	- 유교의 국교화로 의례음식 발달 - 전기에 식생활 규범 정착 - 후기에 외래식품 유입, 한식의 완성기 - 구황식품 발달
개화시기	- 개화에 의한 서구 식생활 전래
일 제	- 식량의 절대 부족과 빈곤, 식생활 문화의 침체기
현 대	해방 이후~1960연대 : 해외 원조 식량 의존 1970년대~1980연대 : 식량 생산 증가, 식생활 수준 향상 1990년대~현 재 : 식생활의 세계화, 건강지향의 식생활

3. 부족국가시대의 식생활 문화

부족국가시대에는 벼, 기장, 피, 보리, 콩 등의 오곡을 본격적으로 생산하였으며, 북방의 유목계의 영향으로 가축이 크게 발달되었다. 농업에 가축을 이용하고 저수지를 만든 것도 이때부터이다.

그 후 철기 문화가 들어오면서 철제 농기구를 이용한 농업기술이 발전되어 벼의 생산량도 크게 증가되었다. 이 시기에는 시루를 이용한 떡과 술, 젓갈, 된장 등의 발효식품, 불고기의 원조인 맥적(貊炙)이 등장하였다. 또한, 주식과 부식이 분리되고, 조미료(소금)와 향신료(여뀌)의 사용이 시작되었다.

[그림 1-1] 고구려 안악3호분(357년) 벽화내의 시루

4. 삼국시대 및 통일신라시대의 식생활 문화

쌀농사가 정착되어 농업이 기본산업이 되었다. 철제 가마솥의 보급으로 밥을 짓는 것이 일반화되면서 밥이 상용 주식이 되고, 채소, 육류, 어패류 등을 부식으로 하는 일상식의 기본 구조가 확립되었다. 신분제도의 확립으로 식생활도 귀족계급과 서민계급의 이중구조를 띄게 되었다.

또, 삼국시대에는 메주를 이용한 장(醬)을 담는 법이 등장하였고, 김치, 젓갈 등의 발효저장법이 발달하였다. 이 시대의 누룩으로 술을 빚는 방법은 일본에 전수되어 일본 술의 발전에 기여하였다. 불교문화가 도입되고 난 후에는 육류조리법이 쇠퇴하고, 차 문화가 발전되었다.

5. 고려시대의 식생활 문화

고려시대(918~1392년)에는 더욱 불교가 발전하여, 채식을 주로 하는 사찰음식(한과, 두부 등)과 차 문화가 발달하였다. 특히, 한과는 국가행사(연등회, 팔관회)나 혼례 등에 필수음식이 되었다. 또 참깨의 재배로 참기름을 이용하게 되고, 조미료(엿, 식초, 설탕, 소금), 향신료(후추)의 이용도 많아졌다.

고려 후기에는 몽고의 영향으로 육식풍습이 되살아나 양고기, 돼지고기, 닭고기, 개고기를 먹게 되면서, 오늘날의 육류 요리로 발전되었다. 또 몽고로부터 도살법과 육식조리법, 만두의 일종인 상화 및 소주제조법이 도입되었다. 곡류조리법도 다양해져, 두부와 콩나물을 만들고, 간장, 된장, 술, 화채, 차 등의 모든 조리법이 완성단계에 이르렀다.

6. 조선시대의 식생활 문화

조선시대는 유교의 국교화로 차(茶)문화가 쇠퇴하면서 음주문화가 발달되었고, 유교사상에 의해 귀족제도가 확립되어, 식생활도 계급에 의한 차별이 생겼다.

명절이나 계절에 따른 시식과 절식도 즐기게 되었고, 궁중요리, 반가요리, 서민요리와 각 지방 특산물과 고유 조리법으로 만든 향토요리가 발달하여, 오늘날의 한식요리가 성립되었다. 또 17~18세기에 중국과 일본을 통해 많은 외래농작물들이 전래되었다. 임진왜란 이후 고추의 전래로 지금의 김치와 고추장이 만들어졌다.

조선 후기에는 한글 조리서 편찬(규합총서, 음식디미방), 외래 농작물의 전래(토마토, 호박, 옥수수, 고추, 고구마, 감자, 완두 등), 조리법의 분화, 다양화(튀기기, 지지기, 볶기, 조림 등)로 더욱 발전되었다.

7. 개화시대의 식생활 문화

개화시대에는 서양요리, 식생활, 풍습이 전래되어 식생활이 다양화되었고, 서양 요리의 장점을 받아들여 국제성 있는 요리로 발전하였다.

8. 일제시대의 식생활 문화

보릿고개 : 지난해 수확한 곡식이 떨어지고, 보리가 여물기 전인 4~5월 춘궁기

일제의 침략하에서 춘궁기(보릿고개)를 넘기기 위해 콩깻묵, 밀기울, 초근목피 등의 구황식품으로 연명하는 식생활 문화의 침체기였다. 식량의 빈곤은 일제 말기(1937년)의 중일전쟁을 계기로 더 심해졌다. 그러나 서양문명의 유입은 계속 되어, 과자, 술, 청량음료, 식용유, 통조림 등의 서양식품 등이 만들어지고, 일부 상류층의 식생활에 이용되었다.

9. 현대의 식생활 문화

일제로부터 해방된 이후 급속한 사회의 환경변화를 가져왔다.

① 해방 이후부터 1960년대에는 전쟁과 흉년으로 기아와 심각한 식량부족 상태가 계속되어 해외 원조식량에 의존했던 시기이다. 일반인을 중심으로 원조식량인 밀가루음식이 확대되기 시작했다.

② 1970년대부터 80년대는 경제가 급성장했던 시기로서 식생활이 향상되고, 맛과 영양을 추구하는 풍부한 식생활로 변하였다. 주식보다 커피, 가공식품류 등의 서양식품의 이용이 증가하고, 서양식 식생활로 변화하였다. 이러한 상황에서 우리의 전통요리가 경시되었다.

③ 1990년대부터는 경제성장에 따른 소득 증대, 핵가족화, 여성의 사회진출, 세계화 등의 급속한 변화로 식품 산업, 외식산업이 크게 증가하여 발달되었다.

1.4. 한국음식의 특징

정진요리 : 육류, 어패류를 사용하지 않고 곡물, 두류, 채소 등의 재료만으로 만든 요리(사찰요리)

우리의 전통요리는 이웃 나라들과 문화교류를 통해 발달하였다. 이는 젓가락을 사용하는 일본요리나 중국요리에서 공통점을 알 수 있다. 그 후 정진요리(精進料理)의 발달과 함께 날 재료를 주로 사용하고, 젓가락과 숟가락을 사용하여 먹는 독자적인 요리로 발전하였다.

1. 곡류음식이 주식이고 곡류가공 식품 발달

쌀을 제1의 상용주식으로 하고, 이 외에 기장, 콩, 팥, 보리를 많이 혼용하여 먹는다. 주식으로는 밥, 죽, 국수, 수제비, 만두, 떡국 등의 곡류음식을 먹으며, 술, 엿, 식혜, 고추장 등의 곡류가공품이 발달하였다.

2. 주식과 부식이 명확하게 구분되고, 부식의 종류가 많다.

한국음식은 주식과 부식(반찬)의 구분이 명확하고, 밥을 중심으로 국, 찌개 및 김치 이외에 채소, 육류로 조리한 여러 부식(반찬)을 먹는다. 부식의 재료로는 채소, 육류, 어류가 모두 사용되나, 특히, 채소가 많이 이용된다. 육류의 섭취부족에 의한 단백질부족은 장류나 두부 등의 식물성단백질에서 보충하고, 지방은 식물성유지(참기름, 들기름, 콩기름)의 섭취로 열량과 영양분을 보충하였다.

[표 1-3] 한국음식의 종류

구분	종류
주식(350여종)	밥, 죽, 미음, 응이(의이), 국수, 수제비, 만두, 떡국
부식(1,500종)	국(탕), 전골(찌개), 나물(생채, 숙채), 구이(불고기 등), 김치, 쌈, 지짐이, 젓갈, 식해, 묵, 두부, 조림, 회, 볶음 등
조미료(150종)	양념(된장, 간장, 고추장), 유지(참기름, 들기름 등), 향신료(마늘, 고추, 후추, 산초, 생강)
기호식(850종)	떡, 한과(강정, 산자, 다식, 정과, 엿), 식혜 등의 음청류, 주류(300종)

3. 저장 가공식품 및 발효식품의 발달

삼면이 바다로 되어 어패류의 종류가 많고 계절의 영향이 커서 젓갈 등의 발효식품이 발달하였다. 또한 사계절의 구분이 뚜렷하여, 계절에 따른 건조 및 절임 등의 저장 가공식품이 발달하였다. 우리나라의 대표적인 저장식품으로는 부각, 튀각, 자반, 장아찌 등이 있다.

[그림 1-2] 우리나라 저장식품인 부각, 튀각 및 자반

① 부각

풋고추, 김, 다시마, 들깨송이, 가죽나무순 등의 식물성재료에 찹쌀 풀을 발라 말린 후, 들기름이나 콩기름에 튀긴 음식이다. 김부각에는 잣이나 대추를 고명으로 올려놓기도 한다.

② 튀각

다시마, 미역, 죽순 등을 잘라 기름에 튀긴 반찬으로, 특히 사찰음식으로 많이 이용된다. 재료에 찹쌀 풀을 바르지 않고 튀기는 것이 부각과 다르다. 예를 들어, 다시마튀각은 다시마를 적당하게 잘라 기름에 튀겨 설탕을 묻힌 것이다.

③ 자반

자반이란 말은 3가지 의미로 사용된다. 즉, (1) 소금에 절인 생선, (2) 콩, 미역, 김, 소고기 등을 간장에 조려 만든 반찬, (3) 기름에 볶아 소금으로 간을 한 반찬을 말하며, 좌반(佐飯)이라고도 한다. 자반에는 고등어자반, 콩자반, 김자반, 파래자반 등이 있다.

④ 장아찌

장아찌는 채소를 간장이나 소금에 절이거나 고추장이나 된장에 박아 만든 저장식품으로, 장과(醬瓜)라고도 한다. 채소이외에 육류나 어류도 살짝 익혀 된장에 박아 만들기도 한다. 장과 중 잘 알려진 것은 삼합장과(三合醬瓜)이다. 삼합이란 전복, 홍합, 해삼을 말하며, 생홍합, 생전복, 말린 해삼을 간장에 졸여 만든다.

장아찌 : 간장, 고추장과 같은 장을 의미하는 '장아'와 김치를 뜻하는 '지'(漬)가 합쳐져 생긴 말이다. 즉, 장아찌란 고추장, 된장, 간장 등의 장에 넣은 채소를 의미한다.

[그림 1-3] 장아찌의 종류

4. 향신료에 의한 조화된 음식 맛을 중요시 한다.

우리의 음식은 식품자체의 맛보다는 여러 양념과 조화된 복합적인 맛을 중요시하여 음식의 맛이 다양하다. 유럽의 후추는 단지 고기 냄새를 제거하는 향신료로 사용되는 반면, 우리의 양념은 고추, 마늘, 생강, 겨자, 파 등이 모든 음식에 복합적으로 사용되어 음식의 맛을 돋우고, 증폭시켜 변화를 주는 조미료이다. 또 이들 양념은 음식의 저장성을 높여주는 역할을 하기도 한다.

양념 : 한자로 藥念(약념)이라고 쓰며, 글자 그대로 약처럼 몸에 이롭다는 뜻이다.

[표 1-4] 양념의 분류

조미료	기본적으로 짠맛, 단맛, 신맛, 매운맛, 쓴맛의 5가지 기본 맛을 내는 것으로, 음식에 적당히 혼합하여 알맞은 맛을 낸다. (소금, 간장, 된장, 식초, 설탕 등)
향신료	향신료 자체의 향을 내거나 매운맛, 쓴맛, 고소한 맛을 내는 것 식품자체의 나쁜 냄새를 제거하거나 특유한 향기로 음식의 맛을 좋게 한다(마늘, 생강, 겨자, 산초, 후추, 고추, 참기름, 들기름, 깨소금 등).

1) 대표적인 향신료

(1) 마늘

① 마늘의 역사

마늘은 고대 이집트, 그리스시대부터 재배되어 인도, 중국, 한국, 아프리카의 각지에 전파되었다. 중국에는 기원전 1~2세기경에 인도로부터 도입되었고, 우리나라의 도입 시기는 분명치 않으나, 단군신화나 삼국사기 기록으로 보아 재배역사가 매우 오래된 듯하다.

– 문헌고찰 –

- 삼국유사 고조선(三國遺事 古朝鮮)

  '옛날 환인(桓因)이 아들 환웅에게 풍백(風伯), 우사(雨師), 운사(雲師)를 주어, 세상에 내려가 사람을 다스리게 하였다. 이때 곰 한 마리와 범 한 마리가 같은 굴속에 살면서 환웅에게 사람이 되게 해달라고 빌었다. 환웅은 이들에게 애(艾) 한 줌과 산(蒜) 20쪽을 주면서 이것을 먹고 100일 동안 햇빛을 보지 않으면 사람이 될 것이라고 말했다. 곰은 이것을 먹고 37일 만에 웅녀(熊女)가 되고, 범은 이를 참지 못해 사람이 되지 못하였다. 웅녀는 혼인할 상대가 없어 신단수 아래에서 아이 배기를 축원하였다. 이에 환웅이 잠시 변하여 혼인하여 아이를 낳으니, 그가 곧 단군 왕검(王儉)이다.'

- 三國史記(삼국사기) 잡지(雜志) 제사조(祭祀條)
  '입춘후(立春後) 해일(亥日)에 산원(蒜園)에서 후농제(後農祭)를 지낸다.'

한국음식을 좋아하느냐, 싫어하느냐는 마늘과 고추에 대한 기호성에 달려 있다. 특히, 마늘은 우리나라의 가장 대표적인 향신료이다. 일본은 불교의 영향으로 마늘을 기피했다고도 하나, 마늘과 같은 강한 맛의 향신료를 사용하지 않은 이유는 전통적으로 육식을 기피한 식문화에 기인되는 것으로 생각된다. 고기를 많이 먹는 오늘날 일본은 마늘과 고추의 소비가 늘고 있다.

마늘은 한자로 대산(大蒜) 또는 호산(胡蒜)이라고 한다.

– 문헌고찰 : 마늘의 어원 –

- 본초강목(本草綱目)
  '중국에는 산에 산산(山蒜), 들에는 야산(野蒜)이 있었고, 이것을 재배하여 산(蒜)이라고 하였다. 그 후 한대(漢代)에 장건(張騫)이 서역(西域)에서 포도, 호도(胡桃), 석류(石榴), 호초(胡椒) 등과 함께 산(蒜)의 새로운 품종을 가져와 이것을 대산(大蒜) 또는 호산(胡蒜)이라고 하고, 전부터 있었던 것을 소산(小蒜)이라 하였다.'
- 동의보감 : '대산을 마늘, 소산을 족지, 야산을 달랑괴로 구분'
- 명물기략(名物紀略)
  '맛이 매우 랄(辣, 몹시 매울랄)하여 맹랄(猛辣)이고 한다. 이것이 변하여 마랄이 되고 마늘이 되었다.
- 몽골어 만끼르(manggir)에서 gg가 탈락된 마닐(manir) → 마ゅ → 마늘로 되었다.

② 마늘의 매운맛

마늘 중에 함유되어 있는 알리인(Alliin)성분은 냄새가 없지만, 마늘을 씹거나 다지면, 효소 알리이네이스(alliinase)의 작용에 의해 알리인은 1차적으로 알리신(allicin)으로 분해된 후, 마늘의 강한 냄새성분인 다이알 릴다이설파이드(diallyl disulfide)를 생성한다(그림 1-4).

알리인과 알리신은 모두 생체 내에서 비타민 B_1과 결합하여 안정된 알리싸이아민(allithiamine)을 형성하며, 결국, 비타민 B_1의 장내 흡수율을 증가시킨다. 따라서 비타민 B_1 함량이 높은 돼지고기를 마늘이나 양파와 함께 섭취하면, 비타민 B_1의 흡수를 촉진시킬 수 있다. 비타민 B_1의 부족하면, 각기병에 걸리거나 피로해지기 쉽다. 또한 알리신은 강한 살균력과 항암작용 등이 있는 것으로 알려져 있다.

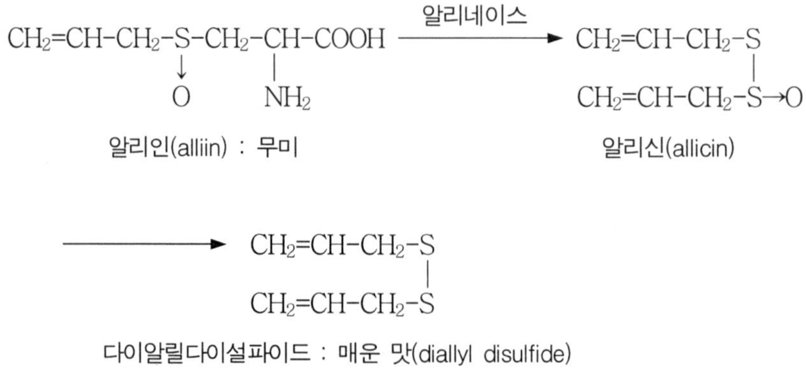

[그림 1-4] 마늘의 매운맛의 형성

- 문헌고찰 : 마늘의 효능 -

- 이아(爾雅, 2,000~3,000년전) : 중국에서 가장 오래된 한자 백과사전
  '황제가 독초를 먹고 중독되었을 때 마늘(蒜)을 먹고 풀었으며, 짐승, 벌레, 물고기의 독도 마늘(蒜)이 푼다.'
- 동의보감(東医宝鑑, 1613년)
  '마늘은 성질이 따뜻하고, 맛이 매워 부스럼과 풍습(風濕)을 없애고, 냉(冷)과 풍(風)을 쫓아내며 비장을 튼튼하게 하고 위장을 따뜻하게 한다. 뱀과 해충에 물린 데를 치료하고 곽란(癨亂)을 멈춘다. 염증과 창증(脹症)을 낫게 하는데 마늘은 가능하면 익혀 먹으라. 익히면 매운맛이 사라지고 보양이 된다.'
  - 풍습(風濕) : 습기로 뼈마디가 저리고 아픈 병
  - 곽란(癨亂) : 음식이 체하여 토하고 설사하는 급성 위장병
  - 창증(脹症) : 뱃속에 물이 차 부어오르는 병

③ 마늘의 녹변현상

마늘을 다져 놓으면 녹색으로 변하는데 이것을 마늘의 녹변현상이라고 한

다. 이러한 현상은 마늘 성분 간의 효소작용에 의한 것으로, 마늘을 0~3℃ 정도의 저온에서 장기간 저장하는 경우, 휴면기의 효소가 활성화되면서 일어난다. 이러한 녹변현상은 마늘 자체성분의 파괴에 영향을 주지 않으며, 인체에도 해는 없다.

마늘의 녹변현상은 (1) 마늘을 다질 때 식초를 조금 첨가하거나, (2) 저온 저장된 마늘은 40℃ 온도에서 하루 동안 방치한 후 이용하면 억제할 수 있다.

(2) 생강(生薑, Zingiber officinale Rosc.)

생강의 원산지는 인도로 추정되며, 중국에는 약 2500년 전의 공자시대에 있었으며, 지금의 사천성 일대가 생강의 산지로 알려져 있다.

우리나라에는 고려 현종 때(1018년경) 생강이 왕의 하사품으로 쓰였다는 기록이 있는 것으로 보아, 신라 말에 전래된 것으로 보인다.

① 생강의 매운맛

생강의 매운맛은 주로 진저롤(gingerol)과 쇼가올(shogaol)에 기인된다. 신선한 생강의 경우는 진저롤이 매운맛의 주요성분이지만, 정유로 가공한 경우는 쇼가올이 매운맛의 주요성분이다. 생강의 가공, 저장 중에 진저롤은 탈수소반응에 의해 쇼가올을 생성하며, 분해되면 진저론(zingerone)을 생성한다. 매운맛은 쇼가올이 진저롤 보다 2배 강하다. 그러나 진저론은 향기를 줄 뿐, 매운 맛은 없다.

생강은 설탕에 재어 만든 편강, 건조분말을 용매로 추출한 올레오레진, 수증기 증류로 얻어지는 생강유 등의 형태로 이용된다. 또 생강은 생선의 비린내 제거에 파, 마늘과 함께 많이 쓰인다.

③ 생강의 효능

생강은 건위발한(健胃發汗)의 효능이 있어 한약재로 사용되며, 크게 건강(乾薑)과 흑강(黑薑)으로 분류된다. 건강은 생강을 찌거나 삶은 것을 말하며, 흑강은 불에 구워 말린 것을 말한다. 생강에는 소화액의 분비를 자극하고 위장의 운동을 촉진하여, 식욕촉진 및 소화흡수를 좋게 한다.

• 동의보감

'건강은 구풍, 소화제로서 심기를 통하고 양을 돋우며 오장육부의 냉을 제거하는데 쓴다.'

(3) 산초(山椒, 천초)

산초는 한국, 중국, 일본에 널리 분포되어 있으며, 중국의 사천성(四川省, 옛 촉나라)의 것이 가장 품질이 좋아 사천성의 천을 따서 천초(川椒)라고도 하며, 또는 촉나라의 촉을 따서 촉초(蜀椒)라고도 한다.

중국에서는 화초(花椒)라고 한다. 일본에서는 초(椒)가 산(山)에 많다고 하여 산초(山椒)라 한다. 지금 일본에 영향을 받아 산초라 한다. 그 후 겨자(芥)가 들어오면서 향신료로 사용되었다.

산초는 특히, 중국의 사천요리에 많이 사용되며, 오향(五香, 정향, 계피, 산초, 회향, 팔각의 혼합 향신료)의 원료가 된다. 우리나라의 경우, 고추가 사용되기 전에는 산초를 김치의 향신료로 사용하였다. 또 고추장에 고추대신 산초를 사용하여 천초장이라고 불렸다. 산초 잎은 국을 끓이는데 사용하였다. 지금은 비린내제거를 위해 추어탕에 많이 사용한다. 일본에서는 장어구이의 향신료로 사용한다.

[그림 1-5] 향신료로 사용되는 산초껍질과 후추씨

① 산초의 성분

산초의 독특한 향기는 시트로넬알(citronellal), 제라니올(geraniol)에 기인되며, 매운맛은 산쇼올(sanshool)에 기인한다.

향신료로 사용하는 산초는 산초껍질만을 빻아 이용하며, 산초 씨는 산초기름제조에, 산초 나무껍질은 한약제로 이용된다.

산초를 분말형태로 오래 두면 산쇼올이 분해되어 매운맛이 소실된다. 따라서 산초가루는 한꺼번에 많이 만들지 않고, 사용 후에는 밀봉하여 냉장 보관하는 것이 좋다.

산초기름은 리놀레산(26%), 리놀렌산(29%) 올레산(35%) 등의 불포화지방산 함량이 높으며, 예로부터 한방에서는 기관지천식, 소화불량, 복통, 구토, 설사, 부스럼 등의 치료제로 이용하고 있다.

(4) 겨자, 고추냉이

① 겨자(芥子)

겨자는 기원전 1550년경의 이집트 기록에 마늘, 양파 등과 함께 약으로 소개되어 있고, 중국의 예기(禮記), 의례(儀禮)에도 개장(芥醬)이라는 기록이 보인다. 우리나라에는 구체적인 기록은 없지만, 삼국시대부터 조미료로 사용되었을 것으로 추측된다.

> 겨자는 갓의 품종으로, 갓을 한자로 개(芥)라고 하며 그 씨앗은 개자(芥子)라 한다. 따라서 겨자는 개자(芥子)에서 변한 말이다.

- 본초강목 : '겨자를 가루 내어 따뜻한 물을 부어두면 개장(芥醬)이 된다.'

겨자의 종류로는 동양종(백겨자)와 서양종(백겨자, 흑겨자)가 있다. 서양종은 기름 채취와 보존성을 위해 기름성분을 20% 이하로 압냉 탈지한 후 분말로 사용한다. 동양종은 겨자씨를 건조한 후 빻아 사용하기 때문에 보관 중에 향과 매운맛이 약해진다. 그러나 서양겨자는 장기간 보존할 수가 있다.

서양종의 흑겨자나 동양종의 백겨자에는 시니그린(sinigrin)이라는 겨자유배당체가 존재하여 이들이 효소(myrosinase)에 의해 분해되면 아이소사이오시아네이트(isothiocyanate)를 생성한다. 이 물질은 휘발성으로 강한 매운맛과 향을 나타낸다(그림 1-6). 한편, 서양종의 백겨자에는 시날빈(sinalbin)이라는 겨자유배당체가 존재하여 이들이 효소(myrosinase)에 의해 분해되어 p-hydroxybenzyl isothiocyanate를 만든다. 이것은 불휘발성으로 부드러운 매운맛과 향을 나타낸다. 서양인의 기호에 맞는다. 겨자가루를 따뜻한 물로 개는 이유는 마이로시네이스를 촉진시켜 강한 매운맛을 내기 위함이다. 이때의 온도는 40℃, pH 7 정도가 좋다.

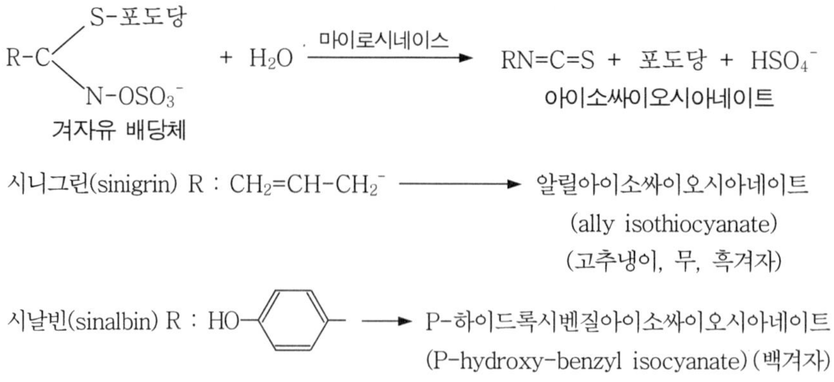

[그림 1-6] 겨자의 매운맛 생성

시판되고 있는 연겨자의 '연'은 한자로 연(練, 익히다, 섞다, 반죽하다), 의 의미이다. 즉, 반죽한 페이스트 상태로 만든 겨자를 말한다.

겨자를 물에 개어 방치하면 쓴맛이 생기는데, 이는 냉장보관하거나 식초나 술을 조금 가하면 억제할 수 있고, 보존성도 좋아진다.

겨자는 육류의 잡냄새를 없애주어 육류와 곁들여 먹거나, 샐러드, 피클 등에 사용한다. 특히 여름철에 즐겨 먹는 냉면과 해파리냉채, 양장피, 어묵, 생선회 등의 음식에 주로 쓰인다. 겨자에 터메릭, 식초, 포도당, 소금 등을 넣어 맛이 순한 겨자소스나 겨자페이스트형태도 이용된다.

겨자가루를 물에 개어 류머티즘, 신경통, 폐렴 등의 찜질용으로 사용하면 효과가 있다. 또 겨자가루를 풀은 물에 목욕하면 피부혈관을 확장시켜 류머티즘이나 신경통에 효과적이다.

겨자의 잎과 줄기도 식용으로 사용하지만 맛은 쓰다. 청색이나 붉은색의 어린 겨자 잎은 갓김치나 쌈에 이용한다. 겨자 잎은 무 잎과 비슷하나 쭈글쭈글하며, 가장자리에 톱니모양이 있다.

② 고추냉이

고추냉이는 일본어로 와사비라고 하며, 일본요리에 필수적인 생선회, 초밥, 메밀국수, 어묵 등에 향신료로 이용되고 있다. 고추냉이의 종류로는 산간계곡의 습지에서 재배되는 물고추냉이와 밭에서 재배되는 밭 고추냉이가 있다. 밭 고추냉이는 재배가 용이하나, 물고추냉이에 비해 품질이 떨어진다.

고추냉이는 겨자씨를 물에 개어 사용하는 겨자와는 달리, 뿌리를 강판에 갈아 사용한다(그림 1-7). 고추냉이의 매운맛은 겨자와 비슷하지만, 겨자보다 휘발성이 크고, 분해가 빠르기 때문에 쉽게 매운맛이 소실된다. 따라서 비린내가 나는 생선양념으로 고추냉이보다 겨자가 적합하다.

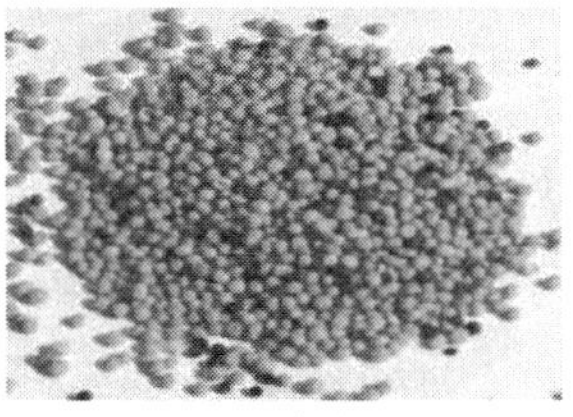

겨자씨

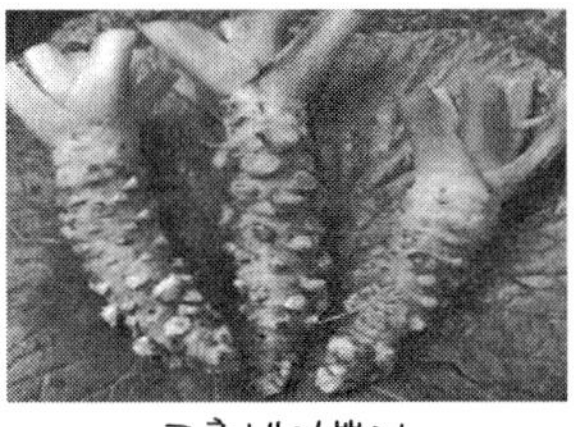

고추냉이뿌리

[그림 1-7] 겨자씨와 고추냉이뿌리

고추냉이를 생선회에 먹는 이유는 생선비린내를 제거해 주고, 콜레라, 대장균, 장티푸스 등에 대한 살균효과가 있기 때문이다. 초밥에 고추냉이를 넣어 먹으면, β-아밀레이스의 활성을 촉진시켜 소화를 증진시킨다.

한방에서는 고추냉이의 뿌리 말린 것을 산규근(山葵根)이라고 한다.

또 고추냉이는 비타민 C의 산화억제 및 비타민 B_1 합성증진 효과가 있으며, 류머티즘이나 신경통부위에 바르면 통증을 억제 효과가 있다.

(5) 후추(호초, 胡椒)

산초나 겨자를 사용하던 동양인에게 호초라는 새로운 향신료가 등장하였다. 후추는 세계에서 가장 널리 쓰이는 향신료 중 하나이며, 구풍제나 위산분비촉진제로 약품에도 쓰인다.

후추는 호(胡)나라에 사신으로 갔던 중국의 장건(張騫)이 가져온 것으로, 호(胡)자를 따서 호초(胡椒)라 하였다.

구풍제(驅風劑) : 창자 안에 차 있는 가스를 제거하는 데 먹는 약.

① 후추의 종류

후추의 종류에는 흑후추와 백후추의 2가지가 있다. 흑후추는 덜 익은 열매를 데친 후 건조한 것으로, 건조 색이 검게 변하고 표면에 주름이 생긴다. 백후추는 완숙한 열매의 껍질을 제거하여 흰색 씨앗부분만을 말린 것으로, 매운맛은 흑후추보다 약하다. 이는 후추의 매운맛성분인 차비신(chavicine)이 껍질에 많기 때문이다.

② 후추의 용도 및 보관

흑후추는 매운맛이 강하여 스테이크와 같은 육류요리에, 백후추는 맛은 부드러워, 생선요리나 채소요리 등의 담백한 요리에 적합하다.

후추는 고기나 생선 비린내를 제거하고, 방부 효과도 있어, 햄, 소시지 등에 사용된다. 또 드레싱에 사용하면 기름의 산화를 억제시키는 효과도 가져온다.

후추를 오래 가열하거나 장기간 보관하면, 차비신은 피페린(piperine)으로 전환되어 매운맛이 소실된다(그림 1-5). 따라서 후추를 많이 사다놓고 쓰는 것은 좋지 않다. 가장 좋은 방법은 통후추를 바로 갈아 쓰는 것이다.

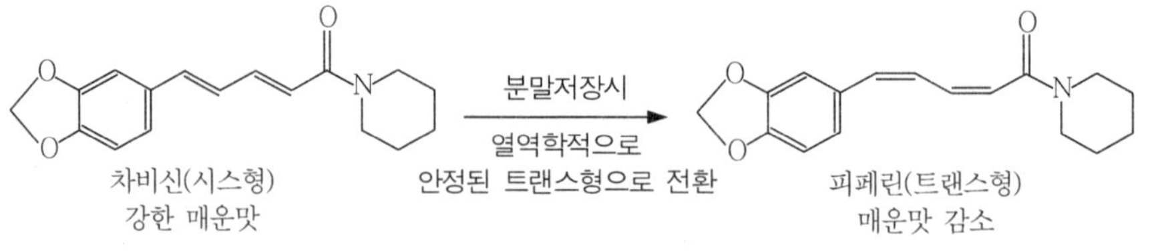

[그림 1-8] 저장, 가열 중의 흑추의 매운맛성분의 변화

(6) 고추

고추란 이름은 후추와 같이 맵다하여, 매운 후추라는 의미에서 붙여졌다.

고추의 원산지는 남아메리카이며, 우리나라에는 임진왜란 때 일본을 통해 들어 왔다. 우리나라 고추(Capsicum annuum)의 종류는 약 100여 종에 이르며, 산지 이름을 붙여, 영양, 천안, 음성, 청양, 임실, 제천고추 등으로 부른다.

고추의 초기이름은 왜개자(倭芥子)이며, 또 귀한 식품이라 하여 번초, 약초라고도 한다. 지금도 한의학에서는 번초(蕃椒)라고 한다.

고추를 조선시대에는 고초(苦椒)라 적고, 활활 타오를 듯한 매운 초(椒)란 의미로 고추로 되었다. 영어로는 붉은 후추라 하여 red pepper, 매운 후추라 하여 hot pepper라고 한다.

① 고추의 성분

고추의 매운맛 성분인 캡사이신(capsacin)은 무색의 휘발성 화합물인 알

칼로이드의 일종으로, 고추 매운맛의 80~90%를 차지한다. 캡사이신은 고추의 과피보다는 고추씨가 붙어있는 태좌에 많이 생성되며, 특히 푸른 고추에서 붉은 고추로 변화되는 시기에 많이 생성된다. 캡사이신은 위를 자극하여 체액의 분비를 촉진하고, 식욕증진, 혈액순환의 촉진, 신경통치료에 효과적이다. 또 지방세포에 작용하여 몸속 지방을 분해하는 작용을 한다.

고추의 붉은색은 주로 캡산틴(capsanthin)에 기인된다. 또 고추에는 비타민 A와 C가 많이 함유되어 있다.

고추 과피에는 지질함량이 적으나, 고추씨 중에는 23~29% 정도 함유 함유되어 있어, 볶아 고추씨기름을 제조하는데 이용된다. 고추씨 기름에는 필수지방산인 리놀레산(linoleic acid, 18 : 2)과 리놀렌산(linolenic acid, 18 : 3)이 60% 이상을 함유되어 있다.

② 고추의 매운 맛과 스코빌(Scoville)

고추의 매운 맛은 캡사이신의 함량(ppm)으로 나타내며, 매운 맛을 나타내는 단위인 스코빌(Scoville=ppm×15)로 나타내기도 한다.

세계에서 가장 매운 고추는 부트 졸로키아(Bhut Jolokia)로서 100만스코빌 정도이며, 이는 청양고추(1만스코빌)보다 약 100배 더 맵다(표 1-5).

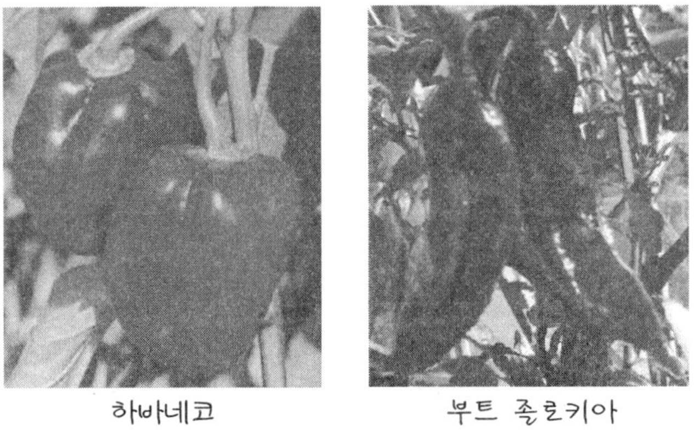

[그림 1-9] 매운 고추 하바네코와 부트 졸리키아

고추의 매운맛을 유기용매로 추출한 올레오레진캡시컴(oleoresin capsicum)은 라면스프, 캡사이신 소스 등의 핫소스 제조에 이용된다. 올레오레진캡시컴 분말의 매운 맛 정도는 100만스코빌로, 청양고추의 100배의 매운 맛을 나타낸다. 고추이외에 올레오레진으로 이용되는 향신료로는 파프리카, 후추, 생강, 마늘, 양파, 계피 등이 있다.

[표 1-5] 고추의 매운맛 정도

종 류	스코빌지수	종 류	스코빌지수
파프리카 피 망 일반고추 타바스코소스	0 300 4,000 2,500~5,000	청양고추 하바네코(멕시코) 부트 졸리키아	1만 57만 100만

(7) 피망과 파프리카

피망과 파프리카는 식물학적으로 동일한 단고추 품종이며, 그 구분이 명확하지 않다. 영어로 피망이나 파프리카와 같은 고추를 부풀어 오른 모양의 고추라 하여 bell pepper 또는 단맛이 나는 고추라고 하여 sweet pepper라고 한다.

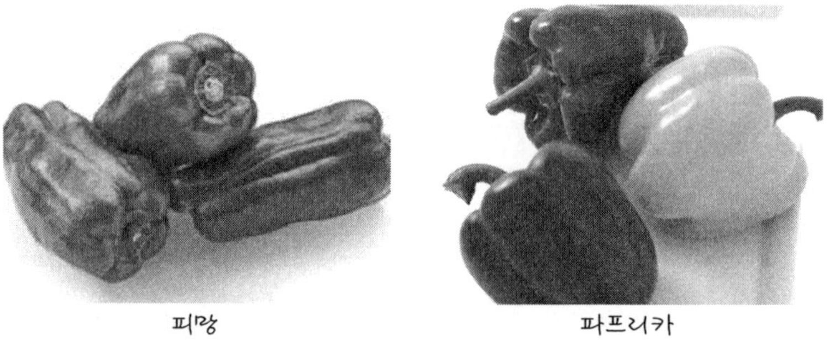

[그림 1-10] 피망과 파프리카

피망(piment)이란 말은 원래 프랑스어로 보통의 고추를 의미한다. Bell pepper는 프랑스어로 프아브롱(poivron)이라고 한다.

파프리카(paprika)란 말의 어원은 희랍어로, 유럽에서는 고추를 의미하지만, 우리나라에서는 피망을 개량한 단고추를 파프리카라고 한다.

일본에서는 녹색의 bell pepper를 피망이라고 하고, 다른 색의 bell pepper를 파프리카라고 한다. 따라서 우리나라에서 bell pepper를 피망 또는 파프리카라고 부르는 것은 일본에서 유래된 것으로 보인다.

또 현재 유통시장에서는 피망과 파프리카를 다른 품목으로 구별되어 취급되고 있다. 피망과 파프리카는 다음과 같은 차이점으로 구별한다.

피망은 빨강과 녹색의 2가지가 있으며, 껍질은 딱딱하고 뾰족한 형태이다. 파프리카는 색이 빨강, 노랑, 주황, 보라, 흰색으로 다양하고, 껍질이 두껍고 부드럽다. 피망은 매운맛과 약간의 단맛이 있어 음식의 맛을 낼 때 주로 사용되며, 파프리카는 단맛이 많고 아삭아삭하며, 색이 다양하여 샐러드에 많이 쓰인다.

[표 1-6] 향신료의 주요 매운맛 성분

향신료 명	매운맛 성분과 구조식	매운맛 감각	내열성
고추	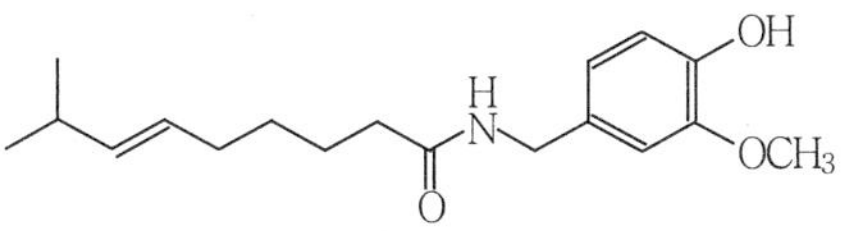 캡사이신	매움	강
후추	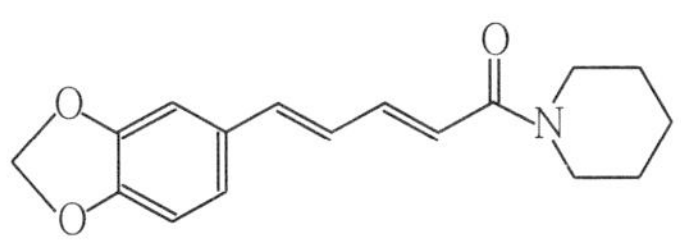 피페린		
생강	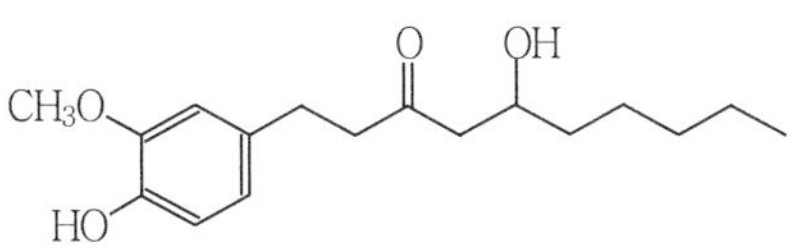 진저롤		
마늘	 다이알릴다이설파이드		
겨자 고추냉이	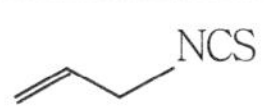 알릴아이소싸이오시아네이트	자극적	약

5. 유교사상의 영향으로 의례음식 발달(통과의례)

한국음식에 가장 큰 영향을 준 것은 조선시대의 유교사상이다. 유교는 예를 중요시하여 통과의례(通過儀禮) 행사에는 반드시 정해진 음식을 준비하며, 제례음식의 종류가 정해졌다. 통과의례란 인간이 태어나서 죽기까지 거치는 의식을 말하며, 탄생, 삼칠일, 백일, 돌, 관례, 혼례, 회갑, 회혼례, 상례, 제례로 이어지는 통과의례는 한사람이 평생 동안에 열 번을 넘는다. 이중에서 관례(冠禮), 혼례(婚禮), 상례(喪禮), 제례(祭禮)를 사례(四禮)라고 한다.

관례(冠禮)는 어른이 되는 의식으로, 남자는 상투를 틀고 관을 씌운다는 뜻으로 관례라 했으며, 여자는 머리를 올려 쪽을 지고 비녀를 꽂는다는 뜻으로 계례(笄禮)라고 하였다. 혼례는 혼인을 하는 것을 말하며 상례와 제례는 사람이 죽어서 행하게 되는 초상, 제사 등으로 자손이 행하는 것을 말한다.

또한 회혼례(回婚禮, 결혼 60주년), 육순, 회갑, 진갑, 칠순, 희수, 팔순, 미수, 백수 때에는 잔치상을 마련하였다. 의례나 잔치상에는 떡, 한과 등이 필수적이었으며, 이로 인하여 떡, 한과류가 발달하게 되었다.

[표 1-7] 나이별 명칭

명칭	의미
육순, 이순 (六旬, 耳順)	60세 생일을 말하며, 육순은 열(旬, 열흘순)이 여섯(六)이란 의미. 또 이순은 60세에는 생각하는 모든 것이 순조롭고, 뭐든지 들으면 이해된다는 의미.
환갑, 회갑 (還甲, 回甲)	61세 생일을 말하며, 60갑자를 다 지내고 다시 낳은 해의 간지가 돌아왔다는 의미.
진갑(進甲)	62세 생일을 말하며, 다시 60갑자가 펼쳐져 진행한다는 의미.
미수(美壽)	66세 생일을 말하며, '美'자는 六十六을 뒤집어쓰고 바로 쓴 자에서 유래.
칠순(七旬, 고희, 종심)	70세 생일을 말하며, 고희(古稀)는 두보의 곡강시(曲江詩)에 나오는 '人生七十古來稀'에서 유래하여 고(古)와 희(稀)자만을 사용한 것이다. 종심(從心)은 뜻대로 행해도 도(道)에 어긋나지 않았다는 의미.
희수(喜壽)	77세 생일을 말하며, 오래 살아 기쁘다는 뜻으로 희(喜)자를 약자로 쓰면 七十七이 되는데서 유래.
팔순·산수 (八旬·傘壽)	80세 생일을 말하며, 산수(傘壽) : 산(傘)자의 약자가 팔(八)을 위에 쓰고 십(十)을 밑에 쓰는 것에서 유래.
미수(米壽)	88세 생일을 말하며, 미(米)자를 풀면 팔십팔(八十八)이 되는 것에서 유래.
졸수(卒壽)	90세 생일을 말하며, 졸(卒)의 속자(俗字)가 九자 밑에 十자를 쓰는데서 유래.
백수(白壽)	99세 생일을 말하며, 백(百)에서 일(一)을 빼면 99세, 즉, 백자(白字)가 되는 것에서 유래.

6. 절식(節食), 시식(時食)의 발달

절식(節食)이란 명절에 해먹는 음식으로, 설날(떡국), 추석(송편), 정월 대보름(오곡밥, 부럼), 동지(팥죽)에는 많은 음식을 장만하여 이웃이나 친척과 나누어 먹는다.

[표 1-8] 정월대보름의 절식(節食)

오곡밥 (五穀飯)	쌀, 차조, 차수수, 팥, 콩 등의 오곡으로 밥을 짓는다. 오곡밥은 이웃과 나누어 먹으면 좋고, 이 날에는 하루 9끼를 먹어야 좋다고 한다.
복 쌈	취나물을 볶고 김을 구워 오곡밥을 싸서 먹는다. 쌈을 먹으면 부(富)를 쌈 싸듯이 모을 수 있다는 풍습에서 나온 것이다.
귀밝이술	대보름날 아침에 웃어른이 가족에게 찬술을 한 잔씩 따라주며 마신다. 이렇게 하면 귀가 밝아진다고 하여 귀밝이술, 이명주(耳明酒), 명이주(明耳酒), 치롱주(治聾酒), 총이주(聰耳酒)라고도 한다. 聾(귀머거리 롱)
진채식 (陳菜食)	진채란 묵은 나물을 뜻하며, 호박고지[1], 박고지[2], 말린 가지, 말린 버섯, 고사리, 고비, 도라지, 시래기, 고구마순 등 9가지 이상의 나물을 볶아 먹는다. 진채을 먹으면 그 해 여름에 더위를 먹지 않는다고 한다.
부 럼	대보름날 아침에 호두, 잣, 밤, 땅콩 등의 견과를 껍질째 깨물면, 1년 12달 무사태평하고, 부스럼이 나지 않는다고 한다. 부럼은 부스럼에서 온 말이다

[1] 호박고지 : 호박을 얇게 썰거나 오려 말린 것. 물에 불려 볶아 만든 나물
[2] 박 고 지 : 여물지 않은 박을 썰거나 오려 말린 나물

- 형초세시기(荊楚歲時記) : 동지팥죽의 유래

  '공공씨(共工氏)가 불초(不肖)한 자식을 두었는데, 동짓날에 죽어 역귀(疫鬼)가 되었다. 이 역귀는 붉은 팥을 무서워하여 동짓날 팥죽을 쑤어 이를 물리쳤다.'

시식(時食)이란 계절마다 나는 재료로 만들어 먹는 음식을 말한다. 한국의 절식풍속은 인간과 자연과의 지혜로운 조화를 이룬 것이다. 생채소가 부족했던 겨울이 지난 후에는 봄나물로 비타민 C를 보충해 주고, 여름에는 삼계탕이나 콩국으로 단백질을 보충하고, 겨울에는 김장김치를 통해 비타민을 공급하였다.

[표 1-9] 계절에 따른 시식(時食)

봄	- 냉이, 달래 등의 나물, 진달래 화전, 쑥떡, 쑥국 - 오신채(五辛菜) : 입춘날 먹는 시식(時食)으로 5가지 나물(파, 마늘, 자총이, 달래, 평지, 부추, 무릇, 미나리의 새싹 등)
여름	- 삼계탕, 육개장, 콩국, 깨국 등
가을	- 송편, 국화전 등
겨울	- 전골 등의 따뜻한 음식, 동치미 국물의 메밀국수, 냉면, 수정과, 떡만두국, 김장김치 등

자총이 : 자총(紫葱)이라고도 힌디. 파의 일종으로 파보다 맵다.
무 릇 : 백합과의 여러해살이풀. 파, 마늘과 비슷하며, 구황식품의 하나로 어린잎과 줄기를 먹는다.

7. 국, 탕, 찌개 등의 국물요리 발달

숟가락, 젓가락의 어원 : 숟가락의 '숟'은 쇠(鐵)의 옛말인 '솔'이 술로 바뀐 후 가락과 붙어 된 말이다. 가락이란 '가늘고 길다'는 의미이다. 젓가락은 한자인 '저(箸)'에 가락이 붙어 된 말이다.

우리처럼 숟가락과 젓가락을 함께 쓰는 민족은 거의 없다. 중국, 일본도 숟가락을 사용하지만, 식사는 젓가락으로 한다. 숟가락과 젓가락을 함께 사용하는 우리의 관습은 국, 탕, 찌개 등의 국물요리와 죽 요리의 발전을 가져왔다. 중국은 스프를 먹거나 음식을 더는 데 숟가락을 이용하고, 일본은 된장국도 그냥 입에 대고 먹기 때문에 숟가락을 사용하지 않는다. 또한 일본은 밥그릇을 손에 들고 먹고, 중국은 밥그릇에 입을 대어 먹는다. 이는 젓가락만을 사용하기 때문에 밥을 흘리지 않기 위해서 이다.

우리는 숟가락과 젓가락을 모두 사용하기 때문에 밥그릇을 그대로 두고 적당한 거리를 유지한 채 식사한다. 과거에는 일본과 중국도 숟가락을 사용하였으나 숟가락과 젓가락을 함께 사용하는 습관은 우리만의 독특한 관습으로 뿌리를 내렸다.

8. 반상의 형식으로 음식은 처음부터 상위에 차려서 나온다.

우리의 고유상차림을 반상(飯床)이라 한다. 반상은 밥과 반찬으로 구성된 일상의 상차림으로, 여기에는 유교사상을 근본으로 한 대가족제도와 가부장적 제도가 반영되어 있다. 우리음식은 밥과 국(또는 탕)을 기본으로 김치와 찌개, 나물 등 모든 반찬, 심지어 후식인 떡, 식혜까지 한 상에 모아, 음식의 영양, 맛, 시각성을 서로 보완하였다.

이와 같이 우리음식은 음식을 개별화하여 따로따로 맛보는 서양음식과는 달리, 종류와 성질이 다른 여러 음식들을 한꺼번에 맛보는 다중성 상차림이 중심이다.

또한 반상차림은 계층에 관계없이 독상으로 접대하는 것이 기본이다. 반상에 차려지는 반찬의 수에 따라 3첩, 7첩, 9첩, 12첩으로 나누어진다. 12첩 반상은 궁중에서 수라상에만 차리고, 민가에서는 9첩까지로 제한하였다. 기본으로 놓는 것은 밥, 국, 김치, 장이고, 5첩 반상에 찌개, 7첩 반상에 찜을 놓는다(표 1-10).

[표 1-10] 전통반상의 종류와 구성

구성	기본음식 (첩수에 들어가지 않는 음식)							반찬 (첩수에 들어가는 음식)									
종류	밥	국	찌개	찜	전골	김치	장류	생채	숙채	구이	조림	전	장아찌	마른반찬	젓갈	회	편육
3첩	1	1				1	1	택 1		택 1			택 1				
5첩	1	1	택 1			2	2	택 1		1	1	1	택 1				
7첩	1	1	1	택 1		2	2~3	1	1	1	1	1	택 1			택 1	
9첩	1	1	2	1	1	3	2~3	1	1	1	1	1	1	1	1	택 1	

첩 : 뚜껑이 있는 반찬그릇을 말함

수라는 몽고말로, 고려시대에 몽고의 풍속에서 온 것이다. 아침수라는 10시경에, 저녁수라는 오후 6~7시에 들고, 식전에 미음이나 보약을 들었다. 수라상에는 흰수라에 미역국, 팥수라에 곰탕의 2가지를 놓았고, 반찬은 12가지로 계절에 따라 달랐다.

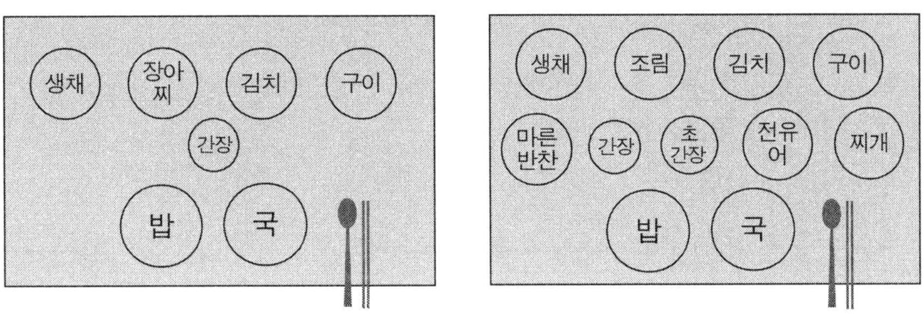

3첩반상 5첩반상

[그림 1-11] 3첩반상과 5첩반상의 한 예

전유어(煎油魚) : 생선, 육류, 채소 등의 재료를 얇게 썰어 밀가루와 달걀을 묻혀 기름에 지진 음식의 총칭. 궁중에서는 전유화(煎油花), 전유어(煎油魚)라고 하며, 보통 전, 저냐라고도 한다.

한편, 반상은 먹는 사람의 수가 한 사람일 때는 외상차림, 두 사람일 때는 겸상차림, 두 사람 이상일 경우는 두레상(두리반)이라고 한다. 반상의 맨 앞줄에 밥과 그 오른쪽에 국을 놓고 그 뒤에 장류와 반찬을 놓는데, 오른쪽에 더운 것과 육류, 왼쪽에 차가운 것과 채소로 만든 찬을 놓는다. 맨 뒤에는 김치를 놓으며 국물이 있는 것을 오른쪽에 놓는다.

[표 1-11] 반상의 종류

반상(飯床)	밥과 반찬을 주로 갖추는 상
죽상(粥床)	이른 아침 또는 간단한 식사로 차리는 상 죽, 응이, 미음 등과 함께 마른반찬, 국물김치, 맑은 찌개를 놓는다.
면상(麵床)	국수를 주식으로 하여 차리는 상. 점심 또는 간단한 식사 때 차린다.
주안상(酒案床)	술을 대접하기 위해 차리는 상
교자상	명절이나 잔치 등 많은 사람이 식사를 할 때 차리는 상
다과상	차와 과일 또는 과자를 함께 차려내는 상

한편, 제상(祭床)은 제사를 모실 때 차리는 상을 말하며, 제사상 차림은 지방에 따라 다르지만, 일반적으로 다음과 같다.

① 지방 앞줄에는 잔을 하나 놓고, 시접(제상에 수저를 담아 놓는 놋그릇), 메(밥), 국을 놓는다. 좌반우갱(佐飯右羹)이라 하여 왼쪽에는 메, 오른쪽에는 국을 놓는다.

② 그 다음 줄부터 적(炙), 탕(湯), 채소(菜), 과일의 순으로 놓는다.

③ 제상의 맨 앞줄에는 과일을 조율시이(棗栗柿梨) 또는 홍동백서(紅東白西)의 순으로 놓는다.

④ 좌포우혜(左脯右醯)라 하여 포는 왼쪽, 식혜는 오른쪽에 놓는다.

9. 식후 숭늉을 마신다.

숭늉은 누룽지에 물을 넣어 끓여 만든 물을 말한다. 가마솥에서 밥을 지으면 수분이 증발하고, 솥바닥의 온도가 상승하면서(200 ~250℃), 아미노-카보닐반응이 일어나 누룽지가 생긴다. 누룽지에는 전분이 분해하여 포도당, 덱스트린과 구수한 냄새성분이 생성된다. 숭늉의 향기는 아미노-카보닐반응에 의해 생성된 피라진(pyrazine)화합물과 카보닐(carbonyl) 화합물에 의해 나타난다.

옛날에는 중국이나 일본에도 숭늉이 있었으나, 현재는 우리나라뿐이다. 고려시대의 계림유사(鷄林類事)나 임원경제지 등의 기록을 보면(문헌고찰), 숭늉은 고려시대에 즐겨 마셨던 것으로 생각된다.

숭늉문화는 조선시대에 들어서면서 숭유억불정책에 의한 차 문화의 쇠퇴로 더욱 발전되었고, 숭늉대접은 식사예절이 되어 식사 후에 반드시 숭늉을 대접하는 것이 관례화되었다.

숭늉이란 말은 한자어 숙랭(熟冷, 찬 물을 익힌 것)에서 유래, 누룽지는 한자어 누(訥, 눌 누), 훈(燻, 그을릴 훈), 지(芷, 구리때 지)에서 유래.

– 문헌고찰 : 숭늉 –

- 임원십육지 : 숭늉을 숙수(熟水)라 기록
- 계림유사(鷄林類事)의 고려방언(1096~1105년)
  '숙수(熟水)는 泥根沒(니근몰, 익은물) 이라고 한다.'
- 본조식감(本朝食鑑, 1692년, 일본)
  '물누룽지를 식탕(食湯)이라 하며, 식후에 마시는 것이 일본의 옛 관습이다.'

1.5. 한국음식과 약식동원(藥食同源)

우리의 음식사상은 한방의 기본원리인 약식동원(藥食同源)사상에 근거한다. 즉, 약보다는 적당한 음식을 섭취하여 몸을 보양하고, 병을 예방하는 것이 우리의 음식사상이다. 음식에 한약재료(꿀, 후추, 계피, 잣, 인삼, 생강, 밤, 대추, 오미자, 당귀 등)를 많이 사용하며, 음식이름에 약밥, 약주, 약과, 약수 등과 같이 약(藥)이라는 글자가 많이 사용된다.

- 신농본초경(新農本草經) : 가장 오래된 중국 한방의약서의 하나
  '약물(藥物) 365종을 상약(上藥), 중약(中藥), 하약(下藥)으로 분류한다. 상약(上藥) 120종은 독이 없고, 오래 먹어도 해가 없는 것이며, 중약(中藥)은 무해한 것과 유해한 것이 있기 때문에 만성병 치료에 쓴다. 하약(下藥)은 독이 많지만, 급성병에 쓰며 오래 복용할 수 없다. 상약(上藥)은 찹쌀, 밀, 참깨, 대추, 생강, 파 등으로 평소에 먹는 식품이니

식품과 약은 서로 구별할 수 없는 약식동원(藥食同源)이다.'

또 약식동원(藥食同源) 사상은 음양오행설(陰陽五行說)과 연결된다. 즉, 모든 음식을 음양오행설에 근거하여 음(陰), 양(陽)으로 나누고, 목(木), 화(火), 토(土), 금(金), 수(水)의 5가지 요소를 배합시켜 상생(相生), 상극(相剋) 관계의 원칙과 조화로 이루어야 불로장생할 수 있다는 것이다.

1. 음양오행설(陰陽五行說)

음양의 법칙에 따르면, 하늘은 양(陽)이고, 땅은 음(陰)이다. 또 땅위의 모든 만물은 음양으로 구분된다. 해는 양이며, 달은 음이며, 남자는 양이고, 여자는 음이며, 숟가락은 양이고, 젓가락은 음이며, 식(食)은 양이며, 음(飮)은 음이다.

음식재료도 음(陰)과 양(陽)으로 구성된다. 땅에 뿌리를 내리는 식물과 과일은 음이고, 땅 위에 있는 동물이나 물고기는 양이다. 음식재료 중에 양은 80%, 음은 20%로 쓴다. 우리의 음식은 이러한 음양의 법칙에 따라 만든다.

예를 들어, 겨울에 대추를 먹으면, 대추는 양성이고, 겨울은 음성이기 때문에 대추를 겨울에 먹으면 체온을 도와 인체에 조화를 준다는 원리이다.

또, 우주의 기초를 이루는 5원소(목, 화, 토, 금, 수)의 조화로 만물을 이루고, 이들 5원소들은 오미(신맛, 쓴맛, 짠맛, 단맛, 매운맛), 오색(청, 백, 홍, 흑, 황색)과 연결된다(표 1-12). 음식의 경우에도, 오미(味)와 오색(色)을 부재료에 사용하면, 주재료에 부족한 색, 맛, 기운을 보충한다고 생각하였다. 이러한 사상으로 음식의 색과 맛을 중요시하는 음식문화를 탄생시켰다.

1) 김치의 오색(五色)과 오미(五味)

김치는 백색(배추), 푸른색(배추겉잎이나 파), 붉은색(고추), 노란색(배추속잎과 생강, 마늘), 검정색(녹각, 젓갈)의 오색(五色)을 모두 포함한다. 고추가 도입되기 전에는 맨드라미꽃을 이용하여 붉은색을 나타냈다.

또 김치는 맛에서도 매운맛(고추), 단맛(과일, 무, 배추 배), 짠맛(소금), 쓴맛(청각, 부추, 소금), 신맛(젖산)에 의한 오미(五味)가 조화를 이루어 오묘한 맛을 나타낸다.

[표 1-12] 오행(五行)

	갑(甲)	을(乙)	병(丙)	정(丁)	무(戊)	기(己)	경(庚)	신(辛)	임(壬)	계(癸)
	강	약	강	약	강	약	강	약	강	약
오 행	木		火		土		金		水	
계 절	봄		여름		사계		가을		겨울	
방 향	동		남		중앙		서		북	
색 채	청색		적색		황색		백색		흑색	
맛	신맛		쓴맛		단맛(감칠맛)		매운맛		짠맛	
오장 (五臟)	간(肝) 담/간		심(心) 소장/심장		비(脾) 위/비장		폐(肺) 대장/폐		신(腎) 방광/신장	
오축 (五畜)	닭		양(羊), 개		소		말		돼지	
오관 (五官)	눈(目)		혀(舌)		입(口)		코(鼻)		귀(耳)	
신 체	근육(筋) 근육, 고관절, 발, 손, 손톱, 눈, 눈물, 목		혈맥(血脈) 피, 혈관, 혀, 얼굴, 땀, 팔꿈치 팔뚝상부		살(肉) 관절, 허벅지, 입, 입술, 배		털(毛) 피부, 체모, 코,콧물, 하완, 손목관절, 가슴부위		뼈(骨) 뼈, 골수, 힘줄, 발목관절, 귀	
상생 (相生)	목생화 (木生火)		화생토 (火生土)		토생금 (土生金)		금생수 (金生水)		수생목 (水生木)	
상극 (相剋)	목극토 (木剋土)		화극금 (火剋金)		토극수 (土剋水)		금극목 (金剋木)		수극화 (水剋火)	

2) 고명의 오색

고명은 음식의 모양을 위한 장식품인 동시에 새 음식임을 나타내는 표시로서, 웃기 또는 꾸미라고도 한다. 고명도 오행설에 근거하여 적색(홍고추나 실고추, 대추), 황색(달걀노른자), 흰색(달걀흰자), 녹색(미나리, 실파, 오이, 호박), 검정색(석이버섯, 김)의 오색을 기본으로 한다.

3) 다식의 오색

다식은 삼색 이상 마련하여 함께 담는다. 오색다식의 경우, 흰색(녹말다식), 분홍색(오미자 다식), 노란색(송화다식), 푸른색(승검초, 청태다식), 검정색(흑임자다식)의 오색을 모두 갖춘다.

- 송화 : 소나무의 꽃가루. 4~5월에 채취, 지방간을 해독하는 콜린이 많이 함유하여 예로부터 위도포제로 사용하였다.
- 승검초 : 당귀라고도 하며 미나리과에 속하는 다년초.
  한방에서는 7~8월 꽃피기 전에 뿌리를 채취하여 햇볕에 말려 빈혈, 부인병 등의 한방약으로 사용. 승검초편, 승검초다식, 승검초단자, 승검초강정에도 사용.

2. 음양오행설의 상극(相剋)과 상생(相生)

이러한 오행에는 상생(相生), 상극(相剋) 관계가 성립하고, 이 원칙과 음양조화가 잘 결합되어야한다. 상생작용은 서로 생(生)해주거나 서로 생(生)함을 받는다는 의미로 서로 돕는다는 뜻이 된다. 상극작용은 상생(相生)의 반대 개념으로, 극(剋)이란 상대방을 이긴다는 뜻이니 상극(相剋)이란 서로 대립되어 어느 한 쪽이 심하게 다치는 것을 의미한다(그림 1-12).

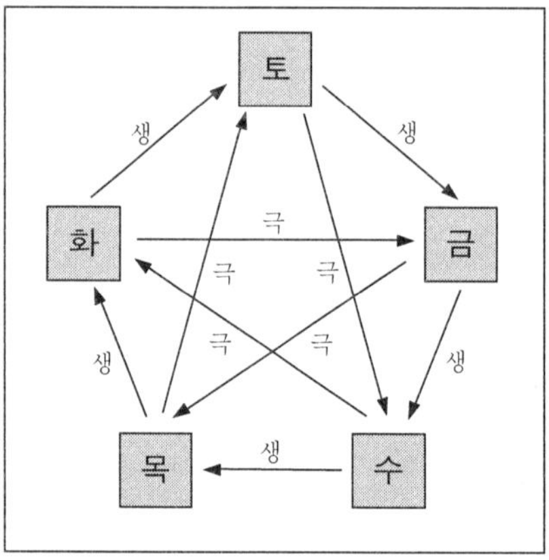

[그림 1-12] 오행(五行)의 상생(相生), 상극(相剋)

(1) 상극(相剋)

① 간(木)이 안 좋아 간장약을 오래 먹으면 위장(土)이 나빠진다(木剋土).

② 위장(土)이 안 좋아 위장약을 오래 먹으면 신장(水)이 나빠진다(土剋水).

③ 폐(金)가 안 좋아 약을 오래 먹으면 간(木)이 나빠진다(金剋木).

④ 신장, 방광, 자궁(水)이 안 좋아 약을 오래 먹으면 심장(火)이 나빠진다(水剋火).

⑤ 토혈, 하혈(피, 火)할 때 먹(흑색, 水)을 갈아 마시면 효과가 있다(水剋火, 즉 흑색의 먹(水)이 피(火)를 막아 지혈시킨다).

⑥ 소금물에 메주를 숙성시키면 메주의 감칠맛(土)이 짠맛(水)을 억제한다(土剋水).

(2) 상생(相生)

① 출산이나 월경 등으로 피(火)가 많이 필요한 여자는 신 것(木)을 많이 먹는다(木生火, 신맛(木)은 피(火)의 생성을 돕는다).

② 김치의 짠맛(水)은 신맛(木)과 조화되어 좋은 맛을 나타낸다(水生木).

1.6. 일본 요리의 특징

일본 요리는 육류보다는 채소와 어류를 이용하기 때문에 향신료를 조금 사용하고, 맛이 담백하고 개운하다. 일본은 4면이 바다로 둘러싸인 섬나라이므로 생선요리, 그 중에서도 생선회 요리가 발달하여, 약 600여종의 생선으로 특유요리인 회요리(사시미)를 발전시켜 왔다. 또 계절적인 요리를 중요시하고, 음식재료의 자연적 형태와 맛을 살려 조리한다.

그러나 전체적으로 보아, 일본요리의 역사는 짧다. 간장이 일본에서 만들어진 것은 무로마치시대(室町, 1338~1573년)이다. 간장 없이는 맛을 낼 수 없는 스시(寿司, 초밥), 스끼야끼, 덴뿌라 등의 일본요리는 그 이후에 등장한 것으로 보인다. 실제로 오늘날의 일본요리는 대부분 조선시대 중기이후인 에도시대(江戸, 1603~1867년)에 등장한 것이다. 예를 들어, 생선초밥(니기리즈시)는 초밥(스시) 중에서도 역사가 짧아, 160년 정도밖에 안된다.

육류조리가 시작된 것은 메이지시대(明治, 1868~1912년)의 이후로서 육류 역사가 짧다. 우리는 개고기를 강장식품으로 먹는 반면, 일본에서는 말고기를 먹는다. 또우리가 개고기로 더위를 이길 때 일본인은 장어구이로 더위를 이기거나 말린 뱀가루를 먹는다.

일본의 튀김요리 덴뿌라는 17세기 중엽 일본 규슈지방의 나가사키에 전래된 서양요리가 일본식으로 바뀐 것이다. 덴뿌라의 어원은 스페인어인 덴뿌로에서 유래되었다고도 하고, 포르투갈어인 덴뻬로에서 유래되었다고도 한다.

① 스끼야끼

농기구인 가래(すき)의 쇠 부분 위에다 고기를 구워먹었던 것이 스끼야끼(すき焼き)의 유래이다. 즉, 스끼야키는 말린 표고버섯, 가다랭이포, 다시마 등으로 만든 국물을 간장, 술, 설탕 등으로 간을 한 후, 얇게 썬 쇠고기, 배추, 두부, 실곤약, 대파, 표고버섯 등을 넣어 끓여 먹는 요리이다. 익은 고기나 채소는 날계란에 찍어 먹는다.

② 샤브샤브

샤브샤브라는 말은 얇게 썬 고기를 국물에 넣을 때 첨벙 첨벙(しゃぶしゃぶ)이라고 들린다고 해서 이름 붙여졌다.

샤브샤브는 징기스칸이 대륙을 평정하던 시절 투구에 물을 끓여 현장에서 조달한 양고기와 채소를 살짝 익혀 먹던 것을 일본인들이 현대적으로 정리한 요리이다.

즉, 샤브샤브란 얇게 썬 소고기를 끓는 육수에 살짝 데쳐 소스에 찍어 먹는 일본요리이다. 샤브샤브 소스로는 참깨소스가 많이 사용된다.

스끼야끼

샤브샤브

[그림 1-12] 일본요리 스끼야키와 샤브샤브

③ 초밥(寿司, 스시)

초밥의 종류로는 생선초밥(니기리즈시, 握りずし), 김초밥(마끼즈시, 巻き寿司), 유부초밥(이나리즈시, いなり寿司), 비빔초밥(지라시즈시, ちらし寿司), 상자초밥(하꼬즈시, 箱寿司) 등이 있으며, 매우 다양하다.

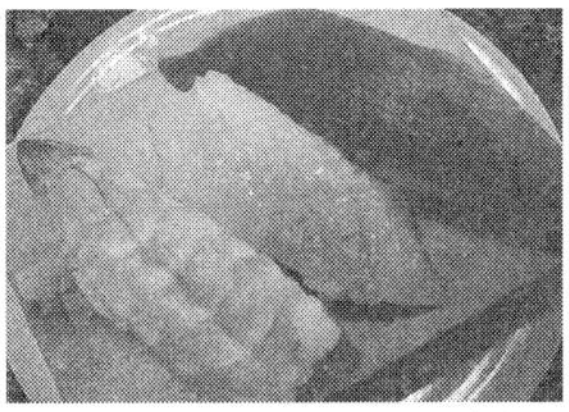
생선초밥(니기리즈시)

김초밥(마끼즈시)

유부초밥(이나리즈시)

비빔초밥(지라시즈시)

상자초밥(하꼬즈시)

[그림 1-13] 일본요리 초밥의 종류

1. 일본요리의 주요 조미료

일본요리의 기본 양념은 사(さ), 시(し), 스(す), 세(せ), 소(そ)라고 한다. 사(사또우, 설탕), 시(시오, 소금), 스(스, 식초), 세(사케, 청주), 소(쇼유, 간장) 외에 미소(일본된장), 미림(조미 술), 다시마, 가쯔오부시(가다랑어 말린 것), 멸치, 곤약, 고추냉이(와사비) 등이 일본 요리의 주요 조미료이다.

2. 지역별 음식의 특징

일본음식은 지리적인 특성에 따라 관동 지방음식과 관서 지방음식으로 구별된다.

1) 관동 지방음식

관동 지방의 음식은 에도(도쿄) 요리로 불린다. 설탕과 간장을 많이 사용하여 맛이 진한 편이다. 따라서 관동지방의 조림은 짭짤하고 형태를 유지하기 어렵고, 국물이 거의 없다. 생선초밥, 덴뿌라, 민물장어, 메밀국수가 대표적 음식이다.

2) 관서 지방음식

관서지방은 전통적인 일본요리가 발달한 곳으로 교토의 담백한 채소나 건어물요리와 오사카의 실용적이고 합리적인 생선요리가 주종을 이룬다. 맛깔나는 음식으로 관서지방의 음식이 유명하다. 원재료의 순수한 맛을 중요시하고 소금으로 맛을 내는 국물음식이 많고, 재료의 색과 형태를 최대로 살린다.

3. 일본의 상차림

① 일본의 밥상은 '젠' 이라 하며, 1인분씩 따로 차려 낸다. 우리의 밥상보다 작고 낮다.

② 밥은 왼쪽, 국은 오른쪽에 놓으며 젓가락을 젓가락받침과 함께 낸다.

③ 젓가락은 주로 버드나무나 대나무 등으로 만들고, 반드시 가로로 놓는다.

④ 맑은 국과 날것, 구이, 조림으로 된 일즙삼채(一汁三菜)가 일반적인 상차림이다.

⑤ 4는 죽을 사(死)자와 같이 생각하므로 요리가 4점이 되지 않도록 담는다.

[그림 1-14] 일본의 밥상 젠(膳)

4. 일본의 식사 예절

① 식사 전에는 반드시 인사를 하고 젓가락을 든다.

② 밥그릇을 손에 들고 먹고, 먹을 때 소리를 내지 않는다.

③ 국물요리는 그릇을 들어 젓가락으로 먹는다. 그릇을 들고 먹기 때문에 쉽게 뜨거워지지 않고, 나무나 사기그릇을 많이 사용한다.

④ 밥뚜껑은 왼손으로 열어 왼쪽에, 국뚜껑은 오른손으로 열어 오른쪽에 두며, 물이 안 떨어지게 뚜껑 안쪽이 위를 향하도록 한다.

⑤ 식사는 먼저 국을 한 모금 먹은 후 밥, 국, 반찬의 순으로 먹는다. 식사가 끝나면 처음과 같은 방법으로 뚜껑을 덮는다.

⑥ 밥을 더 먹고 싶으면 다 비우지 말고 밥을 조금 남긴다. 다 비웠을 때는 다 먹었음을 의미한다. 식사 초대를 받았을 때 밥 1공기로 끝내면 실례로 여기며, 보통 2~3공기를 먹는다.

1.7. 중국 요리의 특징

중국에는 모든 식품이 재료로 사용되며, 한 가지 음식에 채소, 해산물, 육류를 모두 사용하여 풍부하고 화려하다. 또 단맛, 짠맛, 신맛, 매운맛, 쓴맛의 5가지 맛을 미묘하게 배합하여 맛이 다양하고, 마늘, 생강, 고추, 파, 양파, 팔각, 굴소스, 두반장 등의 향신료를 잘 이용하여 독특한 향과 맛이 난다.

조리기구가 간단하고 사용이 용이하다. 중국냄비, 볶음, 튀김냄비, 그물조리, 찜통 외에 뒤집게, 국자가 중국 요리기구의 전부이다.

중국요리의 기본적인 조리법은 익혀 먹는 숙식(熟食)이다. 조리법으로는 오랫동안 끓이는 법, 기름에 볶는 법, 기름에 튀기는 법, 약간 기름으로 지지는 법, 여러 향신료를 넣고 삶는 법, 직화로 굽는 법, 주재료에 액체를 부어 찌는 법, 튀김물에 달콤한 녹말소스를 얹어 만드는 법, 훈제하는 법, 찌는 법 등 다양하다.

고온에서 단시간에 음식을 만들어 재료의 고유한 맛이 유지되고, 기름을 많이 사용하여 영양소의 손실을 최소화한다.

1. 중국의 4대 요리

중국은 영토가 넓어 지방에 따라 독특한 맛을 내는 요리로 발전시켰다. 중국요리는 지역적인 특징에 따라 북경요리, 사천요리, 광동요리, 상해요리로 크게 분류한다.

1) 북경요리(北京料理)

중국북부의 요리로서, 북경은 오랫동안 중국의 수도로서, 궁중요리와 고급요리가 발달하여 사치스러운 요리가 많다. 청조(淸朝)는 본래 만주족(유목민족)이었기 때문에 양, 소, 오리를 이용한 튀김요리와 볶음요리가 많다. 또 추운 기후의 영향으로 기름을 많이 사용하여 맛이 중후하고, 고칼로리의 음식이 많다. 강한 화력을 이용하여 짧은 시간에 음식을 조리하여 재료 고유의 맛을 살리는 것이 특징이다.

식재료도 화북 평야의 광대한 농경지에서 생산되는 소맥을 비롯한 농작물이 풍부하여 국수, 만두, 빵 등의 밀가루 음식도 많다. 대표적인 북경요리로는 오리통구이, 피단(pidan), 해삼조림 등이 있다.

① 통오리구이

북경 통오리구이에 사용되는 오리는 부하 후 50일이 지난 후 어둡고 좁은 곳에서 15일간 사육한다. 이렇게 사육된 오리는 과잉섭취와 운동부족으로 크기가 2배로 자란다. 이 오리의 껍질과 살 사이에 공기를 넣어 부풀게 한 후, 표면에 엿을 발라 햇볕에 쪼인 후 아궁이에서 갈색이 될 때까지 굽는다. 먹을 때는 바삭바삭한 껍질을 채친 파와 양념을 함께 싸서 먹는다.

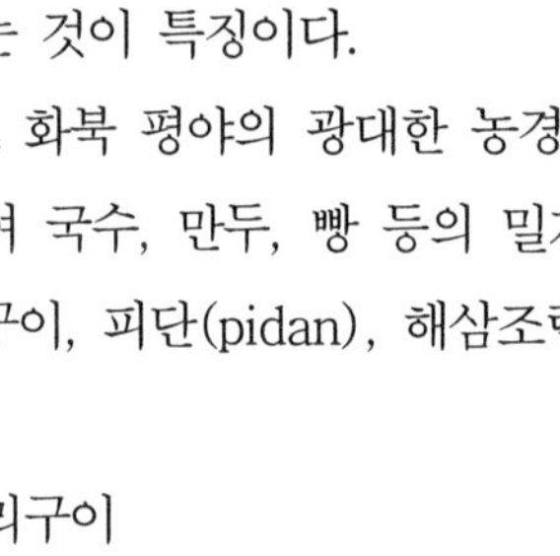
통오리구이

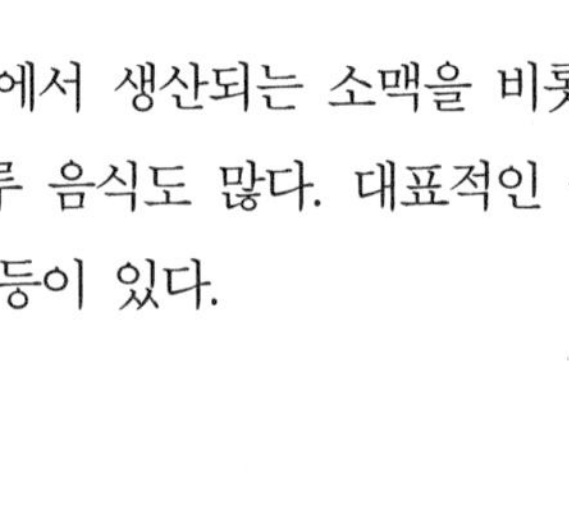
피단(皮蛋)

[그림 1-15] 대표적인 북경요리

② 피단(皮蛋, pidan)

피단은 송화단(松花蛋), 채단(彩蛋), 변단(变蛋)이라고도 한다. 송화단은 피단의 표면무늬가 소나무(松)의 꽃(花)과 같다고 하여 붙여진 이름이다. 오리알 대신 달걀이나 메추리알을 쓰기도 한다. 피단은 오리알에 석회, 생석회(CaO), 소금 등을 반죽하여 5~10mm 두께로 바른 후 왕겨에 묻혀 3~6개월간 저장하여 만든다. 저장 중에 알칼리작용으로 인해 황화수소(H_2S)가 생겨 독특한 풍미를 나타낸다. 피단의 난백은 진한 갈색으로 투명하며, 난황은 짙은 녹색을 나타낸다.

2) 사천요리(四川料理)

중국 서부를 대표하는 요리, 바다가 먼 내륙지방인 관계로 기온차가 심하고 습도가 높은 기후의 영향으로 강한 마늘, 파, 매운 고추, 생강 등의 향신료를 많이 사용하여 맛이 자극적이고 매운 것이 특징이다. 그러나 느끼하지 않아 우리나라 사람의 입맛에 가장 잘 맞는 요리이다.

바다가 없는 대신 계절 구분이 뚜렷한 곡창지대로 사계절의 농산물이 풍부하여 채소나 곡물, 육류를 이용한 볶음이나 찜 요리가 많다.

대표적 사천요리로는 요리로는 마파두부, 삼선 누룽지탕, 새우칠리소스 볶음, 생선철판구이 등이 있다.

3) 상해요리(上海料理)

중국 동부를 대표하는 요리로서, 지리적으로 바다에 인접하여 해산물을 이용한 요리가 많다. 간장과 설탕을 많이 사용하여 맛이 진하고 달콤한 맛을 내는 찜이나 조림요리가 많다. 또한 쌀의 생산이 많아 쌀밥에 어울리는 요리가 발달한 것도 특징이다.

대표적인 상해요리로는 게 볶음, 생선 찜 등이 있다.

4) 광동요리(廣東料理)

광동요리는 중국남부를 대표하는 요리로써, 일찍이 서구와의 빈번한 교류로 서양 향신료가 요리에 접맥되어 있다. 기름을 적게 사용하여 맛이 담백하고, 간이 싱겁고, 달착지근한 맛이 있는 것이 특징이다.

특히 뱀, 쥐, 개, 원숭이, 자라, 고양이, 들쥐 등 살아있는 것은 모두 요리의 재료로 사용하며, 불로장수의 사상과 밀접한 관계를 갖고 발전해왔기 때문에 한의사를 중심으로 한 요리법이 발전하였다.

대표적인 광동요리로는 상어 지느러미찜, 제비집, 광동식 탕수육, 팔보채 등이 있다.

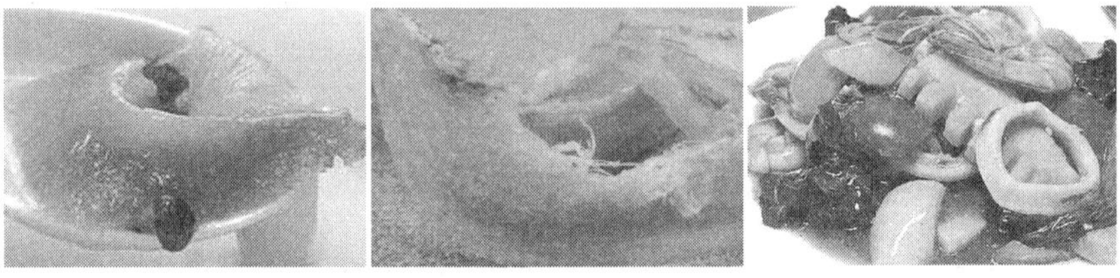

상어지느러미찜 제비집 팔보채

[그림 1-16] 대표적인 광동요리

① 상어 지느러미(샥스핀, sharks fin)

상어지느러미는 색깔, 부위, 형태에 따라 명칭이 다르다. 흰 것은 백시(白翅), 검은 것은 흑시(黑翅)라고 하고, 온전하게 있는 것을 배시(排翅), 흩어져 있는 것을 산시(散翅), 흩어진 것을 성형한 것은 시병(翅餠)이라 한다. 통 지느러미는 고급품으로, 찜으로 만든 후 달콤한 소스를 곁들여 먹거나 조림에 쓰이며, 하급품은 스프나 볶음에 사용된다. 상어지느러미는 특별한 맛이 없지만, 특유의 향과 씹히는 맛이 독특하다.

마른 상어지느러미를 불릴 때는 먼저 찬물에 담가 부드러워지면 끓는 물에 1시간 정도 삶고 하룻밤 방치한 후, 검은 막을 벗겨내고 다시 더운 물에 30분간 끓여 뼈와 이물질을 제거한다. 이러한 작업을 3회 반복하면 부드럽게 불어난다.

② 제비집

제비집은 바다제비들이 해초를 물어다가 침을 발라가며 해안 절벽 등에 만든 둥지이다. 즉, 제비집은 제비 입에서 나온 점액질에 의해 해초가 젤라틴처럼 변하여 둥지로 굳어진 것으로, 중국요리의 귀한 재료이다. 중국에서는 제비집을 연와(燕窩, 옌워)라 하며, 일본에서는 연소(燕巢)라고 한다. 제비집 스프를 연와탕 또는 연와탕이라고도 한다. 연와는 본래 제비집이라는 의미이지만, 연와를 이용한 음식의 통칭으로 사용하기도 한다.

제비들은 해안 절벽의 같은 장소에 여러 번 집을 짓는다. 처음에 해초만으로 지은 집을 관연(官燕)이라 하며, 최고급 궁중진상품으로 쓰였다. 2번째와 3번째 지은 집은 각각 모연(毛燕), 전연사(全燕絲)라고 하며, 깃털이나 작은 가지 등이 섞여 있어 품질이 떨어진다. 현재는 인공 사육한 제비집을 많이 사용한다.

제비집은 더운물에 1주일쯤 불려 털이나 불순물을 제거한 후 사용한다. 둥지를 물에 녹이면 젤라틴의 질감을 가지게 되며, 물에 불리면 약 20배나 불어난다. 제비집 요리에는 스푼이 두개 나오는데, 구멍이 송송 뚫린 스푼으로는 제비집을 건져먹고, 구멍이 없는 스푼으로는 국물을 떠먹는다.

- 본초강목습유(本草綱目拾遺)
  '제비집은 피부를 윤택하게 하며 혈액에 유익하여 생기를 나게 한다.'

③ 팔보채

팔보채는 마른해삼, 새우, 오징어, 닭고기 등의 해물과 목이버섯, 죽순, 파, 완두콩 등의 채소를 기름에 볶은 후, 물에 푼 녹말로 걸쭉하게 한 요리이다.

> 팔보채(八寶菜)란 8가지의 진귀한 재료(八寶)로 만든 채소요리(菜)라는 의미이다.

2장
한국의 주식(主食)

2.1. 밥

밥은 농경사회부터 주식(主食)으로 이용되어져 온 음식이다. 신석기시대에는 쌀을 갈아 토기에 죽처럼 가열해 먹었으나, 토기의 흙냄새로 맛이 좋지 않아, 청동기~삼국시대 초기에는 시루에 찐 밥을 먹었다. 시루에 쌀을 쪄서 조리하는 밥을 증숙반(蒸熟飯)이라고 하며, 대표적인 것이 약밥이다.

약밥의 주원료인 찹쌀을 솥에서 가열하면 강한 점성으로 바닥은 눌러 붙고, 윗부분은 설익게 되지만, 증기로 찌면 쌀알사이로 증기가 스며들어 골고루 익게 된다.

그 후 통일신라시대(약 2,000년 전)에 가마솥이 개발되어, 밥을 지는 단계로 발전하였다. 신라고분에서도 무쇠 가마솥이 출토되고, 삼국사기 고구려 본기(18~43년)에 정(鼎, 솥)과 취(炊, 불땔 취)의 글자가 기록된 점으로 보아, 이때부터 곡물을 쪄먹는 단계에서 밥 짓는 단계로 접어들었음을 알 수 있다.

취(炊)는 곡물을 삶아 수분을 줄이고, 수증기로 뜸을 들이고, 솥 밑의 곡물이 약간 타는, 즉, 자(煮, 삶을 자), 증(蒸, 찔증), 소(燒, 태울 소)의 3가지가 일체화(一体化)된 것이다. 특히, 우리나라 남부지방은 벼 생산에 적합하고, 또 디딜방아의 사용으로 도정도가 높은 곡물을 생산할 수 있었으며,

쇠의 명산지라서 가마솥을 쉽게 만들 수 있어 밥 짓기가 더욱 발달하였다. 이렇게 발달된 밥 짓기는 일본과 중국에 전해졌다.

밥은 한자어로 반(飯)이라 하며, 어른에게는 진지(進支), 왕이나 왕비에게는 수라, 제사에는 메 또는 젯메라 한다. 밥을 먹는 표현도 수라는 '진어하신다.', 진지는 '잡수신다.', 밥은 '먹는다.'고 한다.

– 문헌고찰 : 밥짓기 –

- 반유십이합설(飯有十二合說) : 청나라 장영(張英)
  '조선 사람은 밥짓기를 잘한다. 밥알에 윤기가 있고 부드러우며 향긋하다. 또 솥 안의 밥이 고루 익어 기름지다. 밥 짓는 불은 약한 것이 좋고, 물은 적어야 한다는 것이 이치에 맞는다. 아무렇게 밥을 짓는 것은 하늘이 내려주신 물건을 낭비하는 것이다.'

가마솥 밥맛의 비결

가마솥의 무거운 뚜껑은 가열할 때 솥 내부의 팽창된 공기와 수증기를 빠져나가지 못하여 기압이 상승되고, 결국 물의 끓는점을 상승시킨다(기압이 상승하면 끓는점도 상승한다). 결국, 고온에서 밥이 익게 되어. 압력솥과 같은 효과를 내게 된다.
또한 장작불과 같은 강한 불은 가마솥바닥을 통해 직접 열을 가하기 때문에 온도가 급상승하고, 특히, 둥근 바닥 전체로 열이 전해져 열전달이 빠르다. 따라서 쌀알은 급속한 열 변화를 받고, 솥의 둥근바닥으로 대류가 일어나 밥알이 물과 함께 돌면서 더 잘 익어 밥맛이 좋게 된다.

1. 밥의 종류

벼는 가장 오래된 작물의 하나로 인도에서는 기원전 3,800년경, 중국에서는 기원전 3,000년경부터 재배하였다. 우리나라에서 벼를 쌀을 재배하기 시작한 것은 신석기시대(기원전 2,400년경) 부터 이며, 벼농사가 일반화된 것은 삼국시대부터이다.

- 1991년 김포군 동진면 계현리 일대의 토탄층에서 기원전 2,100년대의 볍씨 발견
- 경기도 고양군 일산읍의 토탄층에서 기원전 2,400년대의 볍씨 출토

그러나 삼국시대 초기에는 쌀 생산이 부족하여, 서민은 멥쌀에 잡곡을 섞거나 잡곡만으로 밥을 지어 먹었다. 조선 후기에 들어 저수지와 같은 수리시설이 발달하고 벼의 재배면적이 증가하여 서민들도 주식으로 이용했으나, 잡곡밥은 계속 명절 음식으로 계승, 발전되었다. 대표적인 잡곡밥은 보리밥이며, 이외에 완두콩밥, 조밥, 팥밥, 강낭콩밥, 수수밥, 기장밥 등이 있다.

또 입맛이 없거나 병약자들을 위하여 굴밥, 밤밥, 송이밥, 약밥 등의 별미의 밥을 개발하여 고유의 주식문화를 정착시켰다. 구황과 풍류를 겸한 밥도 있었다. 쌀에 산도(山桃), 줄풀 열매, 국경(菊莖), 국화(菊花), 연뿌리와 연밥을 섞어 짓는 밥, 죽실(竹實), 건율(乾栗)가루, 건시(乾柿)가루를 섞어 짓는 밥 등은 풍류를 겸한 구황용 밥이다.

이외에 밥 위에 채소나 육류를 얹어 만든 비빔밥도 있고, 각종 채소나 버섯, 해산물 등을 섞어 지은 밥도 있다.

– 문헌고찰 : 각종 밥의 종류 –

- 임원십육지

  '보리밥은 먼저 보리를 하룻밤 물에 담근 후, 그 물과 삶아 건져 멥쌀과 섞어 밥을 짓는다.'

- 정조지(鼎組志)

  '혼돈반(渾沌飯)은 먼저 팥을 끓인 후 멥쌀, 대추, 밤을 넣고 잘 찐다.'

- 정조지(鼎組志)

  '저미밥(藷米飯)은 썰어 말린 고구마를 멥쌀과 같이 밥을 하면 맛이 달지 않고 포만감이 오래가 시장기가 없다. 먼저 쌀을 끓이다 덜 익었을 때 넣고 뜸을 들인다.'

- 정조지(鼎組志)

  '팥물밥은 붉은 팥을 진하게 삶아 팥을 건지고 팥물에 밥을 한다.'

- 정조지(鼎組志)

  '죽실반(竹實飯)은 죽실, 말린 밤가루, 곶감가루를 섞어 밥을 짓는다.'

2. 쌀의 종류

1) 형태에 따른 쌀의 종류

쌀은 형태에 따라 크게 인디카형(Indica type, 장립종), 자포니카형(Japonica type, 단립종) 및 자바니카형(javanica type, 중립종)으로 분류된다.

인디카형(장립종)

자포니카형(단립종)

[그림 2-1] 인디카형 및 자포니카형 쌀의 형태

① 인디카형(indica type, 장립종)

쌀알의 길이가 길어 장립종이라고도 한다. 찰기가 적고 잘 부서지고 불투명하며, 씹을 때 단단한 감이 있다. 이는 쌀알의 세포막이 두꺼워 밥을 지을 때 세포막이 파괴되지 않고 세포내에서 호화되기 때문이다. 동남아시아(태국)를 비롯하여 중국 남부, 호주, 미국, 중남미에서 재배되며, 전세계 생산량의 90%를 차지하고 있다.

② 자포니카형(japonica type, 단립종)

낟알의 길이가 짧고 둥글기 때문에 단립종이라 부른다. 특징은 쌀알이 둥글고 길이가 짧고 찰기가 있으며, 아밀로오스 함량이 17~22% 정도이다. 한국을 비롯하여 일본, 중국 중북부, 미국의 캘리포니아(칼로스) 등에서만 재배되며, 세계생산량의 10%를 차지한다.

자포니카형이 인디카형에 비해 찰기가 강한 이유는 쌀알의 세포막이 얇아 밥을 지을 때 쉽게 전분이 방출되어 점성을 나타내기 때문이다.

과거(1971년) 수확량이 많아 권장되었던 통일벼는 자포니카형와 인디카형의 개량종으로, 길이가 길고 끈기가 없어 밥이 푸석푸석하다. 아밀로오스 함량은 26~31% 정도이다. 아밀로오스의 함량이 높을수록 밥의 끈기나 색, 윤기가 저하된다.

③ 자바니카형(javanica type, 중립종)

낱알 길이와 찰기가 인디카형과 자포니카형의 중간정도인 것을 중립종이라 하며, 인도네시아의 자바 섬과 그 근처의 일부 섬에서만 재배하고 있다.

2) 아밀로오스와 아밀로펙틴 함량에 다른 쌀의 분류

쌀은 아밀로오스와 아밀로펙틴 함량에 따라 멥쌀과 찹쌀로 분류된다. 찹쌀은 점미(粘米), 떡쌀이라고도 하고, 반투명한 멥쌀과 달리 유백색을 나타내기 때문에 외관으로도 구별할 수 있다. 이는 배유중의 전분의 치밀도가 멥쌀에 비해 낮아, 건조에 의해 내부에 미세한 간격이 생기기 때문이다. 멥쌀은 아밀로오스와 아밀로펙틴의 함량이 2 : 8의 비율 정도인 반면, 찹쌀은 거의 100%가 아밀로펙틴으로 구성되어 있다. 따라서 아밀로오스함량이 적은 찹쌀이 멥쌀 보다 더 끈기가 있고, 부드러우면 윤기가 있다.

찹쌀은 끈기나 찰기가 많다는 '차지다'에서, 멥쌀은 끈기나 찰기가 적다는 '메지다'는 뜻에서 유래되었다.

3) 도정도에 따른 쌀의 분류

벼는 왕겨(husk)로 둘러싸여 있고, 그 내부는 쌀겨(bran), 배유(endosperm) 및 배아(germ)로 구성되어 있다. 벼의 왕겨만을 제거한 쌀을 현미라고 한다. 현미의 외피에 과피, 종피 등이 존재하여 식미와 소화성이 나쁘기 때문에, 보통 정미기(精米機)로 쌀겨를 제거한 백미(白米, 정백미)로 사용한다. 이와 같이, 현미로부터 쌀겨를 제거하는 과정을 도정(milling)이라고 한다. 그러나 도정을 하면 쌀겨층 이외에 배아부분도 함께 제거된다.

따라서 도정에 의해 제거된 쌀겨라고 하면, 쌀의 쌀겨층(과피, 종피 등)과 배아의 총칭을 말한다. 즉, 백미는 쌀겨층과 배아부분을 제거한 배유부분만을 말한다.

배유, 쌀겨층, 배아의 비율은 약 92 : 5 : 3 정도이기 때문에, 백미의 도정율은 약 92%가 된다.

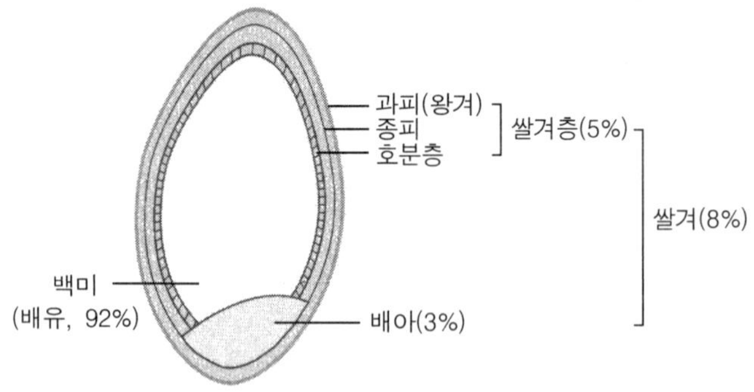

[그림 2-2] 현미의 조직

[표 2-1] 도정도에 따른 쌀의 분류

쌀의 분류	도정도(%)	도정율(%)
현미	0	-
5분도	50	96.0
7분도	70	94.0
10분도(백미)	100	92.0

도정도 : 현미에서 쌀겨를 제거한 비율
도정율 : 현미에서 쌀겨를 제거하고 나온 정미(精米)의 비율

현미와 백미의 영양소 함량을 비교해 보면, 백미에는 섬유소가 0.3%가 들어있는 반면, 현미에는 2.7% 들어있다. 도정에 의해 섬유소가 90% 정도 손실됨을 알 수 있다. 또한 백미의 단백질 함량(6.4%)은 현미의 84%에 불과하다. 이외에 칼슘, 칼륨, 인 등의 무기질과 비타민 B_1, B_2, 나이아신 등의 비타민도 도정과정에서 절반 이상이 손실된다. 배아에는 지방이 많기 때문에 도정 중 제거된 쌀겨를 헥산(n-hexane)으로 추출하여 현미유(미강유)를 제조한다.

그러나 현미는 배아 중에 함유되어 있는 지방이 라이페이스(lipase)에 의해 분해되어 백비보다 식미가 떨어진다. 또 백미와 같은 방법으로 밥을 지으면 호화(糊化)가 잘 되지 않기 때문에 압력솥 등을 이용해야만 한다.

최근에는 현미를 퍼프(puff) 가공하여 상압에서도 밥을 지을 수 있는 현미가 시판되고 있다.

4) 쌀의 저장

쌀은 벼의 형태로 저장하면 용적이 현미의 2배가 되기 때문에 보통 현미의 형태로 저장한다. 현미는 생명력이 있기 때문에 비교적 저장성이 안정하지만, 백미는 쌀겨층과 배아가 제거된 상태이기 때문에 생명력을 잃어, 보존 습도가 높을수록 품질이 저하되기 쉽다.

예를 들어, 백미를 고습도하에 두면, 20℃에서 보통 1개월 정도는 식미를 유지할 수 있지만, 25℃ 이상이 되면 2주 이내에 품질이 급속히 저하된다.

5) 그 밖의 쌀의 종류

① 청결미(무세미, 無洗米)

도정한 백미를 세척, 탈수, 건조한 것 또는 쌀겨를 흡착법에 의해 제거한 쌀을 말한다. 즉, 도정 후 쌀 표면에 약간 물을 분사한 후 롤러에 의한 마찰과 강한 공기압으로 쌀겨를 제거한 쌀이다. 청결미는 밥을 지을 때 씻을 필요가 없다.

② 강화미

백미를 비타민 B_1(thamine)과 비타민 B_2(riboflavin) 용액에 담근 후 건조한 쌀이다. 도정 과정 중 손실된 비타민 B_1과 B_2를 인위적으로 강화한 쌀이다.

③ 배아미

현미를 특수한 방법으로 도정하여 배아를 남긴 쌀이다.

④ 유색미

적색, 자색, 흑색을 나타내는 쌀을 유색미라고 한다. 유색미의 색은 안토시아닌 색소에 의하며, 이들 색소의 기능성이 주목되고 있다.

유색미의 색소는 주로 쌀겨층에 존재하기 때문에 도정하면 백미가 된다. 또 색소가 수용성이기 때문에 지나치게 씻지 않는 것이 좋다.

3. 밥 짓는 방법

밥 짓는 방법에는 취반법(炊飯法)과 제탕법(除湯法)의 2가지 방법이 있다.

취반법은 보통의 밥 짓는 방법이며, 밥을 지을 때는 쌀의 종류, 양, 건조도에 따라 물의 양을 달리하고, 솥의 종류나 불의 종류에 따라 밥 짓는 시간도 달리한다. 흰밥의 경우, 보통 쌀 1에 물 1.2~1.4의 비율로 한다. 밥이 되면 중량의 2.2~2.4배 정도로 증가한다.

제탕법은 쌀을 삶아 연해지면 건져 낸 후에 다시 찜통에 찌는 방법이다. 일반적으로 자포니카형 쌀은 취반법(炊飯法)으로 인디카형 쌀은 제탕법(除湯法)으로 밥을 짓는다.

- 본조식감(일본, 1692년)
  '요즘 밥 짓는 방법에는 2가지가 있는데, 하나는 보통의 밥 짓기이고, 또 하나는 쌀에 충분히 물을 넣고 삶아 연해지면 건져 다시 찌는 방법이다. 이것을 제탕법((除湯法, 湯取法)이라고 한다.'

1) 무쇠 솥에 밥 짓는 방법

멥쌀은 뜨거운 물에 씻지 않으며, 4시간 정도 물에 불린 후 밥을 짓는다. 이렇게 하면 밥이 잘 되고, 연료도 절약된다. 먼저 솥바닥에 밥밑(삶은 보리쌀이나 불린 콩 등)을 깐다. 밥밑 위에 불린 쌀을 넣고 밥물을 붓는다.

불은 솥 밑에 고루 퍼지게 하고, 끓으면 약하게 한다. 밥물이 없어지면 불을 약하게 하고, 뜸들일 때 다시 세게 땐다. 밥물을 모두 흡수하여 물기가 없으면 잘된 밥이고, 물기가 있어 밥알이 터지고 질척하면 잘못된 밥이다.

2) 한 솥에서 된밥과 진밥을 짓는 기술

가마솥에 쌀을 넣고 앞쪽은 높게, 뒤쪽은 낮게 한다. 그리고 물을 부어 익히면 높은 쪽은 된밥이 되고 낮은 쪽은 진밥이 된다.

3) 궁중의 소주방이나 수라간에서 밥 짓는 법

왕과 왕비의 밥은 가마솥에 짓지 않고, 작은 곱돌솥에 따로 지었다.

만드는 법은 다음과 같다. (1) 먼저 참숯을 피운 놋화로에 건늘쇠 2개를 걸쳐 곱돌솥을 놓고, 밥물을 끓인다. (2) 수라는 관례적으로 흰밥과 팥밥 두 그릇을 올렸고, 2개 화로에 따로 안쳤다. (3) 물이 끓으면 쌀을 넣고 휘저어 온도를 고르게 하고, 숯불을 조절하면서 밥을 짓는다. 곱돌솥은 두꺼워 열변화가 적고, 뚜껑이 무거워 밥물이 넘치지 않는다. (4) 팥밥은 붉은팥을 터지지 않게 삶아 그 팥물로 밥을 짓는다. 밥에 붉은 팥물이 들어 홍반(紅飯)이라고도 한다.

4. 절식으로 먹는 약밥(약식), 오곡밥

예전에는 정월대보름의 절식으로 찹쌀, 대추, 밤, 꿀, 잣 등을 섞어 만든 약밥(약식)을 먹었다. 그러나 시대가 지나면서 생활양식이 달라져, 지금은 약밥보다는 오곡밥을 정월대보름의 절식으로 먹는다.

약밥(藥飯)의 약(藥)은 꿀이 들어간 음식이라는 의미이다.

약밥(약식)

오곡밥

[그림 2-3] 약밥과 오곡밥

1) 약밥

- 삼국유사(三國遺事) 사금갑조(射琴匣條) : 약밥의 유래
  '소지왕(신라 21대)이 정월대보름날 천천정(天泉亭)을 행차하던 중 까마귀가 날아와 봉투 한 장을 주고 날아갔다.' 그 봉투에 '이걸 뜯어보면

두 사람이 죽고, 뜯지 보지 않으면 한 사람이 죽는다.'고 적혀 있었다. 숙고 끝에 봉투를 뜯어보니 '당장 환궁하여 내전 별실에 있는 금갑을 쏘라'고 써있어, 왕은 즉시 돌아와 금갑에 활을 쏘니 그 안에서 왕비와 신하 한 사람이 나왔다. 이들을 심문하니 둘이 역모를 꾀하던 중이었다. 이 때 까마귀의 은혜에 보답하는 뜻으로 정월대보름을 오기일(烏忌日)이라 하여 까마귀가 좋아하는 대추를 넣은 찰밥(까마귀의 잿밥)으로 제사 지내는 풍습이 생겼다.'

- 신라시대에는 찰밥에 까마귀가 좋아하는 대추만을 넣으나, 그 후 밤, 잣을 넣고, 간장과 기름으로 까마귀 털색처럼 검게 한 약밥이 정월대보름날의 절식이 되었다.

2) 오곡밥

전통적인 오곡밥은 찹쌀, 차조, 붉은팥, 찰수수, 검은콩을 섞어 만든다. 그러나 정조지, 규합총서 등의 기록을 보면, 찹쌀 대신 멥쌀을 사용하기도 하여 의례적인 것은 아니었다(문헌고찰 참조). 오곡밥은 모든 곡식이 잘 되길 바라는 뜻으로, 농가에서는 모든 곡식을 종류별로 넣어 밥을 지어 먹었다. 또 다른 성씨 집의 오곡밥을 세 집 이상 먹어야 그 해의 운이 좋다고 하여 오곡밥을 나누어 먹는 풍속이 있다. 지금은 오곡밥을 짓지 않고, 그 중 2~3가지는 다른 재료(밤, 대추 등)를 넣어 별식으로 먹는다.

– 문헌고찰 : 오곡밥의 혼합비율 –

- 정조지(鼎俎志)

  '오곡밥에는 멥쌀, 좁쌀, 기장 각각 2되, 수수쌀 5홉, 붉은팥 7홉, 검은콩 2홉을 섞는다.'

- 규합총서(閨閤叢書)

  '오곡밥에는 찹쌀, 찰수수, 흰팥 각각 2되, 차조 1되, 물콩 5홉, 대추 1되를 섞는다.'

3) 비빔밥

비빔밥이 처음 언급된 문헌은 시의전서(1800년대 말)로, 비빔밥을 부빔

밥으로 표기하고 있다. 한편 비빔밥을 골동반(汨董飯)이라고도 한다. 골동반의 골(汨)은 '어지러울 골', 동(董)은 '비빔밥 동'으로, 골동(汨董)이란 여러 가지를 한데 섞는 것을 말한다. 즉, 골동반이란 밥에 여러 찬을 섞어 비빈 것을 의미한다.

전주비빔밥은 평양냉면, 개성탕반(湯飯, 장국밥)과 함께 조선시대 3대 음식으로 유명하다. 전주비빔밥의 특징은 사골국물로 밥을 짓고, 소고기 육회를 사용하는 것이다.

전주비빔밥

안동 헛제사밥

[그림 2-4] 전주비빔밥과 안동 헛제사밥

또한, 비빔밥의 일종으로 안동의 헛제사밥이 있다. 헷제사밥은 말 그대로 가짜 제사밥을 말하며, 제사음식인 나물, 무침, 전, 탕 등을 함께 섞어 먹는 음식이다. 제사가 없는 날에 제사음식을 만들어 먹는다고 하여 헛제사밥이라 한다. 헛제사밥은 안동의 양반들이 음식을 잘 차려 먹고 싶을 때 헛제사를 지내 제사음식을 즐긴 것에서 유래되었다고 한다.

헛제사밥에 사용되는 나물은 일반 비빔밥의 나물과 달리 파, 마늘을 사용하지 않고, 간은 고추장이 아닌 깨소금, 간장으로 한다.

2.2. 죽(粥), 미음, 응이

1. 죽의 역사

죽(粥)은 가장 긴 역사를 지닌 곡물요리이며, 농경문화가 시작된 신석기시대에 토기에 곡식을 끓여 먹었던 것이 죽의 기원이다.

중국, 일본에도 죽 요리가 있으나 우리의 죽 요리의 종류가 더 다양하다. 조선시대에는 죽의 종류가 170가지에 이를 정도로 죽 요리가 발달되었으며, 매우보편화 된 음식이었다.

죽(粥)은 주식 이외에 노인이나 유아의 보양음식, 별미음식, 절식음식, 구황음식, 풍류를 겸한 기호음식으로도 이용되어져 왔다.

우리나라의 죽 문화가 발달된 이유로는 (1) 숟가락과 젓가락을 병용하는 관습, (2)부모나 노인을 공경하는 유교사상, (3) 구황식품으로의 이용, (4) 약식동원사상 등을 들 수 있다.

– 문헌고찰 –

- 서경(2,500년 전, 중국) : '황제가 비로소 곡물을 삶아 죽을 만들었다.'
- 청장관전서(1795, 우리나라) : '서울의 시녀들의 죽 파는 소리가 개 부르는 듯하다.'
- 증보산림경제(增補山林經濟, 1766) : '흰죽은 늦벼가 상(上)이며, 돌솥에 쑤는 것이 가장 좋고, 무쇠솥이 다음이며, 놋쇠솥은 하(下)이다. 물은 단물(甘泉)이 좋고, 물이 나쁘면, 죽의 색이 누렇고, 잘 되지 않는다.'
- 영조실록(1773년)
  '왕은 선전과에 명하여 걸인을 선혜청에 모아 놓고 죽을 내렸다.'

2. 죽의 종류

쌀 부피의 1.2~1.4배 만큼 물을 넣으면 밥이 되고, 쌀 부피의 5~8배 만큼 물을 넣으면 죽(粥)이 된다. 죽(粥)은 물의 양이 많을수록 먹기가 쉽고 소화도 용이하다.

또한, 미음과 응이(의이, 薏苡)도 죽의 일종이다. 미음은 곡식을 푹 고아 체에 걸러낸 죽이며, 응이는 말린 곡물 전분에 물을 넣고 끓인 죽을 말한다. 물을 쌀 부피의 10배 이상이 되면 미음이 되고, 응이는 미음보다 더 묽은 죽이다.

한편, 죽의 원료인 쌀의 형태에 따라, 옹근죽(온죽), 원미, 무리죽(비단죽), 암죽으로 분류된다(표 2-3). 궁중의 죽은 잣죽, 타락죽, 흑임자죽, 낙화생죽 등으로 곡물과 종실류를 곱게 갈아 만든 무리죽의 형태가 많다.

이외에 죽의 일종으로 볼 수 있는 것으로 범벅이 있다. 범벅이란 곡물가루(주로 찹쌀가루)에 감자, 옥수수, 호박 등을 섞어 풀처럼 쑨 것을 말하며, 강원도의 감자범벅, 옥수수범벅과 경상도, 강원도의 호박범벅이 있다.

[표 2-2] 죽, 미음, 응이의 차이점

죽	곡식을 불려 갈아 끓이거나 낟알 그대로를 끓인 것
미음	곡식을 껍질만 남을 정도로 고아 체에 걸러낸 죽
응이(의이,薏苡)	처음에는 율무죽을 의미했으나 후에 곡물을 갈아 얻은 앙금(전분)을 말렸다가 물을 넣어 끓인 죽.

죽보다 미음이, 미음보다 응이가 더 묽다.

[표 2-3] 쌀의 형태에 따른 죽의 분류

옹근죽(왼죽)	온 형태 그대로 쑨 죽
원미(元米)	쌀을 굵게 동강나게 갈아 쑨 죽
무리죽(비단죽)	쌀을 완전히 곱게 갈아서 쑨 죽(예, 잣죽, 검은 깨죽, 호박죽)
암죽	쌀을 쪄서 가루로 내어 물을 넣고 끓인 죽(이유식, 환자식, 노인식) (1) 떡 암죽 : 백설기로 만들어 말렸다가 끓인 것 (2) 쌀 암죽 : 쌀을 쪄서 말려 가루로 하여 끓인 것

3. 재료에 따른 죽

죽(粥)은 곡물이나 채소전분이 주원료이지만, 단백질식품인 육류와 어류를, 비타민, 무기질 식품인 견과류와 채소류를, 약용식품과 향채류를 넣어 끓이기도 한다.

재료에 따른 죽의 종류를 보면, 죽의 기본형인 흰죽, 열매 죽(잣, 참깨, 흑임자, 호두, 대추, 황률 등을 넣은 죽), 어패류죽(붕어, 조기, 잉어, 가물치, 생굴, 홍합, 전복, 조개 등을 넣은 죽), 고기죽 등이 있다.

대표적인 어패류죽과 고기죽으로는 어죽과 담채죽을 들 수 있다. 어죽(魚粥)은 민물고기 등을 끓여 살만 발라내어 육수에 쌀을 넣어 끓인 죽이다.

담채죽(淡菜粥)은 소고기에 홍합을 넣고 끓인 죽이다. 담채(淡菜)는 홍합의 다른 이름으로, 보통 해산물들은 짜지만 홍합은 짜지 않고 담백하다고 하여 붙여진 이름이다. 또 경상도에서는 담채를 담치라고도 하고, 동해안에서는 섭이라고 부른다. 그러나 지금은 양식된 담채를 홍합, 자연산 담채를 섭이라고 하기도 한다.

담채는 콩팥과 간을 보호하고 피를 돌게 하여 술을 많이 먹는 사람에게는 좋은 음식이다.

이외에 청태, 콩, 팥, 녹두, 보리, 풋보리 등으로 쑨 죽이 있다. 또 율무죽, 연뿌리죽, 마름죽, 칡죽, 마죽 등은 모두 녹말가루를 내어 쑨 죽으로, 응이의 일종이며, 별미일 뿐 아니라 약리효과도 있는 죽이다.

식욕이 없을 때 쑤어 먹는 콩나물, 아욱, 시래기 등의 각종 나물죽도 있다.

[표 2-4] 조선시대의 죽요리

흰죽	흰쌀에 참기름을 넣어 갈아 끓인다.
청태죽	청태(파란 날콩)를 맷돌에 갈아 쌀과 함께 끓인다.
호박죽	어린호박, 햅쌀, 돼지고기나 닭고기를 넣고 끓인다. 간은 젓국으로 한다.
아욱죽	아욱, 멥쌀에 소고기나 돼지고기 또는 닭고기, 마른새우를 넣어 끓인다.
방풍죽	흰쌀로 죽을 끓이다가 반숙이 되면 방풍잎을 넣어 끓인다.
강분죽	생강을 갈아 물에 담근 후 앙금을 말려 죽을 쑨다.
생굴죽	생굴을 기름에 볶아 물을 부어 끓이다가 쌀을 넣고 끓인다. 아주 물러지면 계란을 푼다.
붕어죽	붕어, 멥쌀을 넣고 끓인다. 후추, 고추, 천초, 생강 등의 향신료를 많이 넣는다.

4. 문헌상의 별미죽, 보양죽

- 도문대작(1611년) : 방풍죽

  '나의 외가인 강릉에는 방풍이 많이 난다. 2월에 방풍의 새싹을 따서 햇빛을 쏘이지 않는다. 쌀로 죽을 쑤어 반숙되면 방풍을 넣고 더 끓인다. 따뜻할 때 먹으면 입안에 단맛과 향기가 가득하여 3일이 지나도 없어지지 않는다.'

- 임원십육지(林園十六志)(1827) : 산가청공 인용 : 별미음식의 매죽(梅粥)

  '떨어진 매화 꽃잎을 깨끗이 씻어 설수(雪水)로 삶는다. 백죽(白粥)이 익으면 매화 꽃잎을 넣어 함께 끓인다.'

- 타락죽(駝酪粥) : 보양죽

  타락죽은 불린 쌀을 말려 가루로 내어 볶은 후, 물에 끓이다가 우유를 넣고 만든 죽이다. 궁중에서는 시월 초하루부터 정월까지 내의원에서 타락죽을 만들어 진상하였다. 우유는 삼국시대부터 음용하였으며, 고려시대에 상설기관으로 우유소(牛乳所)가 있었으나, 조선시대에 타락색(駝酪色)으로 바뀌었다. 지금의 동대문에서 동소문에 걸친 동산일대를 타락산이라 하고, 약칭하여 낙산(酪山)이라 하였다.

5. 죽의 영양 및 효능

죽의 열량은 100g당 30~50Kcal정도로 밥의 1/3~1/4정도이다. 또한 팥죽은 산모의 젖을 많이 나게 한다. 또 해독작용이 있어 체내 알코올을 배설시켜 숙취를 완화하고 위장을 다스리는데 이용된다.

예부터 민간에서는 위장병이 생겼을 때, 찹쌀로 미음이나 죽을 쑤어 먹었다. 찹쌀은 화학구조상 아밀로펙틴 100%로 구성되어 멥쌀에 비해 소화흡수가 빠르고 찰지기 때문에 떡이나 약용으로 쓰였다. 한방에서는 찹쌀은 멥쌀보다 소화가 잘 되어 위장을 보호하고, 중초(中焦, 심장과 배꼽의 중간)를 보한다고 한다. 소화속도는 찹쌀이 빠르지만, 소화율은 찹쌀과 멥쌀의 차이가 없다.

그러나 찹쌀로 떡으로 만들면 조직이 치밀해지고, 점성이 강해져 소화속도가 느려진다.

- 임원십육지의 죽기(粥記)

  '매일 아침에 죽 한 사발을 먹으면 배가 비어 있고 위가 허(虛)한데 곡기(穀氣)가 일어나서 보(補)의 효과가 사소한 것이 아니다. 또 매우 부드러워 위장에 좋다. 이것이 음식의 뛰어난 비책이다.'

2.3. 국수류

국수는 밀가루나 메밀가루, 녹말 등을 반죽하여 가늘고 길게 만드는 것으로, 한국, 중국, 일본, 베트남에서 주로 먹는다. 유럽의 국수로는 이탈리아의 스파게티, 마카로니 등의 파스타가 있다.

예로부터 국수는 생일, 결혼식, 회갑 등에 사용하거나 어린아이의 돌에 선물하였다. 이는 부부의 금술이나 어른의 장수, 어린아이의 수명이 긴 국수처럼 오래되길 기원하는 의미이다. 또한 평상시에도 점심 때 먹는 별식으로 즐겨 먹어 왔다. 지역적으로는 추운 북쪽지방에서는 이냉치냉(以冷治冷)으로 냉면을, 더운 남쪽지방에서는 이열치열(以熱治熱)로 밀가루로 만든 온면과 국수장국을 발전시켰다.

1. 면(麵), 국수(掬水)의 어원 및 유래

국수(麵)는 기원전 7,000년경 메소포타미아에서 재배되던 야생종 밀이 중국에 전해져 재배(기원전 1세기경)되면서 만들어졌다. 그러나 당시의 국수는 단자나 전병과 비슷한 것(수인병)으로, 지금의 국수와는 다른 것이었다.

중국에서는 밀가루를 면(麵)이라 하고, 밀가루로 만든 음식을 병(餠)이라 한다. 만두나 찐빵과 같이 찐 것은 증병(蒸餠), 기름에 튀긴 것은 유병(油餠), 구운 것은 소병(燒餠), 국물에 삶은 것은 탕병(湯餠)으로 분류하여, 국수도 병(餠)에 포함시켰다.

또 국수는 처음에는 수인병((水引餠), 색병(索餠), 색면(索麵)이라고 불렀다. 그 후 밀가루에 간수를 넣고 만든 반죽을 가늘고 길게 뽑아 이를 납면(拉麵) 또는 타면(打麵)이라 하였다. 즉, 면이란 말은 병(餠) → 수인병(水引餠) → 색병(索餠) → 색면(索麵) → 납면(拉麵), 타면(打麵)으로 바뀌었다.

그러나 우리는 쌀로 만든 떡을 한자로 병(餠)이라 하고, 국수를 면(麵)이라 한다. 국수는 한글 고유의 말이며, 한자로 掬水(움켜줄 국, 물수)라고 쓰기도 한다. 삶은 면을 물로 헹구어 '물속에서 건져 올린다.'라고 하여 국수(掬水)라고 한다.

– 문헌고찰 –

- 고금사물고(古今事物考) : 명나라 왕삼빙(王三聘)

  '잡기(雜記)에서 말하기를 밀가루(麵)로 만든 것은 모두 병(餠)이라 한다. 따라서 불에 구운 것은 소병(燒餠), 물에 담근 것은 탕병(湯餠), 찐 것은 증병(蒸餠)이라 한다. 이들은 한대(漢代)에 나타난 말인 것 같다.'
- 제민요술(齊民要術)의 수인병(水引餠) : (500년) **최초의 국수**

'밀가루를 조미한 육즙으로 젓가락 굵기로 다듬어 1척(尺) 길이로 자르고 물 속에 담가 손가락으로 부추 잎 모양으로 얇게 눌러 하나씩 냄비에 넣어 삶는다.'

- 석명(석명) : 수인병(水引餠)을 색병(索餠, 索 동아줄 색)이라 기록
- 거가필용(居家必用) : 색병(索餠)을 색면(索麵)으로 기록
- 아언각비(雅言覺非)

  '중국에서는 면(麵)이란 밀가루를 말한다. 우리나라에서는 밀가루를 진가루(眞末)라 한다. 그 후 중국이나 우리나라 모두 면(麵)을 국수라는 요리명으로 생각하였다. 이것은 잘못된 것이다.'
- 금화경독기(金華耕讀記, 서유구, 1764~1845)

  '중국인은 국수를 색면이라 하고, 우리는 국수라 하는데 그 뜻이 무엇인지 모르겠다.'
- 고사십이집(攷事十二集)

  '면(麵, 국수)은 본디 밀가루로 만든 것이나 우리나라에서는 메밀가루로 면을 만든다.'

2. 우리나라 국수의 역사

면(국수)이란 말은 고려시대(12세기)에 처음 등장하는 것으로 보아 국수를 먹게 된 것은 그리 오래되지 않은 것 같다. 고려시대에는 사원 등에서 조면업을 행하였고, 당시 밀이 상당히 비싸 일상음식이 아닌 귀족층의 결혼식, 회갑연, 제례 등에 사용되었다. 결혼에 국수를 먹는 풍습이 이때부터 생겨났다.

– 문헌고찰 –

- 고려도경(高麗図経, 1123년) : 송나라 사신 서경

  '고려에는 밀이 적어 화북(華北)에서 수입하고 있다. 따라서 밀가루 값이 매우 비싸 성례(成礼)때가 아니면 먹지 못한다. 식미(食味)에는 십여 가지가 있어 그 중 국수를 으뜸으로 삼았다.'
- 고려사(高麗史) : '제례(祭禮)에 면(麵)을 쓰고 사원에서 면을 만들어 판다.'
- 노걸대 : 고려 말의 중국어 학습서

'고려인들이 국수 먹는데 길들어 있지 않다.'

- '고려 성종 8년(989)에 공신인 최승로의 장례를 위해 면 300석을 내렸다.'

우리나라는 풍토상 밀보다는 메밀이 많이 생산되어, 전통적인 국수는 메밀국수이다.

조선시대에는 의례음식의 발달로 면(麵)의 쓰임새는 매우 다양하였다. 일상식에서도 골동면, 냉면 등의 별미식으로 많이 이용하였다. 그러나 조선시대까지도 밀은 귀한 식품으로 밀가루를 진말(真末)이라고 하였으며, 밀보다 메밀국수가 더 이용되었다. 또한, 메밀이 많이 나는 북쪽은 메밀가루를 이용한 국수나 냉면이 발달하였고 남쪽은 밀을 이용한 칼국수가 발달하였다.

3. 국수의 종류

1) 재료에 따른 국수의 분류

국수는 재료에 따라 밀국수, 메밀국수, 녹말국수 등으로 분류된다.

(1) 밀국수

밀가루를 재료로 하며 국수의 끈기를 위해 글루텐(gluten)의 함량이 많은 강력분이 적당하다. 밀가루를 반죽하여 절면 또는 압착면의 방법으로 만든다.

(2) 메밀국수

메밀가루는 끈기가 없기 때문에, 대개 밀가루나 녹말가루를 섞어 익반죽하여 국수틀에서 뽑아낸다. 녹말가루를 많이 섞을수록 국수가 질기다.

일반적으로 메밀국수제조에 혼합하는 녹말가루는 녹두, 감자, 옥수수 등이며, 사용하는 녹말가루는 지방에 따라 다르며, 밀가루를 사용하는 지방도 있다. 보통 메밀가루와 밀가루의 비율은 7 : 3 또는 5 : 5로 혼합한다.

(3) 녹말국수

녹두, 옥수수, 감자, 고구마, 마, 칡, 도토리, 밤 등의 녹말로 국수를 만드는데 대개 밀이나 메밀을 섞는 경우가 많다. 녹말국수의 종류로는 감자국수, 칡국수, 냉면, 당면 등이 있다.

2) 조리법에 따른 국수의 분류

조리법에 따라 제물국수(칼국수), 건진 국수(예: 온면, 냉면, 비빔면 등) 등으로 분류된다.

(1) 제물국수

제물국수는 삶은 국물(제 몸에서 생긴 물, 제물)을 국수와 함께 먹는 국수라고고 하여 붙여진 이름이다. 국물이 걸쭉하며, 대표적인 제물국수로는 칼국수가 있다.

(2) 건진 국수

국수를 삶아 찬물에 씻어 건져낸 국수를 건진 국수라고 한다. 따로 국물을 만들어 넣어 먹거나 양념에 비벼 먹는다. 안동사투리로 건진 국시라고도 한다.

건진 국수는 제물국수에 비해 면발이 쫄깃하다. 국수를 삶을 때 국수 표면의 전분이 호화되어 점성이 증가하고, 또 삶고 난 후에도 남아 있는 열에 의해 계속 호화가 진행되어 끈기가 약해지게 된다. 그러나 삶은 국수를 냉수나 얼음물로 헹구면 국수표면의 점성이 제거되고, 호화의 진행이 억제되어 면발이 쫄깃한 국수가 된다.

대표적인 건진 국수의 종류로는 다음과 같은 것이 있다.

① 비빔국수 : 국물 없이 고기나 나물 등을 넣고 양념하여 비빈 국수
② 냉　　면 : 냉국이나 무김치 국물에 말아서 먹는 국수
③ 온　　면 : 더운 장국에 만 국수로 국수장국이라고도 한다.
④ 콩 국 수 : 차가운 콩 국물에 넣어 먹는 국수

3) 국수 삶는 방법

가는 국수는 충분한 양의 물(국수의 6~7배 정도)에 삶아 단시간 내에 호화시킨 후 냉수에 헹군다. 굵은 국수는 삶는 도중에 2~3번 냉수를 넣어 삶으면 잘 무르고 쫄깃한 국수가 된다. 칼국수는 삶기 전에 찬물로 전분을 제거하여 국물이 탁해지지 않게 한다. 많은 양을 요리할 때는 면을 한번 삶아

건졌다가 다시 국물과 함께 끓이는 것이 좋다.

또한, 쌀국수는 삶기 전에 먼저 미지근한 물(15분 정도)이나 찬물(30분 정도)에 담근 뒤 삶는 것이 좋다.

4. 제조방법에 따른 국수의 분류

우리의 전통국수는 냉면과 같은 압면(압착면)이며, 일본의 전통적 국수는 소면이나 납면이며, 압착면은 없다.

국수는 제조방법에 따라 납면(拉麵), 소면(素麵), 절면(切麵), 압면(압착면, 壓麵), 하분(河粉)으로 크게 분류된다.

1) 납면(拉麵)

납면은 수분이 많은 연한반죽을 양쪽에서 당기고 늘려 여러 가닥으로 만든 국수이다. 납면은 간수, 탄산나트륨과 탄산칼륨의 혼합물인 알칼리제(간수, 1~2%)를 첨가하여 만드는데, 이는 견고성을 나타내는 글루테닌(glutenin)을 약화시키고, 점성을 주는 글리아딘(gliadin)을 더 잘 늘어나게 하기 때문이다. 또한 알칼리액은 전분의 물 침투성을 좋게 하여 쉽게 팽윤, 호화시켜 반죽에 신축성을 주어 국수의 탄력성을 높인다. 또한 밀가루의 플라보노이드(flavonoid)색소가 알칼리에 의하여 변색되어 납면 특유의 황색을 나타낸다. 대표적인 납면으로는 일본의 라면과 중국의 납면이 있다.

2) 소면(素麵)

밀가루반죽을 길게 늘려 벌린 막대기에 감아 당긴 후, 가늘게 만드는 국수이다. 대표적인 소면으로는 한국과 일본의 소면, 중국의 선면이 있다.

3) 절면(切麵)

반죽을 손으로 눌러 얇게 하여 칼로 썰어 만드는 국수로 대표적인 절면으로는 한국의 칼국수, 일본의 우동과 소바가 있다. 오늘날에는 칼국수의 주재료가 밀가루이지만 조선시대까지는 메밀가루가 주재료이었다. 메밀에는 밀가루와 같이 점탄성이 없기 때문에, 연결제로 밀가루를 사용하였다. 이외에도 녹말가루나 달걀도 연결제로 사용하였다.

- 문헌고찰 -

- 음식디미방 (조선시대 最古의 요리서)
  '절면(切麵)의 주재료는 메밀가루이고 연결제(連結劑)로 밀가루를 사용한다.'
- 주방문 : '절면을 만들 때는 메밀가루를 찹쌀 끓인 물로 반죽한다.'

4) 압면(押麵, 압착면)

끈기가 적은 반죽(메밀, 쌀 반죽 등)을 구멍이 뚫린 틀에서 끓는 물에 밀어내어 삶아 만든 국수이다. 삶는 과정 중의 호화에 의해 강한 점성을 나타낸다.

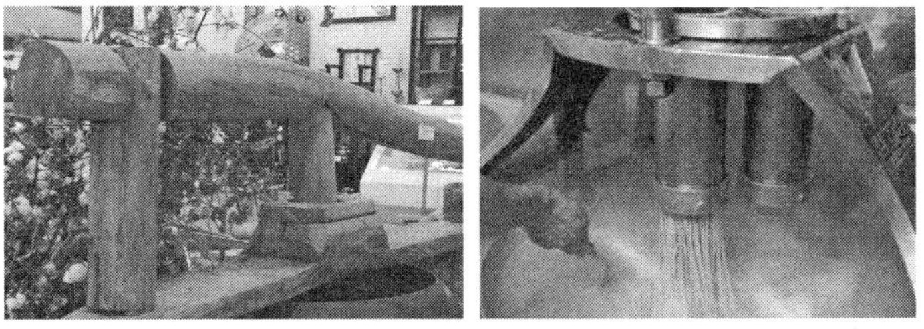

[그림 2-5] 압면 제조 틀

대표적인 압면으로는 한국의 냉면, 당면(唐麵), 이탈리아의 스파게티와 마카로니가 있다. 당면은 녹두, 고구마, 감자가루 등을 반죽하여 냉면의 제조법과 같이 끓는 물에 밀어 넣어 삶아 만든 후 동결 건조시킨다. 당면은 일제시대에 대량생산되면서 상품화되었다.

당면(唐麵)은 호면(胡麵)이라고도 하며, 중국에서 유래되었다.
당면은 일본에서는 춘우(春雨, 하루사메), 중국에서는 분간(紛干, fen gen)이라고 한다.

- 문헌고찰 : 압착면 -

- 음식디미방
  '압착면은 구멍을 뚫은 바가지에 녹말풀을 담아 바가지를 두들이며 끓는 물에서 흘러내려 만든다. 익은 후 건지면 모시실과 같으니 사면(絲麵)이다.'
- 주방문 : 압착면을 가늘게 하려면 바가지를 더 높이 들면 된다.'

- 증보산림경제

  '메밀가루 1말에 녹두가루 2되를 반죽하여 국수틀에 넣고 압착하여 국수를 뽑아 장수(醬水)에 삶아 먹는다.'

파스타는 밀가루를 달걀에 반죽하여 만든 이탈리아의 국수요리를 말하기도 하지만, 파스타는 이탈리아 면 종류의 통칭이다. 파스타의 종류는 굵기, 형태, 크기에 따라 150여 가지에 이른다. 즉, 파스타(pasta)는 마카로니(macaroni), 스파게티, 펜네(Penne), 파르팔레(Farfalle), 푸질리(Fusilli), 콘킬리에(conchiglie) 등의 총칭이다(그림 2-6 참조).

스파게티(spaghetti)는 듀럼밀(durum wheat)에 식염을 넣지 않고 반죽하여 강한 압력으로 밀어내 건조한 면이다. 듀럼밀은 전분함량이 적고 단단하여 가루로 만들기 어렵다. 이 때문에 듀럼밀로 가공된 입자가 거친 밀가루를 '거칠게 갈다' 라는 뜻의 세몰리나(semolina)라고 부른다.

[그림 2-6] 파스타(pasta)의 종류

5) 하분(河粉)

쌀을 갈아 찌거나 삶은 후, 칼로 썰어 만드는 국수로, 동남아 등지에서 먹는 국수이다.

5. 우리나라의 국수들

1) 냉면

냉면은 주로 메밀이 많이 나는 북부지방에서 발달하였으며 조선시대부터 즐겨 먹은 것으로 생각된다. 대표적인 냉면에는 평양식 냉면과 함흥식 냉면이 있다.

– 문헌고찰 : 냉면 –

골동면(骨董麵)은 비빔면의 옛말이다.

- 동국세시기(조선후기) : 비빔면의 원조 골동면
  '메밀국수를 무김치와 배추김치에 말고 돼지고기 섞은 것을 냉면이라 하며, 잡채, 배, 밥, 쇠고기, 돼지고기 썬 것과 기름, 간장을 메밀국수에 섞은 것을 골동면이라 한다. 이중 평안도 냉면이 최고이다.'
- 규합총서(1809년)
  '동치미국에 가는 국수를 넣고 무, 오이, 배, 유자를 얹고, 돼지고기와 달걀 부치는 것을 채쳐 넣어 후추와 잣을 뿌리면 이른바 냉면이다.'
- 부인필지(婦人必知, 1915년) : 명월관 동치미냉면
  명월관 동치미냉면는 동치미국에 국수를 넣고 무, 배, 유자를 얇게 저며 넣고, 돼지고기를 썰고 달걀을 부쳐 채쳐 넣고 후추, 잣을 넣어 먹는다.
- 조선무쌍신식요리제법(1924) : 겨울냉면과 여름냉면으로 분류
  겨울냉면은 명월관동치미냉면과 같다. 여름냉면은 다음의 2가지가있다.
  (1) 가게에서 파는 냉면은 고기나 닭 육수에 국수를 말아, 돼지수육, 전유어, 배추김치, 배, 대추, 복숭아, 능금, 잣, 황백지단, 삶은 달걀 반쪽, 볶은 석이버섯, 실고추를 얹는다. 설탕과 겨자, 초를 넣어 먹으며, 김치, 배, 돼지수육만 넣는 것이 좋다.
  (2) 집에서 하는 냉면은 장국이나 깻국, 콩국에 국수를 말고, 소금에 절여 볶은 오이, 달걀고명, 석이버섯, 볶은 고기, 실백을 얹어 먹는다. 오이가 없으면 미나리를 쓴다. 그러나 이 모두 겨울냉면만 못하다.

여름냉면은 국물을 육수, 깻국, 콩국으로 하고, 겨울냉면은 동치미로 한다.

평양냉면 함흥냉면 밀면

[그림 2-7] 평양냉면, 함흥냉면 및 밀면

풍기냉면 : 6.25사변 때 피난 내려온 평양사람들이 만든 냉면으로 평양냉면의 시조이다.

진주냉면 : 평양냉면과 달리, 고명으로 배추김치, 배, 오이, 육수용 소고기, 소고기 육전, 계란 노른자 지단을 올리며, 육수는 문어, 멸치, 바지락, 건홍합, 북어, 표고버섯 등을 섞어 만든 냉면.

평양식 냉면은 메밀을 주원료로 하여 잘 끊어지는 특성이 있고, 함흥식 냉면은 감자, 옥수수, 고구마 전분을 주원료로 하여 가늘고, 쫄깃한 특성이 있다(표 2-5).

[표 2-5] 평양냉면과 함흥냉면의 차이점

	평양냉면	함흥냉면
면의 재료	메밀이 많이 함유된 냉면(면발이 거칠고 굵으며, 잘 끊어진다.)	감자, 옥수수, 고구마전분이 많이 들어간 냉면(가늘고 쫄깃하다.)
먹는 방법	물냉면(육수는 본래 꿩고기를 사용했으나 지금은 쇠고기와 사골 육수를 사용한다.)	회냉면이나 비빔냉면(맵고 새콤한 양념에 홍어나 참가자미회를 넣어 먹는다.)

2) 밀면과 쫄면

쫄면은 쫄깃쫄깃하다는 말에서 유래되었다.

지금 부산에서 많이 먹는 밀면은 6.25전쟁 때 이북에서 내려온 실향민들이 메밀보다 값이 싼 밀가루로 냉면을 만들어 먹었던 것에서 유래되었다.

한편, 쫄면은 1970년대 초반에 인천의 한 냉면 제조공장에서 면 뽑는 구멍을 잘못 사용하여 굵은 면발의 냉면이 나오면서 우연히 만들어졌다.

3) 메밀막국수

막국수의 '막'은 국수를 막 뽑아 만들었다는 의미 또는 '보편적인, 대중적인'란 뜻이다.

강원도의 메밀막국수는 메밀가루에 전분을 섞어 익반죽한 후, 국수틀로 면발을 뽑아 만든 국수이다. 막국수는 태백산맥 화전민들이 먹던 메밀수제비에서 유래되었다.

원래 막국수는 순 메밀가루를 반죽하여 국수틀로 뽑아낸 면을 바로 삶아 김치나 동치미 국물에 말아먹거나 양념에 비벼 먹었다. 요즘은 메밀을 거칠게 빻아 국수로 만들어 갈색을 띄는 것이 일반적이다.

쟁반막국수는 넓은 쟁반에 각종 채소와 막국수를 섞어 먹는 막국수로, 막국수가 서울로 퍼지면서 개발된 것이다.

4) 올챙이국수

강원도의 대표적 곡물인 옥수수로 만든 국수이다. 찰옥수수를 맷돌로 갈아 물에 익힌 후, 구멍이 뚫린 틀에 익은 반죽을 누르면 찰기가 없어 물방울 모양으로 떨어진다. 떨어지는 것을 찬물에 담으면 올챙이 모양의 면발이 생긴다. 찬물에 떨어져 가라앉은 모양이 마치 살아 움직이는 올챙이와 비슷하다고 하여 올챙이국수라고 한다.

올챙이국수는 찬물에 담가두었다가 먹을 때 건져 양념간장을 넣어 숟가락으로 퍼 먹는다.

메밀막국수 쟁반막국수 올챙이국수

[그림 2-8] 메밀막국수, 쟁반막국수 및 올챙이국수

6. 일본의 대표적인 국수

일본 대표적인 국수로는 우동, 소바(밀국수), 라면이 있다.

1) 우동

일본 대표적인 국수인 우동의 기원에는 여러 설이 있지만, 헤이안시대(平安, 794~1192년)에 당에서 홍법대사라는 승려가 밀과 함께 우동제법을 가지고 왔다는 설이 있다.

에도시대(江戸時代, 1603~1867)에 교토와 오사카를 중심으로 발달한 면발이 연하고 야들야들한 관서우동이 사누끼(讃岐)우동의 시초이며, 좋은 밀과 깨끗한 자연환경을 가진 시꼬꾸(四国)지방을 중심으로 발달된 것이 사누끼 우동이다.

(1) 우동의 어원

- 정장잡기(貞丈雜記)

  '당대(唐代)에 혼돈(混沌, hoen duenn)이란 말이 있다. 이것은 밀가루 반죽에 소를 넣어 둥글게 빚어 삶은 것이다. 혼돈은 둘둘 말아서 끝이 없다는 뜻이다. 그러나 이것은 음식이기 때문에 '水'偏 대신에 '食'偏으로 적어 혼돈(餛飩)이라 하였다. 일본에서는 이것의 뜻이 바뀌어 밀가루국수를 가르키는 말로 되었다. 그런데 뜨거운 국물에 말아먹기 때문에 온돈(溫飩)으로 표기하여 우동이 되었다.'
- 도문대작(屠門大嚼, 1611)

  '색면(索麵)은 오동(吳同)이라는 사람이 잘 만들어 지금까지 칭찬 받고 있다.'

2) 우동의 종류

(1) 기쯔네우동

간장에 조린 유부를 얹은 우동을 말한다. 기쯔네(きつね)란 '여우'라는 뜻으로, 여우가 유부를 의미하게 된 것은 일본옛이야기에서 여우가 유부를 좋아한데서 유래되었다고 한다.

(2) 다누끼우동

동글동글한 튀김 부스러기를 얹은 우동을 말하며, 다누끼는 너구리란 뜻으로 동글동글한 튀김이 너구리 눈을 닮았다하여 다누끼우동이라 한다.

(3) 가께우동

국수 이외에 아무것도 얹지 않은 기본우동을 말한다.

(4) 덴뿌라우동

새우 등의 튀김을 얹은 튀김우동을 말한다.

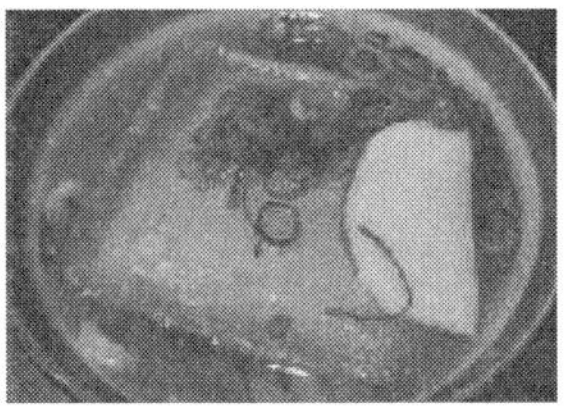

기쯔네우동

다누키우동

가케우동

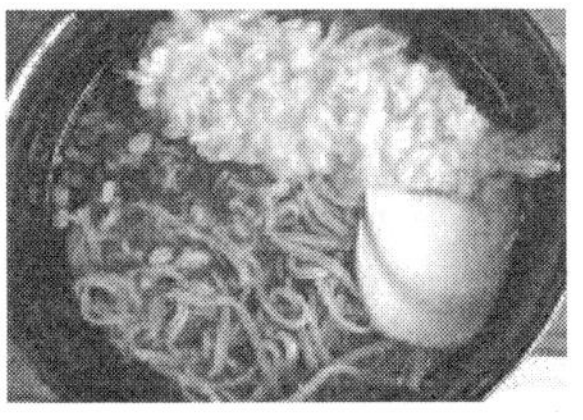

뎀뿌라우동

[그림 2-9] 일본 우동의 종류

2) 소바

소바는 메밀(모밀)국수를 무즙, 파, 고추냉이(와사비)를 넣은 차가운 간장이나 뜨거운 국물에 찍어 먹는 요리이다. 원래는 메밀국수를 소바라고 하지 않고 자른다는 뜻의 마디절(切)자를 넣어 소바기리(そば切り)라고 불렀다. 즉, 소바는 우리의 메밀칼국수와 똑같다. 또한, 소바와 우동의 차이점은 소바는 메밀로, 우동은 밀가루로 만들었다는 차이 이외에는 아무런 차이가 없다.

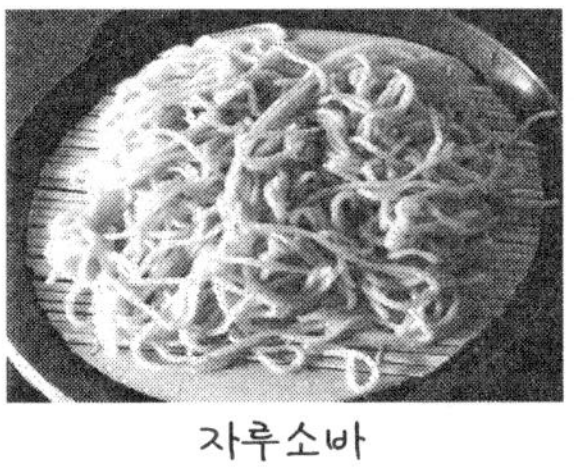

자루소바

야끼소바

[그림 2-10] 일본 소바(메밀국수)의 종류

- 문헌고찰 -

- 중국 청대(淸代)의 통속편(通俗編)

'元代의 왕정(王楨) '농서(農書)'에서 말하기로 북방에 메밀이 많이 생산

되어 이것으로 메밀가루를 얻어 메밀국수를 만드니 이것이 하루(河漏)이다.'

- 본산적주(本山荻舟, 일본)

  '에도시대(江戸時代, 1603~1867), 조선의 승려 원진(元珍)이 동대사(東大寺)에 건너와 연결제인 밀가루를 메밀가루에 섞는 것을 가르쳐 주어 일본에 메밀국수가 보급되었다.'

(1) 모밀의 어원

- 아언각비(雅言覺非)

  '메밀을 교맥(蕎麥) 또는 수맥(收麥)이라 한다. 또는 목맥(木麥), 모맥(毛麥)이라고도 하며, 모가져 있기 때문에 모밀이라고도 한다.'

3) 라면

(1) 라면의 유래

라면은 원래 중국에서 유래된 음식으로, 약 1,700년 전 몽고지역에서 나는 알칼리성 물에 의해 밀가루색이 담황색으로 되고, 반죽이 차지고 신전성이 개선되는 것을 보고 처음 만들었다고 한다.

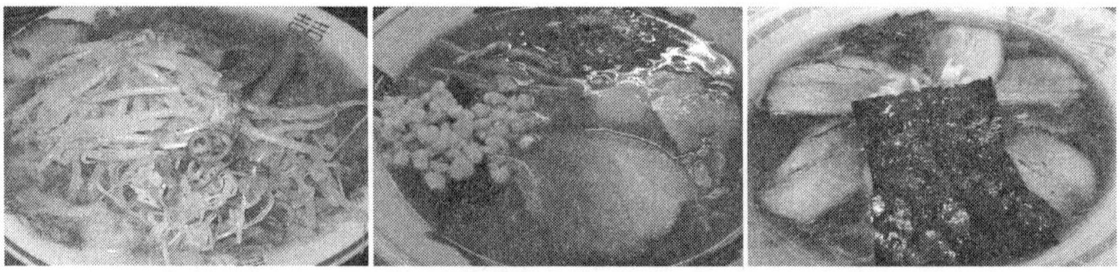

시오(소금)라면 미소(된장)라면 쇼유(간장)라면

[그림 2-11] 일본라면의 종류

(2) 인스턴트라면의 유래

① 중국의 상용식인 건면에서 유래했다는 설

중일전쟁 때 중국에 진출한 일본군이 중국인들의 전투식량인 건면의 맛을 보고, 종전(終戰) 후, 일본에서 건면을 우지로 튀겨 인스턴트 식품화 했다는 설이다.

② 일본에서 자체적으로 개발했다는 설

일본의 안도우 시로후꾸라는 사람이 술집에서 튀김과정을 보다가 제조법을 고안했다고 한다. 즉, 밀국수를 기름에 튀기면 국수속의 수분이 증발하여 국수는 익으면서 안에 구멍이 생기는데 이 상태로 건조시켰다가 필요할 때 뜨거운 물을 부으면 작은 구멍에 물이 들어가 본래의 상태로 풀어지는 것을 이용한 것이다. 1958년 일본의 일청(日清)식품이 국수에 간단한 양념을 가미하여 시판한 아지스케면(味附麵)이 인스턴트라면의 시초이다.

당시 면에 양념을 가한 것으로 쉽게 변질되는 단점이 있어, 1961년 일본의 명성식품에서 지금과 같은 분말스프를 별첨한 라면을 생산하였다.

우리나라는 1963년 삼양식품이 일본의 명성식품으로부터 구입한 2대의 기계로 생산한 삼양라면이 최초의 라면이다.

[그림 2-12] 우리나라 최초의 라면

7. 그 외의 국수

1) 베트남의 쌀국수 포(phõ)

포(pho)는 불린 쌀가루를 약한 불판 위에 얇게 펴 약간 건조한 후, 썰어 만든 쌀국수이다. 모양은 칼국수처럼 납작한 것과 냉면처럼 가는 것 등 다양하다. 포는 베트남의 아침 주식으로 소나 닭의 뼈와 고기로 만든 국물에 쌀국수, 얇게 썬 안심고기, 향차이(香菜), 생숙주나물, 칠리고추, 라임 등을 넣어 독특한 향과 맛을 낸다. 여기에 고명으로 쇠고기를 얹으면 포보(Pho Bo), 닭고기를 얹으면 포가(Pho Ga)라고 한다.

2) 자장면

우리나라 자장면의 유래는 아직 확실한 근거는 없지만, 대략적으로 전해지는 자장면의 내력은 다음과 같다. 자장면은 작장면(炸醬麵)에서 유래된 말로서 작(炸)은 '불에 볶다' 라는 뜻, 장(醬)은 '된장' 이라는 뜻이 면(麵)에 합해서 만들어진 이름이라고 한다. 자장면을 한국식 한자 발음으로 읽으면 '작장면' 이 된다.

우리나라 자장면의 원조는 인천의 공화춘(1905)인 것으로 알려져 있다.

포(pho)

자장면

[그림 2-13] 쌀국수 포(pho)와 자장면

3장

떡의 문화

떡은 곡물가루를 찌거나 삶아 익힌 음식으로, 곡물요리 중에서 죽 다음으로 발달한 전통음식으로, 명절음식, 통과의례음식, 무속의례음식, 제사음식으로 이용되어져 왔다.

떡은 예로부터 재배해 온 쌀, 기장, 수수, 조, 콩, 팥들로 만들기 때문에 쉽게 보편화될 수 있었다. 벼농사 이후에도 잡곡과 콩, 팥이 계속 재배되어 수수전병, 수수경단과 같은 떡을 만들었다.

또한 밤, 대추, 잣, 산야에서 자생하는 약효와 향이 좋은 쑥 등의 천연재료를 떡가루에 섞어 별미 떡으로 만들었다. 밤설기, 대추찰떡, 쑥설기, 쑥송편 등이 그 대표적인 예이다.

이와 같은 우리의 떡은 영양소의 상호보완과 재료에 따른 다양한 맛을 즐길 수 있는 음식이다. 그러나 지금은 각종 의례의 간소화, 음식의 서구화, 식품공업의 발달로 과자류나 케이크에 밀려 나고 있는 실정이다.

3.1. 떡의 명칭 및 어원

성호사설의 기록에 따르면 '쌀가루를 그대로 찐 떡은 이(餌)이고, 쌀가루를 먼저 찐 후 쳐서 만든 떡은 자(餈)라고 한다(문헌고찰 참조).

우리의 떡은 쌀로 만들기 때문에 이(餌)나 자(咨)에 해당한다. 즉, 이(餌)는 시루떡, 자(咨)는 인절미나 가래떡을 의미한다. 그러나 우리는 재료에 따른 명칭의 구별 없이 '떡'이라 하고, 한자로는 모두 병(餠)이라고 한다.

– 문헌고찰 –

- 주례(周禮) : 떡을 구이분자(救餌粉咨)라는 표기
- 성호사설(조선시대)

  '이(餌)는 가루로 만든 후 쪄서 떡이다. 자(咨)는 찐쌀을 쳐서 만든 떡이다. 구(救)는 볶은 콩이고, 분(粉)은 콩가루이므로, 찹쌀이나 쌀가루를 볶은 콩을 얹어 만든 떡이 구이(救餌)이며, 찐 찹쌀과 기장쌀을 쳐서 떡을 만든 후 콩가루를 묻힌 것이 분자(粉咨)라 한다.'

또한, 한대(漢代) 이전에는 떡을 이(餌), 자(咨)로 표기하였으나, 밀가루가 보급된 한대 이후에는 떡의 주재료가 쌀에서 밀가루로 바뀌면서 떡을 병(餠)이라고 하였다(표 3-1).

[표 3-1] 시대별에 따른 떡의 명칭

시 대	명 칭	의 미(주재료)
한대(漢代)이전	이(餌), 자(咨)	밀가루 이외의 곡분을 그대로 시루에 찐 떡 밀가루가 보급되기 전으로 쌀, 기장 조, 콩으로 만듬
한대(漢代)이후	병(餠)	밀가루로 만든 떡(주재료가 쌀에서 밀가루로 바뀜)

– 떡의 어원 –

- "찌다"(蒸)가 명사화 되어서 "찌기 > 띠기 > 떼기 > 떠기 > 떡".
- 동언고략(東言攷略) : 떡이란 말이 '탁'에서 왔다. 이 글자는 '밀수제비탁' 자이다.

3.2. 떡의 종류

떡은 제조방법에 따라 크게 찌는 떡(증병), 치는 떡(도병), 빚는 떡(삶는 떡), 지지는 떡(유전병), 증편(술떡)으로 분류한다(표 3-2).

[표 3-2] 제조 방법에 따른 떡의 분류

분 류	종 류
찌는 떡(증병)	1) 설기떡(무리떡) : 백설기, 콩설기 2) 켜떡 : 시루떡, 무지개떡, 각색편, 두텁떡
치는 떡(도병)	인절미, 가래떡, 조랭이떡, 절편, 골무떡, 꽃 산병, 개피떡(바람떡)
빚는 떡(삶는 떡)	송편, 경단, 단자
지지는 떡(유전병)	주악, 부꾸미, 화전, 빈대떡
증병(술떡)	상화

1. 찌는 떡(증병, 甑餠)

찌는 떡은 곡물가루를 시루에 찌는 떡으로, 시루떡 또는 증병(甑餠)이라고도 한다. 만드는 방법에 따라 설기떡과 켜떡으로 분류된다. 찌는 떡의 주재료는 멥쌀이나 찹쌀가루가 사용된다.

1) 설기떡(무리떡)

설기떡은 멥쌀가루를 체 친 후, 가루를 손으로 비비면서 물(또는 설탕물)을 섞어 한 덩어리로 찐 떡이다. 대표적인 설기떡으로는 백설기, 콩설기떡이 있다. 설기떡을 만들 때 멥쌀가루가 눌리면 공기구멍이 막혀 떡이 설익게 된다. 또 백설기는 쌀가루입자가 작을수록 호화가 잘 일어나 백설기의 탄력성과 응집성이 좋아진다.

- 성호사설 : 백설기
  '백설기는 멥쌀가루에 습기를 주어 시루에 넣고 오래 동안 익힌 떡이다.'
- 조선요리(1940년) : '백설기는 쌀가루에 소금감만 하여 찌 떡이다.'
- 조선요리법(1938년) : 콩설기떡
  '콩 설기떡은 멥쌀가루에 불린 콩을 섞어 시루에 한꺼번에 부어 찐 떡이다.'

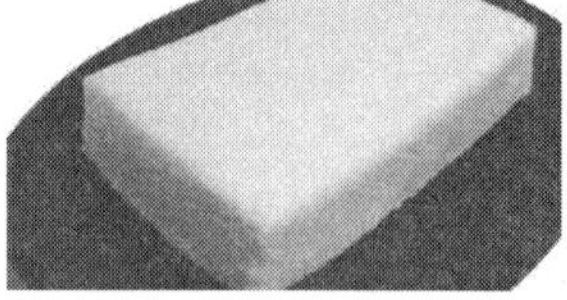

백설기

공설기떡

[그림 3-1] 설기떡의 종류

2) 켜 떡

켜떡은 멥쌀이나 찹쌀가루 사이사이에 고물로 넣어 찐 떡으로, 팥시루떡, 콩시루떡, 무지개떡, 각색편, 두텁떡 등이 대표적이다.

팥시루떡

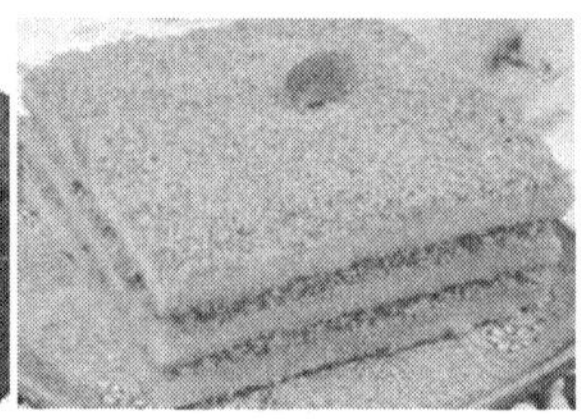

콩시루떡

무지개떡(색떡)

각색편

두텁떡

[그림 3-2] 켜떡의 종류

(1) 시루떡

시루떡에 사용되는 고물로는 붉은 팥이나 콩을 사용하며, 붉은 팥은 귀신이 싫어하는 색이라 하여 고사떡에 사용되며, 콩은 제사떡이나 잔치떡에 사용된다.

(2) 무지개떡

무지개떡은 고물 대신 쌀가루를 여러 색깔로 물을 들인 후 찐 떡으로 색떡이라고도 한다. 무지개떡의 색을 내는 데에는 치자(노랑), 쑥(청), 오미자나 연지(분홍), 대추(자주색) 등이 사용된다.

(3) 각색편

각색편(各色餠)은 고물 대신 밤, 대추, 석이버섯, 잣 등의 고명을 얹어 찌는 떡으로, 갖은떡이라고도 한다. 대표적인 각색편으로는 백편, 꿀편, 승검초편 등이 있다. 백편은 설탕물을 섞은 멥쌀가루에 고명을 얹어 찐 떡, 꿀편은 꿀과 간장을 섞어 고명을 얹어 찐 떡, 승검초편은 멥쌀가루에 승검초가루를 섞어 고명을 얹어 찐 떡이다.

(4) 두텁떡

두텁떡은 시루에 팥을 깔고 그 위에 찹쌀가루를 드문드문 떠 놓고, 그 가운데 소(유자, 밤, 대추 등)를 박아 다시 찹쌀가루를 덮고 전체를 팥고물로 덮어 찐 떡이다. 그러나 지금은 익반죽한 찹쌀가루에 소를 넣고 송편모양으로 만들어 팥고물을 깔고 쪄 만들기도 한다. 찹쌀가루와 거피 팥고물을 간장으로 간을 한다. 두텁떡은 궁중의 대표적인 떡으로, 임금탄신일에 쓰였다.

> 두텁떡은 봉우리떡이라고도 하며, 그 모양이 그릇 중의 합과 같다하여 합병(盒餠), 두텁하게 하나씩 먹는 떡이라는 의미로 후병(厚 :두터울 후, 餠 : 떡 병)이라고도 한다.

2. 치는 떡(도병, 擣餠)

찹쌀이나 멥쌀을 그대로 시루에 찌거나 가루상태로 찐 후, 떡메로 쳐서 만든 떡이다. 대표적인 치는 떡으로는 인절미, 가래떡, 절편, 개피떡 등이 있다. 인절미는 찹쌀로, 가래떡, 절편, 개피떡은 멥쌀로 만든다.

찹쌀이나 멥쌀로 떡으로 만들면, 조직이 치밀하고 점성이 강해져 소화가 어려워진다. 떡을 먹을 때 동치미과 같이 무를 함유한 식품과 함께 먹으면 소화가 용이해진다. 이는 무 중의 아밀레이스가 떡의 분해를 촉진하기 때문이다. 또 떡에 채소가 혼합되면 소화를 용이하게 할 수 있다.

(1) 인절미

> 인절병이라고도 한다. 인절병(引切餠)이란 이름은 잡아 당겨 자르는 떡이라는 의미에서 붙여진 이름이다.

불린 찹쌀을 쪄서 떡메로 친 후, 네모지게 썰어 콩고물이나 팥고물을 묻힌 떡으로, 떡을 칠 때 데친 쑥을 넣으면 쑥인절미가 된다.

인절미는 끈기와 점성이 맛의 중요한 요인이다. 찰밥을 떡메로 치면 호화된 찹쌀전분 중의 아밀로펙틴들이 엉키면서 강한 점성을 나타내고, 또 잘 노화되지 않게 된다. 따라서 인절미를 만들 때는 오랫동안 절구에 쳐서 만들어야 점성이 강하고 노화가 잘 일어나지 않는 떡을 만들 수 있다.

자 : 척(尺)이라고도 하며, 약 30.030cm

- 증보산림경제(1766년) : 인절병

  '찹쌀을 뜨거운 물에 4~5일 담가 시루에 찐 후 목판에 쳐서 1자(尺)정도로 썰고 콩가루를 묻힌다. 굳으면 칼로 설어 꿀을 발라 먹는다.'

[그림 3-3] 치는 떡의 일종인 인절미, 가래떡 및 조랭이떡

(2) 가래떡

멥쌀가루를 시루에 쪄서 떡메로 친 후, 양 손바닥으로 굴리는 듯이 비벼 한 가닥으로 만든 떡이다.

(3) 조랭이떡

흰떡을 대나무 칼로 밀어 누에고치 모양으로 만든 떡이다. 누에는 정월의 길(吉)함을 표시하며, 또 조롱의 모양으로 악귀를 막는다는 뜻도 있다. 조랭이 떡국은 개성지방의 전통음식으로, 조랭이 떡과 만두를 넣고 만든 떡국이다.

(4) 절편

가래떡과 같이 떡메로 친 후 떡살로 문양을 낸 떡이다. 여기에 쑥을 넣어 만들면, 쑥절편, 수리취나물을 넣어 만들면 수리취떡이 된다. 수리취떡은 단오절식음식중의 하나로, 단오날의 다른 말인 수릿날에 채취하는 취나물로 만들었다고 하여 붙여진 이름이다.

(5) 꽃산병

가래떡과 같이 떡메로 친 후 소를 넣어 절편과 같은 문양을 넣고, 그 위에 오미자즙, 쑥즙, 치자즙 등의 천연색소로 물들인 작은 떡 조각을 꽃모양으로 얹은 떡이다.

(6) 개피떡(가피떡)

가래떡과 같이 떡메로 친 후, 떡을 얇게 밀어 소(팥, 콩 등)를 넣어 접은 후, 반달모양으로 찍어 공기가 들어가게 한 떡이다. 가피병(甲皮餠), 바람떡이라고도 한다.

[그림 3-4] 치는 떡의 일종인 정편, 꽃산병 및 개피떡

(7) 골무떡

가래떡과 같이 떡메로 친 후 골무모양으로 만든 떡이다.

- 시의방(1946년) : 골무편

  '흰떡을 쳐서 손가락 굵기로 하여 1치 5푼의 길이로 잘라 소를 박고 기름을 바른다.'

1치 : 촌(寸)이라고도 하며 약 3.03cm

3. 빚는 떡(삶는 떡)

주로 찹쌀가루를 반죽하여 손으로 모양을 내어 빚은 떡으로, 송편, 경단, 단자 등이 대표적이다. 송편은 멥쌀로 경단, 단자는 찹쌀로 만든다.

(1) 송편

송편은 멥쌀가루를 뜨거운 물로 익반죽을 한 후, 콩, 깨, 밤 등의 소를 넣어 조개처럼 빚어 찐 떡이다. 멥쌀가루는 밀가루와 같이 점성이 있는 반죽을 만들지 못하기 때문에, 멥쌀가루는 뜨거운 물로 익반죽한다. 뜨거운 물로 익반죽하면 멥쌀전분의 일부가 호화되어 점성이 있는 반죽이 된다.

송편은 송병(松餠)이라고 하는데, 이는 솔잎을 켜마다 깔고 찌기 때문에 붙여진 이름이다. 솔잎은 송편이 부착되는 것을 막아주고, 부패를 억제해 준다. 이것은 솔잎 중에 존재하는 피톤사이드(phytoncide)라는 항균성물질 때문이다. 피톤사이드는 공기 중의 세균이나 곰팡이를 억제하고, 해충, 잡초 등의 침해를 방지한다. 특히, 소나무는 보통나무보다 10배 정도 강하게 피톤사이드를 발산한다고 한다. 우리 조상들은 솔잎즙을 넣어 밥을 짓기도 하였는데, 이렇게 하면 밥이 쉽게 상하지 않는다.

추석 때 먹는 송편은 올벼(보통 벼보다 철 이르게 익는 벼)로 빚어 만들었다고 하여 오려송편이라고 한다. 서울송편은 조개모양으로 만들고, 황해도와 강원도송편은 큰 손가락 자국모양으로 만들다.

한편 감자송편은 강원도 향토음식의 하나로서, 감자앙금을 말려 익반죽한 후, 소(강낭콩이나 팥 등)을 넣어 쪄서 만든다. 감자송편은 색이 거무스름하고 투명하다.

송편　　　　감자송편

[그림 3-5] 빚는 떡의 일종인 송편

(2) 경단(瓊团)

뜨거운 물로 익반죽한 찹쌀가루(또는 수수, 율무가루)를 밤알크기로 빚어 삶아 익어 떠오르면 찬물에 담갔다가 고물을 묻힌 떡이다. 고물로는 콩고물,

계피가루, 거피팥고물, 거피녹두고물, 흑임자, 깨, 잣가루, 승검초가루 등이 사용된다.

또, 찹쌀가루 반죽에 잘게 썬 건포도, 호두, 잣, 설탕에 졸인 대추 등의 소를 넣어 만들기도 한다.

경단　　　　단자

[그림 3-5] 빚는 떡의 일종인 경단과 단자

(3) 단자(団子)

뜨거운 물에 익반죽한 찹쌀가루를 끓는 물에 삶은 후, 소를 넣고 다시 둥글게 빚어 고물을 묻힌 떡이다. 찹쌀가루에 섞는 재료에 따라 석이, 율무, 쑥, 은행, 건시, 유자, 대추단자 등이 있다. 소는 귤병 다진 것, 밤가루와 계피가루를 꿀에 버무린 것, 거피 팥고물에 계피가루와 꿀을 섞은 것을 사용한다. 고물로는 밤, 대추, 실백, 석이, 계피가루, 통깨고물 등이 쓰인다.

4. 지지는 떡(油煎餠)

곡물가루를 반죽하여 모양을 만들어 기름에 지진 떡으로, 유전병(油煎餠), 전병(煎餠)이라고도 한다. 주악, 부꾸미, 화전, 빈대떡이 여기에 속한다.

(1) 주악

찹쌀가루 반죽에 대추, 깨, 유자 다진 것을 넣고, 작은 송편모양으로 빚어 기름에 지진 떡이다. 주악은 마치 조약돌처럼 생겼다하여 붙여진 이름이며, 궁중에서는 조악(造岳)이라 하였다. 엄밀히 말하면, 주악은 화전이나 부침처럼 지지는 것이 아니라 튀기는 떡이다. 개성주악은 찹쌀가루를 되게 반죽한 후 둥글 넙적하게 빚어 기름에 지진 떡이다.

주악　　개성주악　　부꾸미

[그림 3-6] 지지는 떡의 일종인 주악와 부꾸미

(2) **부꾸미**

밀전병 : 밀가루를 물에 죽같이 개어 얇게 부친 전병. 밀부꾸미라고도 한다.

곡물가루 반죽을 기름에 지지면서 가운데에 소를 넣어 반달모양으로 접은 떡이다. 떡 안에는 보통 팥고물이 들어가며, 주재료로는 찰수수와 찹쌀을 사용한다. 전병이라고도 한다.

(3) **화전**(花煎)

일반적으로 화전은 익반죽한 찹쌀가루를 둥글납작하게 빚어 꽃술을 뗀 꽃을 올려 지져 만든다. 봄에는 진달래 화전(두견화전), 여름에는 노란 장미꽃으로, 가을에는 국화나 맨드라미꽃으로 화전을 만들며, 겨울에는 대추나 쑥갓으로 잎을 붙여 모양을 낸다.

진달래 화전　　국화 화전　　대추 화전

[그림 3-7] 지지는 떡의 일종인 화전(花煎)의 종류

- 음식디미방(飮食知味方, 1670년) : 화전

  '찹쌀가루에 메밀가루를 섞어 진달래꽃이나 장미꽃을 많이 넣고 기름에 바삭하게 지져 꿀을 얹는다.
- 경도잡지 : 진달래화전

'진달래꽃을 찹쌀가루에 섞어 반죽하여 둥근 떡을 만든다. 이것을 참기름에 지져내면 화전이 된다, 지금은 꽃잎 1~2장을 찹쌀반죽위에 얹어 꽃향기가 그만 못하다.

(4) 빈대떡

녹두를 맷돌에 갈아 돼지고기를 넣고 기름에 부친 것으로, 지금은 부침개의 일종으로 취급하지만, 원래는 떡의 일종이다.

5. 증편

증편은 멥쌀가루를 막걸리로 질게 반죽하여 찌는 떡으로, 우리의 유일한 발효 떡이다. 기주(起酒)떡, 기증떡, 기지떡, 술떡이라고도 한다. 멥쌀가루, 막걸리, 설탕, 물을 알맞은 비율로 섞어 묽게 반죽하여 뜨거운 방에 8~10시간 놓아두면 부풀어 공기구멍이 생기는데, 이를 기주(起酒)가 되었다고 한다. 이것을 증편틀에 축축한 보자기를 깔고 넣은 후, 채친 대추, 석이버섯, 검은 깨 등의 고명을 얹어 찐다.

증편은 안동지방에서 여름 기제사(기일에 지내는 제사)에 사용한다 하여 기주떡이라고도 한다.

증편

방울증편

[그림 3-8] 증편의 종류

막걸리는 일종의 효모를 함유하고 있는 누룩에 의하여 쌀을 발효시켜 만든 것으로, 발효과정은 효모에 의한 빵의 발효과정과 같다.

$$\underset{\text{당}}{C_6H_{12}O_6} \longrightarrow \underset{\text{알코올}}{2C_2H_5OH} + \underset{\text{이산화탄소}}{2CO_2} \uparrow$$

이 때 이산화탄소는 쌀가루 반죽을 부풀게 하고 에틸알코올은 독특한 증편의 향미를 준다. 막걸리 대신 이스트를 이용하기도 한다. 증편에는 술을 사용하기 때문에 다른 떡에 비해 쉽게 상하지 않아 여름에 만들어 먹기 좋은 떡이다.

3.3. 떡의 역사

원시 농경시대부터 발달한 떡은 삼국시대에는 불교문화의 영향으로 떡의 조리방법이 발전하여, 제사음식으로 쓰였다.

고려시대에는 차 문화의 발달과 함께 떡이 불교의례에 사용되면서 더욱 발전하였다.

그러나 떡이 성행하게 된 것은 조선시대이다. 조선시대에는 조리가공법이 세분화되고 다양해지면서, 현재 먹고 있는 떡의 조리가공법이 대부분 확립되었다. 떡은 잔치나 제사에 필수적인 음식이 되었고, 액막이에도 사용되었다. 또 경사스러운 일에 먹는 것이 하나의 풍속으로 자리 잡게 되었다.

1. 부족국가시대

떡이 언제부터 만들어졌는지 정확히 밝히기는 어렵지만, 부족국가 시대부터 곡물가루를 시루에 찐 떡을 만들어 먹었으며, 당시에는 쌀 생산량이 많지 않아 조, 수수, 콩, 보리 등의 잡곡을 이용하여 시루떡을 만든 것으로 생각된다. 그 이유는 (1) 삼국시대 이전에 쌀, 피, 기장, 조, 수수, 콩, 보리 등의 각종 곡물이 생산되었고, (2) 갈돌이 신석기시대 유적지에서 발견, (3) 청동기시대 유적인 나진 초도 조개더미에서 시루가 발견, (4) 부족국가시대에 제천의식에 술과 떡을 사용하였다고 기록이 있기 때문이다.

2. 삼국시대 및 통일신라시대

권농정책에 따른 양곡증산으로 쌀을 재료로 하는 떡이 일반화되고, 떡의 조리법과 종류(시루떡, 인절미 등)도 다양해졌다.

또한 불교문화의 전래로 음다(飮茶) 풍속과 함께 떡류가 발전하여, 제사나 절식(節食)음식으로 정착되었다. 일본의 정창원문서에는 콩시루떡(대두병), 팥시루떡(소두병) 만드는 법을 소개하고 있는데, 현재 일본에는 시루떡이 존재하지 않는 것으로 보아 우리 시루떡이 일본에 건너간 것으로 추정된다(문헌고찰 참조).

– 문헌고찰 –

- 영고탑기략 '발해지장편권 17, 식화고 : 시루떡
  '영양현지방의 배는 작지만 맛이 좋아, 이것을 포도와 함께 넣어 찐 시루떡은 볼품과 맛이 더할 수 없이 뛰어나다.'
- 삼국사기(三國史記) 신라본기 : 인절미
  '남해왕이 승하하자 유리와 석탈해가 서로 왕위를 사양하다가 떡을 베어 물은 자리에 남은 잇자국 수로 유리가 왕위에 올랐다.'
- 삼국사기 열전 백결선생조 : 절식음식
  '세모가 되어 이웃에서 떡방아소리가 나자, 이를 따르지 못해 부인이 안타까워하자 백결선생이 거문고로 떡방아소리를 내어 부인을 위로했다.'
- 삼국유사 가락국기 수로왕조 : 제향 음식으로 사용
  '조정의 뜻을 받들어 그 밭을 주관하여 세시마다 술, 감주, 떡, 밥, 차, 과실 등 여러 가지를 갖추고 제사를 지냈다.'
- 일본의 정창원문서(正倉院文書) (752~) : 시루떡 만드는 법
  '대두병은 떡 한 장에 쌀 두 홉, 콩 한 홉을 두고, 소두병은 쌀 두 홉으로 떡 한 장을 하고 장마다 팥 두 홉씩을 섞는다.'

3. 고려시대

고려시대에는 권농정책에 따른 양곡의 증산과 숭불 정책에 따라 불교의례에 떡을 많이 사용하였다. 고려시대 이전에는 멥쌀로 만든 설기떡류가 주였으나, 고려시대에는 멥쌀이나 찹쌀에 밤, 쑥, 감, 대추 등을 섞어 만든 다양한 설기떡이 등장하였다. 고려시대에 떡(쑥설기떡, 수단)은 절식음식, 서민의 일상식으로 정착해 갔다. 또 몽고의 영향으로 증편류인 상화(霜花)가 도입되어 지금의 만두를 탄생시켰다.

– 문헌고찰 –

- 거가필용(居家必用, 중국 원나라) : 고려율고의 조리법

'말린 밤가루에 찹쌀가루를 2/3정도 섞고 꿀물을 내려 시루에 찐다.'

- 해동역사 : 밤설기떡

'말린 밤가루와 멥쌀가루를 2:1 비율로 섞어 꿀물을 내려 시루에 찐다.'

- 거가필용 : 감설기떡의 조리법

'찹쌀과 감가루에 삶아 으깨 말린 대추를 섞어 시루에 찐다.'

청애병(青艾餠) : 어린 쑥을 쌀가루에 섞어 쪄서 만든 쑥설기떡

- 지봉유설(이수광, 1613) : '상사일(上巳日)에 청애병(青艾餠)을 해먹는다.'

- 상사일(上巳日) : 정월의 첫번째 사일(巳日)로, 뱀날이라고도 한다. 이날은 남녀 모두 머리를 빗거나 깎지 않는다. 만일 머리를 빗거나 깎으면 그 해에 뱀이 집안에 들어와 화를 입는다고 한다.

- 목은집(이색)

'유두일(流頭日)에 먹는 수단은 백설처럼 흰 살결에 달고 신맛에 섞였더라. 오래 씹으면 청량한 맛이 몸을 적시리'

- 유두일(流頭日, 음력 6월 15일) : 유두는 동류수목욕(東流水沐浴)의 준말로, 동쪽으로 흐르는 물에 머리를 감는다는 의미이다. 이와 같이 하면 상서롭지 못한 것을 쫓고 여름에 더위를 먹지 않는다고 한다.

- 고려사악지 : 고려가요인 상화점(双花店)

'쌍화점의 상화떡을 사러 갔더니, 그 가게의 주인인 회회아비가 자기의 손목을 잡았고, 삼장사라는 절에 불을 켜러 갔더니 중이 또 자기의 손목을 잡았다.'

'드레 우물에 물을 길러 갔더니 우물의 용이 내 손목을 잡았다.

'술파는 집에 술을 사라 갔는데 그 집 아비 내 손목을 잡았다.'

1) 상화란 무엇인가?

상화(霜花)란 밀가루를 막걸리로 반죽하여 발효시킨 후 꿀, 팥소, 고기볶음 등을 넣고, 둥글게 빚어 찐 떡이다. 상화란 말은 상화병(霜花餠)의 준말이며, 상화떡이라고도 한다.

– 문헌고찰(상화떡 만드는 법) –

삭임 : 밀기울 죽에 누룩을 섞어 하룻밤 발효시킨 후 거른 것으로, 발효도가 낮은 술의 일종이다.

- 규합총서

'밀가루를 고운체에 친 후 삭임으로 반죽하여 부풀린다. 삭임이 없으면 막걸리를 사용한다. 반죽이 부풀면 거피팥소를 넣어 둥글게 빚어 시루

에 찐다. 상화를 만들 때는 반죽한 것이나 속을 싼 것을 바람에 쐬지 않아야 몸이 곱게 된다. 시루에 찔 때는 일단 냉수에 넣어 뜨는 것부터 안치며, 익은 후 시루에서 꺼낼 때는 찬물을 뿌리면서 꺼내야 표면이 상하지 않는다.'

- 주방문

  '발효된 밀가루반죽이 부풀면 시루에 증편처럼 찐다. 소로는 팥이나 콩가루에 꿀을 섞은 것이나 채소를 넣어도 좋다.'

그러나 중국이나 일본의 만두는 밀가루를 발효시켜 고기나 채소를 소로 삼고 시루에 둥글게 빚어 시루에 찐 것을 말한다(문헌고찰 참조). 즉, 중국의 만두는 떡의 일종으로 우리의 상화(霜花)에 해당한다.

– 문헌고찰(우리나라, 중국, 일본의 만두) –

- 거가필용(居家必用, 중국)

  '만두는 밀가루를 발효시켜 고기나 채소를 소로 삼고 시루에 둥글게 찐 것이다.'

- 日本의 옹주부지(雍州府志, 일본)

  '1241년에 임정인(林淨仁)이란 중국사람이 만두를 처음 일본에 전했다. 일본만두의 소는 육류를 쓰지 않고 설탕이나 채소를 쓴다.'

- 해유록(海游錄, 1719 일본)

  '일본에 만두와 같은 것이 있다. 우리 상화병과 같으며, 겉은 희고 안은 검고 맛은 달다.'

- 옹희잡지(1800년, 서유구)

  '화인(華人)은 만두를 병과(餠果)로 보지만, 동인(東人)은 잔치나 제사상의 음식으로, 면식(麵食)의 상두(上頭)를 차지한다. 만드는 법은 대개 소를 밀가루에 싸는 것으로, 탕병(湯餠, 떡국)이나 색병(色餠, 국수)과 같은 무리이다.'

2) 만두란 무엇인가?

만두(饅頭)는 밀가루를 반죽하여 고기나 채소를 다져 만든 소를 넣고 둥글게 빚어 찐 것이다. 상화와 만두의 차이점은 상화는 발효시킨 밀가루반죽에 팥이나 꿀콩가루, 채소 등의 소를 넣고 찐 음식이고, 만두는 발효시키지 않은 밀가루를 사용한다는 것이다. 우리나라 만두에 관한 최초의 기록이 영접도감의궤에 등장인 점과 고려말기의 목은선생문집(木隱先生文集)의 기록으로 보아, 만두는 고려시대에 이미 전래된 것을 알 수 있다(문헌고찰 참조).

한편 중국과 일본에서는 우리와 같은 만두를 교자라고 한다(표 3-3).

- 문헌고찰 -

- 영접도감의궤(1643년)
  '중국 사신을 대접하기 위해 특별히 만들었고, 그 후 궁중잔치에도 종종 차렸다.'
- 목은선생문집(木隱先生文集, 이목, 고려말)
  '둘째아들집에서 아침에 만두를 맛보다.'

[표 3-3] 한국, 중국, 일본의 만두, 교자, 상화의 차이점

한국	만두(饅頭) : 밀가루 반죽을 얇게 밀어서 소를 넣은 것 상화(霜花) : 발효시켜 만든 두꺼운 만두피에 소를 넣어 만든 것
중국	만두(饅頭) : 밀가루를 발효시켜 소를 넣지 않은 것(꽃빵과 비슷한 것) 교자(餃子) : 밀가루 반죽을 얇게 밀어서 소를 넣은 것 포자(包子) : 밀가루를 발효시켜 호빵처럼 껍질을 두껍게 하여 소를 넣은 것
일본	교자(餃子) : 밀가루 반죽을 얇게 밀어서 소를 넣은 것 만두(饅頭) : 밀가루를 발효시켜 두꺼운 껍질을 만들어 소를 넣은 것

(1) 교자(餃子)

중국의 만두인 교자의 한자표기에는 몇 가지 설이 있다. (1) 교자(交子)라고 표기할 때는 지난해와 새로운 해가 교대된다는 의미로, 제석(祭夕, 섣달 그믐날)과 춘절(구정, 설날)에 꼭 먹는 음식임을 뜻한다. (2) 현재는 교자(餃子)로 표기하는데 교자(餃子)의 모양이 중국의 옛날 돈과 비슷하여 신년에 만두를 먹으면 재운과 복이 온다는 뜻을 담고 있다. 지금도 중국에서는 좋은 뜻을 지닌 재료들을 넣는다. 동전은 재운을, 사탕은 달콤한 생활, 대추는 많은 자식, 땅콩은 득남, 찹쌀떡은 승진, 국수는 장수를 의미한다.

일본 교자(水餃子)

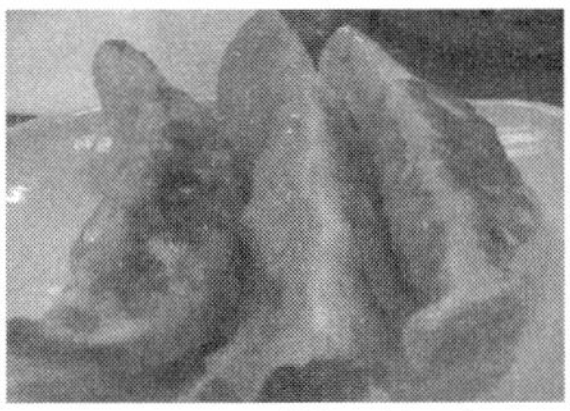
일본 교자(燒き餃子)

일본 만두(饅頭)

중국 교자(餃子)

중국 포자(包子, 고기)

중국의 만두(饅頭)

[그림 3-9] 중국, 일본의 교자(餃子), 만두(饅頭), 포자(包子)

3) 만두(饅頭)의 기원

- 사물기원(私物紀元, 宋代)

  '삼국시대 제갈공명이 만족(蠻族)을 정벌하고 돌아오는 길에 강에서 풍파로 건너지 못하였다. 이때 어떤 사람이 만족(蠻族)의 습관으로 사람머리를 물에 던지면 귀신의 노함을 풀 수 있다고 하자, 제갈공명은 살인은 할 수는 없으니 만인의 머리모양(蠻頭)을 밀가루로 빚어 제사지내라하여 그대로 했더니 풍랑이 가라앉았다. 만두(饅頭)란 이름은 여기에서 비롯되었다.'
- 망수유고(亡修類稿, 明代)

  '본디 만인(蠻人)의 머리를 본 딴것이기에 이것을 만두(蠻頭)라 하였다. 후에 만(蠻)과 만(饅)의 음이 같아 만두(饅頭)가 되었다.'

4) 만두의 종류

만두는 빚는 모양에 따라, 사각모양의 편수, 해삼모양의 규아상(미만두), 소를 만두피로 싸지 않고 밀가루에 여러 번 굴려 두꺼운 껍질로 만든 굴림만두, 병시(餠匙)만두 등이 있다. 조리법은 모두 비슷하지만, 만두의 모양(원형, 반달형, 삼각형, 사각형 등)에 따라 각기 다르게 불렀다(그림 3-10).

– **문헌고찰(우리의 만두)** –

- 음식디미방의 만두(1670년)

  '수교의는 밀가루반죽을 얇게 밀어 놋그릇 굽으로 도려내어 소를 넣어 오무려 삶아 기름을 묻혀 담고 초간장을 곁들인다.'

- 규합총서(1809년)

  '변씨만두(편수)는 밀가루반죽을 밀어 네모지게 썰어 소를 넣고 싸서 닭을 곤 육수에 삶아 초장에 먹는다.'

- 음식방문

  '병시는 밀가루반죽을 둥글게 빚어 주름을 잡지 않고 반으로 접어 반달 모양으로 빚어 장국에 넣어 끓인 만둣국이다.'

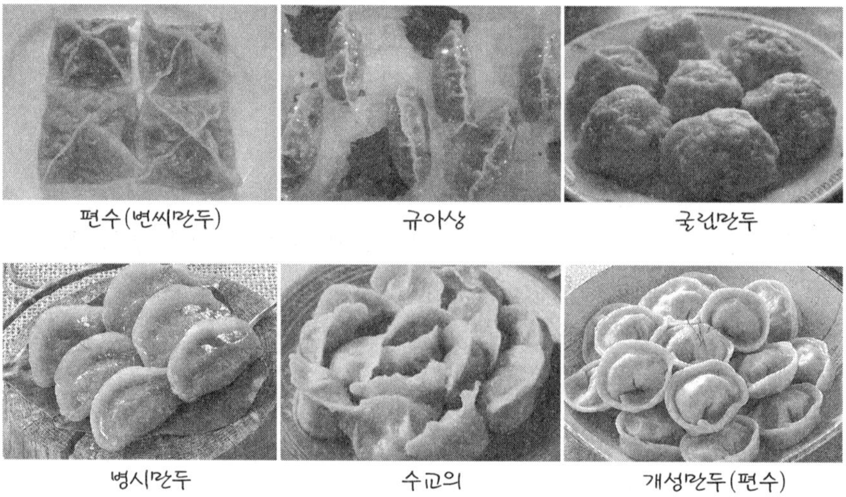

[그림 3-10] 만두의 종류

또 계절에 따라, 겨울에는 생치만두, 김치만두, 봄에는 준치만두, 여름에는 편수, 규아상 등을 먹는다. 생치만두와 규아상은 궁중만두이다.

(1) 생치만두

생치만두(꿩만두)에는 2가지 방법이 있다. (1) 메밀 반죽에 다진 꿩고기를 소로 놓고 빚거나, (2) 삶은 꿩살을 얇게 하여 껍질로 삼고, 다른 고기를 다져 볶아 넣어 만든다.

(2) 규아상

소고기, 오이, 표고버섯으로 소를 만들어 만든 만두로, 쪄서 초간장에 찍어 먹는다. 해삼모양으로 빚었다고 하여 규아상이라고 한다.

(3) 어만두

생선살을 넓게 떠서 만두피로 쓰고, 소고기, 두부, 표고버섯, 숙주나물 등을 섞어 단자로 만들어 소로 쓴다. 민어는 살이 담백하고 비린내가 없어 여름철에 차게 먹는 어 만두피에 많이 쓰인다. 생선만두피로 소를 말아 녹말을 무쳐 삶아내어 차게 하여 초간장을 찍어 먹는다.

4. 조선 시대

조선시대는 농업기술과 조리가공법의 발달로 떡의 종류와 모양이 다양해졌다. 즉, 멥쌀이나 찹쌀가루에 다른 곡물(감자, 옥수수, 귀리, 메밀, 밀가루, 차조, 차수수)를 배합하거나, 과실, 꽃, 야생초, 약재 등의 첨가로 색, 모양, 맛, 영양에 다양한 변화를 주었다.

감미료로는 꿀, 설탕, 엿기름 등을 사용하였으며, 색을 내는 데는 수리취(어린잎, 녹색), 승검초가루, 송기(소나무 속껍질, 분홍색), 쑥, 홍화(연지) 등을 사용하였다. 조선시대 떡의 종류는 약 200여종으로, 찌는 떡의 종류는 99종으로 가장 많았다(표 3-4).

이와 같이 다채롭게 발달한 조선시대의 떡은 혼례, 상례, 제례 등 각종 행에 필수음식으로 정착하였다.

이와 같이 우리 떡의 주재료는 멥쌀이고, 일본은 찹쌀, 중국은 밀가루이다. 일본은 떡 종류가 많지 않고, 찹쌀떡 정도이며. 중국도 우리와 같은 다양하지 않다.

[표 3-4] 조선시대 떡의 종류

찌는 떡	99종(메떡 55종, 찰떡 31종, 송편 8종, 증편 3종, 합병 2종)
치는 떡	46종(절편 12종, 흰떡 1종, 개피떡 5종, 인절미 6종, 단자 22종)
지지는 떡	41종
삶는 떡	12종

– 문헌고찰 –

- 조선상식

  '중국에서는 밀가루를 위주로 굽는 것이 본위이고, 일본은 찹쌀가루를 위주로 치는 것이며, 우리나라는 멥쌀가루를 주재료로 하여 찌는 것이 본위라고 했다.'

[표 3-5] 조선시대의 찌는 떡

석탄병(惜呑餠)	쌀가루에 감가루, 대추, 밤, 귤병, 계피가루, 잣, 꿀을 넣어 찐 떡. 떡 맛이 너무 좋아 차마 삼키기 안타깝다고 하여 석탄병이라 한다.
복령병(복령조화고)	멥쌀가루에 백복령, 연육, 산약, 감인, 계피, 잣, 설탕을 넣어 찐 떡
승검초설기	멥쌀, 찹쌀, 밤, 잣, 대추, 승검초가루, 꿀, 참기름을 넣어 찐 떡 당귀병, 승검초병, 신감채설기이라고도 한다.
막우설기	멥쌀가루를 꿀물에 버무리고 삶은 밤, 대추를 넣어 찐 떡
도행병	복숭아, 살구즙을 멥쌀가루, 찹쌀가루에 섞고 설탕, 꿀에 버무려 대추, 밤, 잣, 후추, 계피를 얹어 찐 떡
남방감저병(南方甘藷餠)	고구마를 껍질째 말린 가루를 찹쌀가루에 섞어 찐 떡. 남방감저병이란 고구마가 우리나라에 감저(甘藷)란 이름으로 들어와 붙여진 이름이다.
두텁떡	찹쌀가루를 쪄서 유자청의 소를 넣고 볶은 팥가루 고물을 얹어 찐 떡
혼돈병	찹쌀가루, 승검초가루, 후춧가루, 계핏가루, 건강(乾薑), 꿀, 잣을 넣어 찐 떡으로, 만드는 방법은 두텁떡과 비슷하다.
기단가오	메조가루로 찧고 대추를 콩, 팥과 함께 삶아 가루에 섞어 켜로 안치지 않고 막 부어 찐 떡
유 고	쌀가루에 참기름, 소금을 넣어 섞은 후, 잣, 대추를 잘게 썰어 고명으로 얹어 시루에 찐 떡
꿀찰편	찹쌀가루를 꿀에 버무려 껍질을 벗긴 흰깨를 고물로 하여 만든 떡
꿀 편	멥쌀가루에 꿀물을 진하게 타서 섞어 가루에 버무려 켜로 쳐서 두껍게 하고 대추, 밤, 잣 등을 얹어 찐 떡
상설편	찹쌀 가루에 도토리가루를 섞어 찐 도토리시루떡

귤병(귤을 꿀에 절인 것), 백복령(소나무뿌리에 기생하는 버섯), 연육(연밥의 살), 산약(마뿌리), 감인(가시연밥의 알맹이), 자청(유자를 꿀에 절인 것), 건강(乾薑, 말린 생강)

또한, 조선시대에는 지지는 떡인 빈대떡의 출현하였다. 조선초기의 빈대떡은 녹두가루로 만들어졌으며, 그 후에 지금과 같이 녹두를 맷돌에 갈아 만들었다.

우리의 빈대떡과 비슷한 것으로 일본의 오코노미야끼란 요리가 있다. 오코노미야끼란 자신의 기호에 맞는 여러 가지 재료들을 반죽 위에 올려 철판에 구워먹는 요리이다. 빈대떡과는 달리 마요네즈, 소스, 파래가루, 가쯔오부시를 뿌려 먹는다. 오코노미야끼(お好み焼き)는 좋아하는 것(오코노미, お好み)과 구이(야끼, 焼き)라는 말이 합쳐서 된 말이다.

빈대떡

오코노미야끼

[그림 3-11] 우리의 빈대떡과 일본의 오코노미야끼

– 문헌고찰 : 빈대떡 만드는법 –

- 음식지미방
  '빈자떡은 녹두가루에 되직하게 물을 섞고, 부칠 때에는 뜨거운 기름에 조금씩 떠놓고 그 위에 꿀에 반죽한 거피 팥소를 얹고 다시 그 위에 녹두가루를 얹어 지지라.'
- 규합총서 : '거피한 녹두를 맷돌에 갈아 부친다.'

1) 빈대떡(貧者餠, 빈자떡)의 유래

- 명물기략(名物紀略)
  '중국의 밀가루 떡인 알병(餲餠)의 餲(기름에 튀긴 음식)字가 빈대를 가르키는 蝎(전갈 갈)로 잘못 알려져 빈자떡이 되었다.'
- 정동(貞洞)의 옛 이름은 빈대가 많다고 하여 빈대골이라 하였으며, 이곳에 빈자떡 장수가 많아 그 이름이 빈대떡이 되었다.
- 빈대떡은 본래 기름에 부친 고기를 제사상이나 교자상에 올려놓을 때

밑받침용으로 쓴 음식인데, 그 후 가난한 사람을 위한 요리가 되어 빈자(貧者)떡이 되었다. 즉 빈자(貧者)들이 먹는 떡이란 말이다.

3.4. 통과의례 떡

통과의례란 사람이 태어나서 생을 마칠 때까지 지나는 몇 차례 고비의 의례를 말한다. 이들 의례에는 각각 규범화된 의식이 있고, 그 의식에는 정해진 음식이 있는데, 그 중 가장 대표적인 음식이 떡이다.

(1) 삼칠일

삼칠일은 아기가 태어나 21일째가 되는 날로서, 삼칠일의 백설기는 아기와 산모를 속세와 떨어져, 산신의 보호 아래 둔다는 의미이다. 집안에 모인 가족끼리만 먹고 대문 밖으로 보내지 않는다.

[표 3-6] 통과의례의 떡

삼칠일	백설기, 인절미
백 일	백설기, 수수경단, 오색송편, 인절미
돌	백설기, 수수경단, 오색송편, 무지개떡, 인절미, 개피떡
혼례와 회갑	절편, 무지개떡(색떡), 인절미, 약밥, 찰떡, 송편
책 례	오색송편

(2) 백일

'백(百)이란 숫자는 완전, 성숙의 의미로, 아기가 완성단계를 무사히 넘긴 것을 축하한다는 의미한다. 백설기는 삼칠일의 백설기와 같은 신성함을 의미한다. 붉은 팥고물을 묻힌 찰수수 경단은 아기의 액을 면해 준다는 의미이며, 오색송편의 오색은 오행, 오덕, 오미와 같은 관념으로 만물의 조화를 의미한다.

백일 떡은 삼칠일의 떡과 달리 여러 집이 나누어 먹는다. 백 집과 나누어 먹어야 아기의 명이 길어진다고 한다. 백일 떡을 받은 집에서는 흰 무명실이나 흰 쌀 등 아기의 장수와 부귀를 축원하는 선물로 답례한다.

(3) 돌

생후 일 주년이 되는 돌에는 수수경단을 꼭 해 먹는데, 그래야 넘어져 다치지 않고 건강하게 자란다. 지금도 어른이 넘어지면 '돌 때 수수경단도 못 얻어 먹었는가' 하는 풍습이 있다. 10살 이전까지는 팥고물 찰수수경단을 빠뜨리지 않는다.

(4) 책례

아이가 서당에 다니면서 책을 한 권씩 뗄 때마다 행하던 의례로, 책례의식은 어려운 책을 끝냈다는 축하와 격려의 뜻으로, 다른 음식과 함께 오색송편을 만들어 선생님과 친지들이 함께 나누었다.

3.5. 떡의 풍습

1) 액막이 떡

예전에는 변소가 깊고 커서 아이들이 변소에 빠지는 일이 많았다. 이것은 변소에 살고 있는 노일저대라는 신이 춥고 배고플 때 아이를 잡아당겨 생긴 일이어서 변을 당한 어린이는 결국 죽게 된다고 믿었다. 이때는 무당을 불러 넋을 들이고 송편 크기의 쌀떡 100개를 빚어 신을 달랬다. 그리고 변소에 빠진 아이가 이 떡을 들고 '똥떡 똥떡'을 외치며 이웃에 나누어 주면 노일저대가 아이를 잡아가지 않는다고 믿었다.

2) 떡점

(1) 상원날(정월 대보름)의 떡점

마을사람들이 각자 가져온 쌀을 모아 가루를 만들고, 자기 몫으로 받은 떡가루에 이름을 적은 종이를 깔고 시루에 찐다. 이 때 자기 떡이 설익으면 불길하고, 잘 익으면 길하다고 믿었다. 떡이 설익은 사람은 떡을 먹지 않고 삼거리나 오거리에 버리면 액을 면할 수 있다고 한다.

(2) 팔월 한가윗날의 떡점

한가윗날 빚은 송편의 모양에 따라 미래의 장군이나 태어날 아기의 생김새를 점쳤다. 또, 송편의 속이 익으면 아들, 설익으면 딸이라고 하여 태아의 성별을 점치기도 했다.

4장

한과(韓菓)의 문화

4.1. 한과의 역사

본래 한과(韓菓)는 가공하여 만든 과일대용품이란 뜻으로 조과(造菓)라 하였으며, 우리말로는 과줄이다. 그 후, 외래과자와 구별하기 위해 한과(韓菓)로 불렀다. 그러나 초기에는 중국 한대(漢代)에 들어왔다 하여 한과(漢菓)라고도 하였다. 한과는 차나 화채에 곁들이는 후식으로, 생일, 혼례 등의 통과의례 때 쓰이는 귀중한 음식이다.

우리 식생활에 꿀과 기름을 사용한 것은 삼국시대이전으로 추정되며, 이들을 이용하여 한과가 만들어진 것은 통일신라시대 이후로 보인다. 그러나 고려시대 이전 기록이 거의 없어 자세한 것은 알 수 없다.

고려시대에는 유밀과가 발달되어 불교행사인 연등회, 팔관회 등에 널리 쓰였으며, 왕의 행차 시에는 고을이나 사원에서 유밀과를 진상하기도 하였다. 또한, 유밀과는 폐백음식의 하나로 등장하였고, 원나라에까지 알려졌다(문헌고찰 참조).

그러나 곡물, 꿀, 기름의 소비가 많아져 민생이 어려워지자 유밀과의 사용 금지령을 내리기도 했다.

조선시대에는 유밀과류 37종, 유과류 68종, 다식류 28종, 정과류 51종, 과편류 11종, 엿강정류 6종, 엿류 53종 등 모두 255여종으로 매우 다양했다.

– 문헌고찰 –

- 명물기략(名物紀略) : 유밀과

  유밀과는 본디 제사에 과실 대신 쓰기 위해 밀가루와 꿀을 반죽하여, 대추, 밤, 배, 감 등의 과실 모양으로 만들어 기름에 지진 가과(假果 : 헛열매)라 한다.

- 삼국유사 가락국기(駕洛國記) : 과일이 없는 계절에 제수로 쓰기 위해 곡물과 꿀로 과일을 만들어 썼다.
- 고려사

  '세자 결혼식에 참석하러 원나라에 간 충렬왕이 연회상에 유밀과를 차렸더니, 그 맛이 입안에서 살살 녹아 평판이 대단하였다. 이런 연유로 원나라에서는 유밀과를 고려병이라 했으며, 고려병을 약과(藥果)라 하였다.'

- 고려사

  '유밀과의 과다소비로 유밀과의 재료인 곡물, 꿀, 기름 등을 마구 허비됨에 따라 영종 9년(1179년)과 영종22년(1192년)에 각각 유밀과의 제조 금지령을 내렸다.'

4.2. 한과의 종류

한과는 유밀과, 강정, 정과, 다식, 숙실과, 과편, 엿강정, 엿으로 크게 분류된다.

1. 유밀과(油蜜果, 유과)

유밀과의 종류로는 약과(藥果, 과줄), 매작과(梅雀菓) 등이 있다. 약과(藥果)는 밀가루에 참기름, 꿀, 술 등을 넣어 반죽하여 기름에 튀겨 꿀에 재어 만든다. 처음 약과의 모양은 대추, 밤, 배, 감, 새, 짐승의 모양이었으나, 조선시대 원형으로 되고, 이것이 제사상에 올리기 편하도록 네모모양으로 되었다. 그 후 다시 지금의 원형으로 변하였다.

매작과는 생강즙을 넣은 밀가루 반죽을 적당한 크기로 썬 뒤 꼬인 모양으로 만들어 기름에 튀겨 만든다. 여기에 꿀이나 조청 등을 바르고 잣가루나 계피가루를 뿌려 만든다. 매작과(梅雀菓)는 그 모양이 매화나무에 참새가 앉아 있는 것 같다고 하여 붙여진 이름이다.

약과　　　　　　　　매작과

[그림 4-1] 유밀과(油蜜果) 의 종류

2. 강정

찹쌀가루에 콩물과 술을 넣어 반죽하여 말린 것을 기름에 튀겨 고물을 묻힌 것으로, 속이 비어 있고, 단맛과 연한 맛을 낸다. 고물로는 밥풀, 깨, 잣가루, 계피가루 등이 사용된다.

모양에 따라 손가락처럼 생긴 것을 강정, 넓적하고 네모나게 생긴 것을 산자라 한다.

기름에 튀긴다는 점에서 유밀과와 비슷하나, 유밀과는 밀가루나 메밀가루를 이용하고, 강정은 찹쌀가루를 이용한다는 점이 다르다.

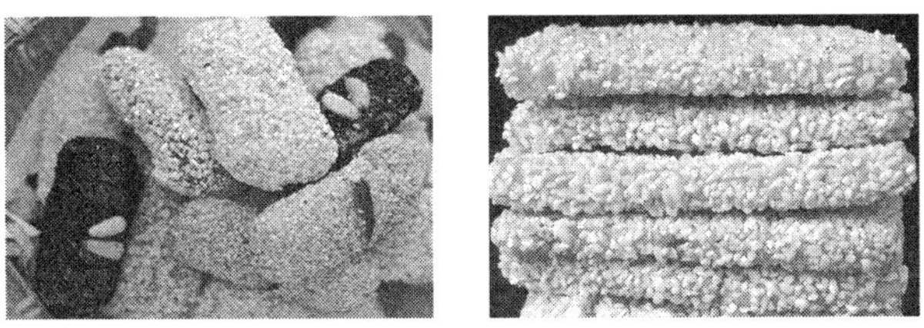

강정　　　　　　　　산자

[그림 4-2] 강정의 종류

3. 정과(正果)

식물의 뿌리나 열매 등을 살짝 데쳐 꿀이나 물엿으로 조린 것으로 전과(煎果)라고도 한다. 도라지정과, 생강정과, 연근정과, 인삼정과 등이 있다.

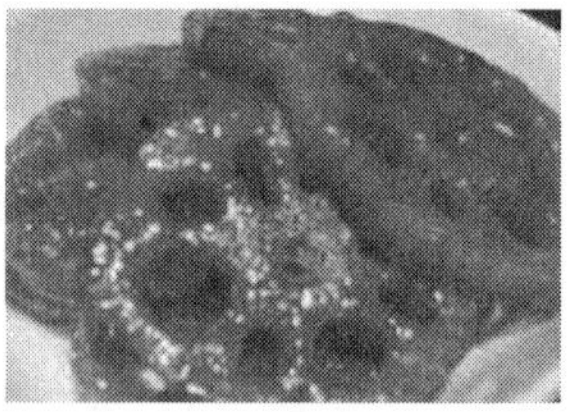

[그림 4-3] 정과(正果)의 종류

4. 다식(茶食)

다식은 볶은 미숫가루, 콩가루, 흑임자가루, 밤가루, 송화가루 등을 꿀(조청)에 반죽하여 무늬가 새겨진 다식판에 참기름을 바른 후 찍어 만든 것이다. 다식판의 문양으로는 복을 의미하는 한자, 태극무늬, 기하학 무늬, 포도알, 물고기 문양이 있다.

다식의 종류로는 쌀다식, 밤다식, 흑임자다식, 송화다식, 녹말다식, 콩다식, 승검초다식 등이 있다.

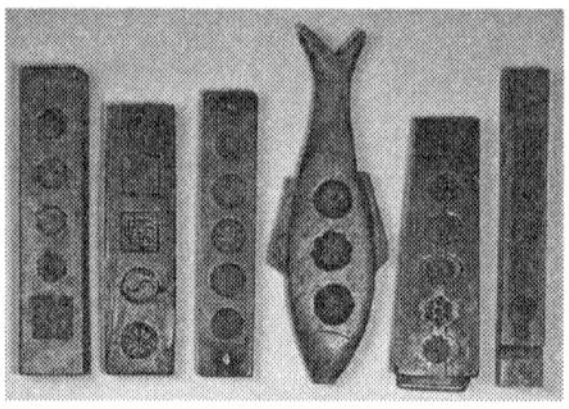

[그림 4-4] 다식과 다식판

① 쌀다식

말린 쌀밥을 볶아 빻아 체로 친 후, 꿀과 소금을 넣고 반죽하여 다식판에 찍어 만든 다식.

② 밤다식

삶은 밤의 껍질을 벗겨 곱게 찧어 체로 친 후 계피가루, 유자청, 꿀을 넣어 반죽하여 다식판에 찍어 만든 다식.

③ 흑임자다식

볶은 검은 깨를 찧어 꿀로 반죽한 후 다식판에 찍어 만든 다식.

④ 송화다식

송화가루를 꿀로 반죽하여 다식판에 찍어 만든 다식.

⑤ 녹말다식

녹말가루(녹두)에 오미자물, 꿀을 넣어 반죽하여 다식판에 찍어 만든 다식.

⑥ 콩다식

콩가루를 꿀로 반죽하여 다식판에 찍어 만든 다식.

⑦ 승검초다식

승검초가루를 곱게 체에 쳐서 꿀을 섞어 반죽하여 다식판에 찍어 만든 다식.

⑧ 생강다식

생강가루를 체로 곱게 쳐서 녹말가루를 섞고 꿀로 반죽한 후 계핏가루를 넣어 반죽하여 다식판에 찍어 만든 다식.

5. 숙실과(熟実果)

과일을 곱게 다지거나 삶아 꿀에 조리거나 꿀로 반죽하여 빚어 만든 것으로, 과일을 익혀 만든 과자란 뜻으로 숙실과(熟実果)라고 한다. 숙실과의 종류로는 초((炒)와 란(卵)이 있다.

1) 초((炒)

밤이나 대추를 모양그대로 꿀에 졸인 것을 초(炒)라 하고, 밤초, 대추초 등이 있다.

(1) 대추초

대추를 돌려깍기하여 씨를 빼고 살짝 쪄 그 속에 잣을 넣고 오무린다. 이것에 꿀과 계피가루를 넣어 조린 후 잣가루를 묻힌다. 대추는 꽃을 피우면 반드시 열매는 맺기 때문에 자손 번성의 의미를 갖는다. 혼례에 대추를 사용하는 이유도 여기에 있다.

(2) 밤초

껍질을 깐 밤을 살짝 찐 후 동일 양의 꿀을 넣고 밤이 잠길 만큼 물을 부어 조린다. 꿀이 속까지 배면 계피가루를 뿌려 건져 잣가루에 살짝 굴린다. 대부분의 씨앗은 싹이 드면 썩어 없어지지만 밥은 그대로 뿌리에 달려 있다가 나무가 자라 열매(밤)을 맺으면 썩어 없어진다. 이런 이유로 밤은 자손과 조상의 영원한 연결을 상징한다. 조상을 모시는 위패(神主)를 밤나무로 만드는 이유도 여기에 있다.

[그림 4-5] 대추초와 밤초

2) 란(卵)

밤, 대추, 생강 등을 삶거나 쪄서 으깬 후, 다시 제 모양으로 빚는 것을 란(卵)이라 한다. 조란(棗卵, 대추란), 율란(栗卵, 밤란), 강란(薑卵, 생강란) 등이 있다.

(1) 조란

조란은 대추를 쪄서 곱게 다진 후, 꿀과 계피가루를 넣고 조려 대추 모양으로 만들어 한쪽 끝에 잣을 박고 잣가루로 묻혀 만든다.

(2) 율란

율란은 삶은 밤을 으깨 꿀을 넣고 반죽한 것이다. 전통적인 방식은 황률 즉 말린 밤을 가루로 내어 꿀로 반죽해서 다시 밤 모양으로 빚은 것이다.

(3) 강란

강란은 생강을 갈아 생강녹말은 가라앉히고, 생강 건지는 꿀을 넣고 졸인 후, 생강모양으로 빚어 잣가루로 묻혀 만든다.

[그림 4-6] 조란, 율란 및 강란

6. 과편

과일을 삶아 으깨어 고운체로 걸러 설탕에 졸이다가 녹말(녹두)을 넣어 굳힌 것으로 서양의 젤리와 비슷하다.

앵두편, 모과편, 살구편, 산사편, 복분자편 등이 있다. 사과, 배, 복숭아는 가열하면 색감이 좋지 않아 과편에 적합하지 않다.

[그림 4-7] 오미자과편 및 앵두편

7. 엿강정

깨, 콩, 잣, 호도 등을 엿을 녹인 것에 모아 엉기게 하여 모양을 만든 것으로 잣엿강정, 깨엿강정, 호두엿강정, 땅콩엿강정, 밥풀엿강정 등이 있다.

엿강정을 만들 때, 엿만 넣으면 너무 물러 굳어지지 않으며, 설탕만으로 하면 너무 단단하여 엿강정을 만들기 어렵다. 따라서 설탕과 물엿을 섞어 사용한다.

보통 설탕, 물엿, 물의 비율을 2 : 1 : 1의 비율로 하며, 여름철에는 잘 굳지 않으므로 설탕의 양을 약간 많게 한다.

잣엿강정 깨엿강정 밥풀엿강정

[그림 4-8] 엿강정의 종류

8. 엿(飴)

엿은 곡물에 엿기름을 섞어 당화시켜 졸인 식품으로 엿의 원료는 찹쌀이 가장 많이 사용되며, 그밖에 멥쌀, 옥수수, 조, 고구마녹말이 많이 사용된다.

지역별로 유명한 엿으로는 충청도의 무엿, 강원도의 옥수수엿, 제주도의 꿩엿, 돼지고기엿, 호박엿, 전라도의 고구마엿 등이 있다.

1) 엿 만드는 법

① 쌀을 물에 불려 시루에 쪄 밥을 짓는다.

② 밥을 식힌 후 엿기름(맥아)과, 더운물을 붓고 7~8시간 당화시킨다. 이것을 식혜라고 한다.

③ 식혜의 찌꺼기를 거른 당화액을 가마솥에 붓고 끓인다(이때 호박, 생강 등을 넣으면 호박엿과 생강엿이 된다).

④ 졸이는 정도에 따라 물엿-조청-덩어리 엿으로 구분된다(이것을 검은 엿 또는 갱엿이라고 한다).

⑤ 덩어리 엿(갱엿)을 적당히 식혀 잡아 늘리기를 반복하면 공기가 혼입되어 흰 엿이 된다.

2) 특별한 엿

(1) 순대엿

검정콩, 땅콩, 참깨를 조청에 버무려 흰 엿 안에 넣은 엿. 모양이 순대와 같다고 하여 순대엿이라고 한다.

(2) 무엿

채썰은 무, 마늘, 도라지, 생강, 찹쌀, 수수를 넣어 끓인 후 식힌 후 엿기름을 넣어 삭혀 만든 엿이다.

(3) 꿩엿

차조밥에 엿기름을 넣어 당화시킨 후, 꿩고기를 넣어 조려 만든 엿. 보양식으로 이용되는 제주도 특산품이다. 꿩엿은 굳지 않은 조청상태로 먹는다.

순대엿

꿩엿

무엿

[그림 4-9] 순대엿, 꿩엿 및 무엿

5장

국, 탕, 찌개의 문화

예로부터 우리의 식생활은 밥을 주식으로 하고 국을 부식으로 하는 습성이 있다. 우리 밥상에는 김치와 함께 반드시 국과 찌개가 따른다. 간단한 반찬차림일 때는 국이나 찌개요리 중에서 1가지만을 놓지만, 국과 찌개가 모두 생략되는 경우는 없다. 겸상 이상인 경우에 찌개는 여러 그릇에 떠놓는 일은 거의 없고, 뚝배기나 냄비 한 그릇에 끓여낸다.

보통 국은 밥에 곁들여 먹지만, 갈비탕이나 설렁탕과 같이 국에 밥을 말아 탕반(湯飯)으로 먹기도 한다. 이것은 일품요리로서 한국 고유의 음식이다.

국의 종류는 맑은 장국, 토장국, 곰국, 냉국으로 나뉘며, 육류를 기본으로 하여 어패류, 채소류, 해조류 등 거의 모든 재료가 이용된다(표 5-1). 특히, 소고기는 양지머리, 사태, 우둔살 등의 살, 갈비, 꼬리, 사골 뼈, 양, 곱창 및 선지도 국 재료로 쓰인다.

[표 5-1] 국의 종류

맑은장국	육수나 물에 간장 또는 소금으로 간을 맞추고 건더기를 넣어 끓인 국
토장국	쌀뜨물에 된장 또는 고추장으로 간을 맞추고 건더기를 넣어 끓인 국
곰 국	고기를 푹 고아 고기와 국물을 같이 먹는 국으로 곰국, 설렁탕 등이다
냉 국	끓여 식힌 국물에 집간장으로 간을 맞추어 날로 먹을 수 있는 건더기를 넣은 국

미역의 어원 : 미역의 '미'는 물의 옛말인 매에서, '역'은 여뀌와 비슷하게 생겼다는 데서 유래되었다. 즉, 매여뀌 → 매역 → 미역

맑은 장국의 하나인 미역국은 옛부터 산모의 산후조리나 어린이들의 생일국으로 쓰이며, 미역국에는 마른 홍합이나 광어와 같은 흰살 생선을 넣어 끓이면 더욱 좋다.

맑은 장국은 소금이나 청장으로, 토장국은 된장, 고추장으로 간한다. 곰탕, 설렁탕 등의 곰국은 소금과 후추만으로 간을 한다.

또 계절에 따라 국의 종류가 정해진 것은 아니지만, 대체로 봄과 가을에는 계절적인 미각을 살릴 수 있는 재료로 맑은 장국을, 여름철에는 새콤하게 만든 오이냉국, 미역냉국, 다시마냉국을 겨울철에는 토장국이나 곰국들을 끓이는 것이 좋다.

[표 5-2] 계절에 따른 국

봄 철	쑥, 냉이와 그 밖의 산채를 넣고 끓이는 토장국
여름철	오이냉국, 미역냉국, 다시마냉국, 깻국, 영계백숙, 추어탕 등
가을철	토란국, 송이탕, 배추국 등
겨울철	곰국, 선짓국, 떡국, 만두국 등

5.1. 국, 찌개, 지짐이, 초

옛날에는 국과 찌개를 갱(羹)이나 확(臛)이라고 하였으나, 점차 음식이 다양해지면서 국과 찌개, 초, 찜, 조림 등으로 분화되었다.

– 문헌고찰 –

- 초사(楚辭, 중국시집) : (羹, 국 갱), 확(臛, 곰국 확)
  '갱(羹)은 채소가 섞인 고기 국이고, 확(臛)은 채소가 섞이지 않는 고기 국이다.'
- 동의보감(東医宝鑑, 1613)
  '탕은 약재를 뜨거운 물에 달여 질병 예방이나 보강제로 사용하는 것이다.'
- 사예편람(四禮便覽, 1844)
  '갱(羹)이란 고깃국이고 채갱(菜羹)이란 채소국이다. 그런데 요즘 탕(湯)

에다 어육(魚肉)을 쓰니 탕도 국이 되었다.'

- 증보산림경제(增補山林經濟, 1766)

  '탕(湯)은 국물위주의 국이고, 갱(羹)은 국물이 적은 국이라 하였으니, 탕은 국이고 갱은 찌개에 해당하는 것 같다.'

- 시의 전서(是議全書)

  '생치국과 생치탕이 나오는데 국이 제물(祭物)로 쓰일 때는 탕이 된다.'

  - 생치(生雉) : 생 꿩고기

- 황혜성(黃慧性)

  '조치(찌개)는 탕(湯)보다 국물이 적고, 건더기와 반반 정도로서 뚝배기에 끓이는 것이 좋다. 찌개보다 국물이 많은 것을 지짐이라고 하며, 지짐이를 궁중에서 감정이라 한다.'

- 조자호(趙慈鎬)

  '초(炒)란 조림과 같은 방법으로 요리하되 조림 국물에 녹말을 풀어 익혀서 재료에 엉키게 한 요리로 전복초, 홍합초등이 있다.'

- 황혜성(黃慧性)

  '초(炒)는 조림과 다르고, 생복초(生鰒炒), 홍합초(紅蛤炒)와 같이 싱겁고 달콤하게 졸여 국물이 거의 없어지게 하는 요리이다.'

- 조선무쌍요리제법(朝鮮無雙料理製法)

  '국은 국물이 가장 많고, 지짐이는 국물이 바특하고, 초는 국물이 더 바특하여 찜보다 조금 국물이 있는 것이다.'

[그림 5-1] 홍합초

[표 5-3] 국물요리의 명칭 및 의미

구분	의미
국 (갱, 확, 탕)	국은 갱(羹), 확(臛), 탕(湯)이라고도 한다. 갱 : 1) 채소위주의 국 확 : 1) 고기위주의 국 탕 : 1) 약재를 달여 만든 액. (예: 쌍화탕) 2) 국을 달리한 말, 탕국 (예: 대구탕, 해물탕, 갈비탕, 삼계탕) 3) 제사에 쓰는 국. 건더기가 많고 국물이 적은 국 예) 소탕(素湯, 두부탕 등), 어탕(魚湯, 추어탕 등), 육탕(肉湯, 설렁탕 등)
찌개	탕(湯)보다 국물이 적은 것으로, 궁중에서는 조치라고 한다. 고추장으로 간을 한 찌개는 감정이라고 한다.
지짐이	1) 찌개보다 국물이 많은 요리 2) 기름에 지진 요리(부침개)를 의미
초(炒)	1) 조림과 같은 요리 2) 국물이 적은 국 요리의 2가지 의미로 사용
전골	1) 여러 재료를 즉석에서 화로에 볶아먹는 음식. 전골냄비의 가운데는 국물이 고이도록 깊게 패어 있고, 가장자리는 여러 재료를 얹어 익혀 먹을 수 있는 전이 붙어 있다. 2) 지금은 여러 재료에 넉넉히 국물을 넣어 즉석에서 끓여 먹는 요리를 말한다. 찌개는 미리 끓여 상에 놓는 반면, 전골은 화로에서 가열하면서 먹는다.
찜, 선	찜 : 국물을 적게 하여 약한 불에서 고기나 채소를 익혀 연하게 한 요리 선(膳) : 찜과 비슷하나, 호박, 오이, 가지, 두부 등의 식물성재료에 칼집을 내어 다진 소고기를 넣어 만든 요리

국물의 함량 : 국(탕 > 확, 갱) > 지짐이 > 찌개 > 초(炒) > 찜 > 조림

5.2. 대표적인 탕(湯)

1. 설렁탕과 곰탕

설렁탕은 사골, 도가니, 소머리, 우족 등의 뼈와 양지머리, 사태 등의 정육, 내장을 넣어 하루정도 푹 고아 끓인 것이다. 곰탕은 사태. 양지머리 등의 정육과 양, 곱창, 곤자소니 등의 내장을 무 등과 함께 끓인 것이다.

사골(四骨) : 소의 네 다리 뼈, 도가니 : 소의 뒷무릎연골, 곤자소니 : 소 창자 끝에 달린 기름이 많은 부분

따라서 설렁탕은 곰탕보다 뼈가 많이 들어가, 장시간 끓이면 골수(骨髓)가 우러나 국물이 뽀얗고 맛이 담백하다. 한편 곰탕은 곰국이라고도 한다. 해방

전까지는 곰국이라고 했으나, 지금은 곰탕이란 말을 많이 쓴다.

지금은 소고기의 특정 부위만을 사용하여 소머리곰탕, 꼬리곰탕, 도가니(곰)탕, 갈비탕, 우족탕 등의 곰탕을 만들기도 하여, 곰탕과 설렁탕의 구분이 쉽지 않다.

- 조선요리(손정규, 1940)

  '설렁탕은 잡육(雜肉), 내장 등의 소의 잔뼈가 붙어 있는 그대로 하루쯤 곤다. 곰국은 사태, 소꼬리, 허파, 곱창 등을 덩어리째 삶아 반숙되었을 때, 무, 파를 넣고 간장을 조금 넣어 다시 삶는다.'

설렁탕

곰탕

[그림 5-2] 설렁탕과 곰탕

1) 설렁탕, 곰탕의 유래 및 어원

- 조선요리학(朝鮮料理學, 홍선균)

  '세종대왕이 선농단(先農壇)에서 친경(親耕)을 할 때, 갑자기 심한 비가 내려 촌보(寸步)를 옮기지 못할 형편에다 배고픔을 못 견디어 친경(親耕)에 쓰던 농우(農牛)를 잡아 맹물에 끓여 먹으니 이것이 선농탕(先農湯)이 되었다.'
- 설렁탕은 설농탕(雪濃湯)이라고도 한다. 우유 빛의 중국 내탕(奶湯)은 우리의 설렁탕에 해당하며, 중국에서는 백탕(白湯), 농탕(濃湯)이라고도 한다.
- 몽어유해(蒙語類解, 1768년 몽고어 사전)

  '몽고에서는 맹물에 고기를 끓인 것을 공탕(空湯)이라 적고, 슈루라 읽었다.'
- 시의전서(是議全書)(1800년대 말)

사태 : 앞, 뒷다리 사골을 감싸는 부위(7장 참조)

'고음(膏飮)은 다리뼈, 사태, 도가니, 꼬리, 양(䑋), 전복, 해삼을 솥에 물을 많이 붓고 은은한 불로 푹 고아야 맛이 진하고 뽀얗다.'

2. 개장(狗醬, 구장)과 육개장

개장은 다시 개(狗)와 장(醬)으로 나뉘는데, 개고기를 끓인 국을 의미한다. 그 후 보신탕이란 말이 생겨, 1945년까지 개장과 보신탕이란 말이 함께 사용되다가 6.25 이후 거의 보신탕이란 말을 사용하였다.

한편, 육개장이란 말은 육(肉)과 개장(狗醬)이 합쳐진 말로, 여기에서 육은 소고기를 의미한다. 즉, 육개장은 소고기로 개장국처럼 맵게 끓인 국을 말한다. 닭개장은 개고기가 아닌 닭고기를 이용하여 끓인 국을 의미한다.

따라서 육계장이나 닭계장이란 말은 잘못된 말로, 육개장, 닭개장이라고 써야한다.

– 문헌고찰 –

- 경도잡지(京都雜誌, 1700년대 말) : 개장

  '개장(狗醬)이란 개고기를 파밑동(葱白, 총백)에 섞어 삶는다. 국을 끓여 고춧가루를 뿌리고 흰밥에 말아 먹는다.'

- 조선상식문답(최남선)

  '복날에 개를 고아 자극성 있는 조미료를 얹은 개장을 시식하여 여름철의 즐거움으로 삼았다. 개고기가 식성에 맞지 않는 자는 소고기로 대신하고, 이를 육개장이라 하여 시식을 빠뜨리지 않았다.'

- 연대 규곤요람(延大 규곤요람, 1869) : 육개장

  육개장은 썰은 고기를 장을 풀어 물을 많이 붓고 끓이되 고기가 풀리도록 푹 끓인다. 종지, 썰지 않은 파잎을 그대로 넣고 기름을 치고 후춧가루를 넣는다.'

- 현대의 육개장

  '양지머리와 사태를 양(䑋) 등과 함께 푹 삶아 기름을 걷어낸다. 건진 고기는 결대로 찢거나 칼로 썰고 양(䑋)도 저민다. 이 고기나 양(䑋)을 진간장, 다진 파와 마늘, 참기름, 깨소금, 후춧가루 등으로 양념한다. 한편 고춧가루에 참기름을 끓여 개어 넣고, 파를 데쳐 놓는다. 이것을 끓는 장국에 넣고 끓인다.'

3. 그 외의 탕

1) 신선로(神仙爐, 열구자탕)

신선로는 숯을 피워 신선로 가운데 화통에 넣고, 고기와 해산물, 채소 등에 육수를 부어 즉석에서 끓여먹는 궁중요리이다. 신선로에 들어가는 재료는 약 25가지에 달하며, 소고기, 돼지고기, 꿩고기, 닭고기 등과 붕어, 숭어 등의 전유어, 해삼, 전복, 다양한 채소 들이 들어간다.

신선로는 원래 화통이 붙어있는 냄비의 이름이고, 음식이름은 열구자탕(悅口子湯)이었지만, 지금은 신선로라는 냄비에 끓인다 하여, 신선로가 음식이름이 되었다. 열구자탕(悅口子湯)이라는 이름은 입을 즐겁게 해주는 탕이라는 의미에서 나왔다. 열구지(悅口旨), 구자탕(口子湯)이라고도 한다.

신선로 임자수탕 용봉탕

[그림 5-3] 신선로, 임자수탕 및 용봉탕

2) 임자수탕(荏子水湯, 깻국탕)

임자수탕은 보신용 탕으로, 닭을 삶은 물에 볶은 깨를 넣고 갈아 걸러 냉국을 만들고, 삶은 닭고기, 고기완자, 지단, 미나리 초대, 오이채, 버섯, 등을 얹어 만든 여름철 궁중의 냉탕이다. 임자(荏子)는 흰깨를 나타내는 말이다. 따라서 임자수탕(荏子水湯)은 깻국탕이라고도 한다.

- 깨는 아들보다 노부모에게 효도를 더 잘한다 하여 효마자라고 부른다. 깨에는 삼거지덕(三去之德)이 있는데, 일거는 깨죽을 늘 먹으면 늙어 풍이 없는 것이요, 이거는 흰머리가 검어진다는 것이요, 삼거는 근심까지 없애 주는 것이다.

진임자(眞荏子)는 참깨를, 흑임자(黑荏子)는 검정깨를 말한다.
들깨임(荏)

3) 용봉탕(龍鳳湯)

용봉탕은 잉어나 자라를 묵은닭과 함께 고아 만든 국으로, 잉어나 자라를 용(龍), 묵은 닭을 봉(鳳)에 비유하여 이름이 붙여졌다. 즉, 물의 용인 잉어와 하늘의 봉황인 닭으로 만든 탕이라는 뜻이다. 산후조리나 환절기 보양식으로 이용되며, 용봉탕을 먹으면 90살 노인이 아들을 낳는다는 속설이 있다.

- 조선무쌍신식요리제법(朝鮮無雙新式料理製法) : 용봉탕을 만드는 법
  '내장, 알을 제거한 잉어와 내장과 기름을 제거한 묵은 닭을 녹도록 끓인다. 장을 넣고 더 끓인다. 재료는 닭, 잉어, 달걀, 무, 소고기, 두골, 곤자소니, 전복, 해삼, 잣, 참기름, 후춧가루, 미나리, 파, 표고버섯 등이 들어간다.'

4) 이외에 보신을 위한 탕

가물치탕(산후보혈제), 잉어탕(산모의 피를 보호), 흑염소탕(산후 조리), 오리탕(간장 강화) 등이 있다.

6장

나물의 문화

나물은 농경생활부터 시작하여, 삼국시대에 대중화되었다. 고려시대에는 숭불사상으로 인한 육식의 금지로 나물의 이용이 크게 늘어났다. 조선시대에는 나물을 구황식품으로도 이용하였다.

구황식품이란 흉년, 천재지변, 전쟁 등으로 먹을 것이 없을 때 일시적으로 먹는 식품이다. 16세기말~17세기동안 임진왜란, 병자호란 등으로 기근에 시달리자, 이를 극복하기 위해 구황식품이 널리 개발되었다. 구황식품으로는 산과 들에 자생하는 식물과 평소에 먹지 않는 생선, 곤충, 동물 등이 있지만, 주로 나무껍질이나 산나물을 구황식품으로 이용하였다. 이로 인하여 채식위주의 식생활이 정착하는 계기가 되었다.

조선시대의 구황식품은 약 850여종이었으며, 지금 식용하고 있는 것도 약 300여종이 넘는다.

그 중에서도 나물요리는 의례음식과 행사음식으로 발달되어, 제례(祭禮) 음식의 삼탕삼적(三湯三炙)에는 삼색나물, 오탕오적(五湯五炙)에는 오색 나물을 한 그릇에 담아 놓았다. 삼탕삼적, 삼색나물, 삼색과일의 수와 색에는 자연의 섭리와 사람의 일치를 상징하며, 복을 기원하는 의미가 담겨 있다.

제사 나물의 경우, 집집마다 다르지만, 기본적으로 흰색, 검은색, 푸른색의 삼색 나물을 올린다. 흰색 나물은 뿌리나물(도라지, 무 등)로 조상을 의미하며, 검은색 나물은 줄기나물(고사리 등)로 나를 의미한다. 또 푸른색 나물은 잎나물(시금치, 미나리 등)로 자손을 의미한다.

[그림 6-1] 삼색나물(도라지, 고사리, 시금치)

6.1. 나물의 어원

나물은 사전적 의미로 (1) 먹을 수 있는 풀이나 뿌리, 나뭇잎의 총칭, 또는 (2) 이것을 양념에 무쳐 만든 반찬을 말한다. 우리말인 나물에 해당하는 한자는 채(菜, 나물 채)와 소(蔬, 나물 소)이다.

우리나라에서는 나물을 채소라고도 하며, 중국에서는 소채(蔬菜) 또는 채소(菜蔬)라고 하고(대개 소채로 부름), 일본에서는 야채(野菜)라고 한다. 그러나 채소는 나물을 심어 재배한 것을 의미하기도 한다.

또한 나물은 산채, 산나물, 푸새, 푸성귀, 남새 등의 명칭으로 불리기도 한다(표 6-1).

[표 6-1] 나물의 명칭

나물	(1) 먹을 수 있는 풀, 나무의 새싹, 잎, 뿌리 등의 총칭 (2) 나물을 양념에 무쳐 만든 반찬
산채(산나물)	산이나 들에 자생하는 먹을 수 있는 풀이나 나무의 어린순. 푸새라고도 한다. 산채라는 말은 채소가 널리 재배되면서 생겨난 말이다.
푸성귀	사람이 가꾼 채소나 자연적으로 난 나물
채소	채소는 다음의 2가지 의미로 사용된다. (1) 나물과 같은 의미 (2) 심어 재배한 나물. 남새라고도 한다.

배추는 중국말 백채(白菜)에서 유래된 말로서 우리말로는 흰 나물이란 뜻이다. 훈몽자회에서는 배채라고 하고, 白菜(백채)라 기록하고 있다. 지금도 일부 지방에서 배차, 배채, 배치라 한다. 시금치, 부추의 '치'나 '추' 역시 채(菜)에서 유래된 말이다. 시금치란 말은 뿌리가 붉은 채소라는 의미의 중국어 시근(赤根, 붉은 뿌리)과 채(菜, 채소)에서 유래하였다.

– 문헌고찰 : 나물의 어원 –

- 훈몽자회(訓蒙字會) : '풀로서 먹을 수 있는 것을 모두 채(菜 채소 채)라고 한다.'
- 동언고략(東言考略)
  '신라사람은 흔히 물건 이름 위에 국호를 붙인다. 국(國)을 나라(羅羅)라 한다. 稻(벼 도)를 나락이라 함은 羅祿(라록)에서 온 것이고, 소채(蔬菜)를 나물이라 함은 라물(羅物)에서 온 것이다. 樹木(수목)을 나무라 함은 羅木(라목)에서 온 것이다.'

6.2. 나물요리의 종류

나물은 생채와 숙채의 총칭이나, 대개 숙채를 말한다. 푸른 채소는 끓는 물에 데쳐 양념하여 무치고, 말린 채소는 물에 불려 볶아 익힌 후 요리한다.

1. 생채(生菜)

날것 또는 소금에 살짝 절인 나물을 초장, 초고추장, 겨자 등에 무친 것을 생채라고 한다. 생채는 본래의 채소 맛을 살리면서, 영양 손실을 최소화하는 조리법으로, 채소 특유의 색, 향기, 맛과 아삭한 질감을 준다.

생채요리의 특징은 마늘, 파를 적게 사용하여 채소의 향미를 살리고, 설탕과 식초로 새콤달콤하여 산뜻한 맛을 내는 것이다. 채소이외에 미역, 파래, 오징어, 조갯살 등의 해산물을 함께 넣어 무치기도 한다.

생채는 양념을 무치는 방법에 따라 (1) 날것을 양념에 무치는 방법, (2) 소금에 절여 양념에 무치는 방법, (3) 고춧가루, 간장, 다진 파, 마늘, 참기름, 깨소금 등 갖은 양념에 무치는 방법, (4) 초간장에 무치는 방법, (5) 초고추장에 무치는 방법, (6) 겨자즙에 무치는 방법, (7) 호도나 실백(잣)즙에 무치는 방법이 있다.

2. 숙채(熟菜)

나물을 데치거나 볶아 갖은 양념에 무친 것을 숙채라고 한다. 채소를 데치거나 볶아 조리하기 때문에, 채소 특유의 쓴맛이나 떫은맛 성분을 없애고, 부드러운 질감을 즐길 수 있다.

양념에 따라 다양한 맛을 낼 수 있는 조리법이다. 숙채요리의 특징은 식초를 사용하지 않고 비교적 기름을 많이 사용하며, 참기름은 주로 나물을 무칠 때, 들기름은 볶을 때 사용하는 것이다. 숙채는 생채에 비해 영양소의 손실이 크므로 살짝 데치거나 센 불에서 단시간에 볶는 것이 좋다.

– 문헌고찰 : 숙채 조리법 –

- 임원십육지(林園十六志)(1827년) : 죽순 조리법

  '죽순을 껍질째 데쳐낸 다음 충분히 삶아야 한다. 날 것은 몸에 해롭다. 죽순껍질을 벗기고 삶으면 맛이 없어지고, 새순은 끓는 물에 삶으면 아삭하다. 시든 죽순에는 박하를 넣어 삶고, 빳빳한 죽순은 박하와 소금을 넣어 삶으면 풀린다.'
- 시의전서(是議全書)(1800년대말) : 도라지 조리법

  '도라지를 삶아 물에 우려내어 진장에 볶아 깨소금, 기름, 고춧가루를 넣어 무친다. 더덕, 고비, 고사리도 같은 방법으로 한다.'

3. 나물의 영양

나물에는 각종 비타민과 무기질이 다량 함유되어 있다. 무기질은 신체조직의 구성성분인 피와 뼈를 만드는데 매우 중요한 역할을 하며 신진대사를 활성화시킨다. 비타민 역시 우리 몸의 여러 생리적 기능을 돕고 활성화 시키는 기능을 한다. 특히 냉이, 달래, 두릅, 쑥, 참나물, 곰취, 머위 등의 봄나물에는 칼슘, 비타민 C, 비타민 A 등이 풍부하다(표 6-2).

[표 6-2] 일부 봄나물의 영양성분 및 칼로리(100g 당)

	칼슘 (mg)	비타민 C (mg)	비타민 A (mg)	β-카로틴 (㎍)	칼로리 (kcal)
냉 이	145	74	189	1136	31
달 래	124	33	604	1823	27
두 릅	15	15	67	403	21
쑥	119	22	374	2246	18
참나물	46	6	234	1404	29
곰 취	241	28	780	4681	37
머 위	88	28	754	4522	31

출처 : 식품성분표 6차 개정판, 농촌생활연구소

6.3. 대표적인 나물

1. 상추

상추는 기원전 4,500년경의 고대 이집트 피라미드 벽화에도 기록될 정도로 아주 오래된 작물로서, 세계적으로 널리 이용되는 채소이다. 상추는 중국에는 당나라(713년) 문헌에 처음 등장하고, 천록식여(天祿識餘)의 기록을 볼 때, 고려시대(9세기경)에 중국을 통해 전래된 것으로 추정된다. 그 후에 쌈을 즐기는 우리의 식생활 속에서 우수한 육종법이 개발되어 재배된 상추가 다시 중국에 역수출된 것으로 생각된다.

상추는 날로 먹을 수 있다고 하여 생채(生菜)가 상추로 부르게 된 것으로 추정되며, 와거, 부루, 천금채라고도 한다. 과거에는 상치가 표준말이었으나 지금은 상추를 표준말로 사용한다.

– 문헌고찰 : 상추 –

- 해동역사(한치윤, 1765~1814) : '고려 사람들은 날 채소에 밥을 싸서 먹는다.'
- 성호사설 (1740년)
  '채소 중에서 잎이 큰 것은 모두 쌈을 싸서 먹는데 상추쌈을 제일로 친다.'

- 천록식여(天祿識餘, 중국)

  '고려 상추는 질이 매우 좋아 고려사신이 가져온 상추 씨앗은 천금을 주어야만 얻을 수 있다하여 천금채(天金菜)라 했다.'
- 농가십이월속시(農家十二月俗詩)

  '상추를 와거(萵苣), 부루, 천금채(天金菜)라고도 하고, 상추의 꽃줄기, 즉 추순(抽笋)을 부루동이라 한다.'
- 사소절(士小節) 사전(士典) : 이덕무

  '상추를 싸먹을 때 직접 손을 대지 않는다. 먼저 숟가락으로 밥을 떠 밥그릇 위에 가로로 놓고, 젓가락으로 상추 2~3잎으로 밥을 싸 입에 넣은 후 된장을 떠먹는다. 또 여자가 상추쌈을 너무 크게 싸서 입을 크게 벌리는 것은 상스러우니 조심한다.'

몽고에 전래된 우리의 상추쌈

고려시대, 몽고의 침입으로 많은 고려여인들이 몽고(원나라)로 끌려갔다. 그 중에 기황후(奇皇后)처럼 영화를 누린 사람도 있지만, 대부분 궁녀나 시녀가 되어 고국을 그리며 눈물로 지새워야 했다. 그들은 고려 상추를 뜰에 심어 이것으로 밥을 싸 먹으며 고향을 잃은 슬픔을 달랬다. 이렇듯 상추쌈은 궁녀로 보내진 고려여인들의 애환이 서린 음식이기도 하다. 지금도 몽고인들은 상추쌈을 먹는다.

1) 상추의 성분 및 효능

상추잎줄기의 우유빛 즙액은 알카로이드 계통의 락투서린(lactucerin), 락투신(lactucin), 락투신산(lactucic acid) 성분이다. 이들 성분은 고온기에 많이 생성되며 쓴맛을 낸다. 또 아편과 같은 진통, 마취 효과가 있어 상추를 많이 먹게 되면 졸리게 된다.

한방에서 뿌리를 제외한 상추 전체와 종자를 약재로 쓰며, 다음과 같은 효능이 있다.

- 문헌고찰 -

- 본초습유, 식감초유, 본초강목

  '상추는 오장을 이롭게 하고 경맥을 통하고, 기(氣)를 이롭게 하고, 근골(根骨)을 튼튼히 하며 입 냄새를 없애고 치아를 희게 하며 눈을 맑게

한다. 모유분비를 촉진하고 소변을 이롭게 하며, 벌레나 뱀독을 해독한다.'

2. 아욱

중국이 원산지인 아욱은 동양에서만 이용되어 온 동양의 채소이다. '시경' 에도 아욱이 나오는 것으로 보아 유사 이전부터 재배된 것으로 추정된다. 우리나라에서는 아욱국을 먹는 문화는 현재까지 이어오고 있는데, 이는 중국과 일본에서는 보이지 않는 우리만의 독특한 문화이다. 아욱은 보통 국이나 나물, 죽으로 많이 먹으며, 씨와 뿌리는 약재로 사용한다.

1) 아욱의 영양 및 효능

아욱은 다른 채소에 비해 칼슘(Ca)과 인(P) 의 함량이 많으며, 특히 칼슘은 시금치의 두 배 이상 많다. 단백질과, 지방의 함량도 시금치에 비해 높다.

[표 6-3] 상추, 아욱, 시금치의 영양성분

식품	수분(%)	단백질(%)	지질(%)	탄수화물(%)		회분(%)	무기질(mg)				비타민(mg)			
				당질	섬유소		칼슘	인	철	칼륨	B_1	B_2	나이아신	C
상치	93.0	1.2	0.3	3.5	0.8	1.2	56	36	2.1	238	0.07	0.08	0.4	19
아욱	91.6	3.6	0.6	1.7	0.9	1.6	94	66	2.0	546	0.11	0.19	0.9	48
시금치	90.4	2.8	0.4	4.7	0.6	1.1	43	48	2.5	595	0.12	0.28	0.5	66

아욱의 한약명은 동규(冬葵)이며, 아욱의 꽃 말린 것을 동규화(冬葵花), 아욱씨를 말린 것을 동규자, 잎을 말린 것을 동규엽(冬葵葉)이라 한다. 아욱씨와 뿌리는 한방에서 이뇨제, 변비치료제, 유즙분비 촉진제로 이용하고 있다.

현재 다이어트차로 시판되는 동규자차의 주성분이 아욱 씨이다. 아욱과 동규자차의 효능은 같아 아욱을 먹어도 동규자차와 같은 효과를 얻을 수 있다.

- 옛날 가난한 농가의 산모가 미역을 구할 형편이 못되어, 뜰에 있는 상추국을 끓여 먹으니, 배가 아프고 아이는 푸른 변을 누었다. 그래서 아욱국을 끓여 먹으니 몸이 편하고 젖이 잘 나와서 아이에게도 좋았다. 그 후 출산을 앞둔 가정에서 누각(樓閣)을 헐고 아욱을 심었다고 하여 아욱을 파누초(破樓草)라 하고, 상추는 멀리 강 건너에 심었다 해서 상추를 월강초(越江草)라 부른다.

3. 콩나물

콩나물은 콩을 발아시켜 만든 일종의 콩 채소로서, 옛날에는 두채아(豆菜芽), 두채(豆菜), 두아(豆芽)라고 불렀다. 일본, 중국에서는 콩나물보다는 녹두 나물을 주로 사용하기 때문에, 콩나물은 우리의 고유 식품으로 생각된다.

예부터 나물로 무쳐 먹거나 구황식품으로 널리 이용되었다. 콩나물을 넣어 끓인 죽은 궁중에서 임금님의 속이 불편할 때 끓였다고 한다. 향약구급방에서는 말린 어린 콩나물을 대두황권(大豆黃卷)이라 하여 예로부터 우황청심환의 원료로 사용하였다(문헌고찰 참조).

콩나물을 언제부터 먹었는지 정확히 알 수 없지만, 향약구급방(1214~1260년)의 기록으로 보아 삼국시대 말이나 고려초기로 추정된다.

콩나물국 조리법에 대한 기록은 1910년대 이후부터 보이고 있으며, 콩나물국은 현재 널리 먹고 있는 음식 중의 하나이다. 특히, 전주지방의 콩나물국밥은 향토음식으로 유명하다. 맛이 담백하고 국물이 시원하여, 술 마신 다음날 해장음식으로 널리 애용된다.

[그림 6-2] 전주 콩나물국밥

– 문헌고찰 : 콩나물 –

- 성호사설(星湖僿說, 조선 후기, 이익)
  '가난한 백성들이 콩을 갈아 여기에 콩나물을 넣고 죽을 쑤어 주식으로 삼았다.'
- 청장관전서(靑莊館全書, 조선 중기 이덕무)
  '흉년이 들어 먹을 것이 없을 때에 콩나물을 지진 막장에 먹었다.'
- 고려 태조가 나라를 건국할 때에 태광태사 배현경이 굶주리던 군사들에게 콩을 냇물에 담가 콩나물을 만들어 배불리 먹게 하였다고 기록(935년)
- 향약 구급방 : 고려 고종 때의 의서(1214~1260년)
  '어린 콩나물 햇볕에 말린 대두황은 약으로 이용된다.'
- 조선무쌍신식요리제법(朝鮮無雙新式料理製法, 1924년)
  '콩나물, 된장, 두부에 명태나 북어를 넣고 끓인 콩나물국은 콩으로 만든 3가지가 들어갔다고 하여 삼태탕(三太湯)이라고 한다.'

1) 콩나물의 영양성분 및 효능

콩나물은 발아과정에서 콩과는 상당히 다른 영양성분을 나타낸다. 예로부터 콩나물은 채소가 귀한 겨울철에 널리 이용되는 비타민 공급원의 영양식품이었다.

콩나물에는 단백질, 무기질이 비교적 많지만, 비타민 B_1, B_2, C 등의 함량도 높다. 특히, 콩에는 없는 비타민 C가 다량 생성된다.

콩나물 부위별로 볼 때, 콩나물 머리에는 단백질, 지방이 많고, 콩나물 줄기에는 당분, 섬유소, 비타민 C가 많다.

또 콩나물에는 알코올 탈수소효소(alcohol dehydrogenase)의 작용을 촉진하여 숙취에 도움을 주는 아스파라진(asparagine)이 함유되어 있으며, 특히, 콩나물 뿌리에 많이 함유되어 있다.

한편, 콩에는 트립신(trypsin, 췌장) 저해물질 이외에 카이모트립신(chymotrypsin, 췌장)과 펩신(pepsin, 위장) 저해물질도 함유하고 있다. 또한 적혈구의 응고를 촉진하는 헤마글루티닌(hemaglutinin)을 함유하고 있다. 그러나 이들 성분의 활성은 가열(100℃에서 5분 정도)에 의해 쉽게 불활성화된다. 콩나물은 발아에 의해 향과 영양가가 개선되고 소화율이 증진되며,

또 트립신저해제의 활성을 억제하고, 파이트산(phytic acid)의 함량을 감소시켜 무기질의 이용성을 증가시킨다.

[표 6-4] 콩과 콩나물의 영양성분

식 품	수분 (%)	단백질 (%)	지질 (%)	탄수화물 (%)		회분 (%)	무기질(mg)				비타민(mg)			
				당질	섬유소		칼슘	인	철	칼륨	B_1	B_2	나이아신	C
말린콩	9.7	36.2	17.8	25.7	5.0	5.6	245	620	6.5	1340	0.53	0.28	2.2	0
삶은콩	61.7	17.8	7.7	8.5	1.7	1.6	75	220	3.2	509	0.23	0.10	1.5	1
콩나물	89.3	5.3	1.2	2.8	0.6	0.8	26	80	0.3	184	0.14	0.11	0.6	13
녹두	10.9	22.3	1.5	57.4	4.6	3.3	100	335	5.5	1323	0.40	0.14	2.0	0
숙주	95.7	2.2	0.1	1.3	0.4	0.3	15	32	0.6	123	0.04	0.05	0.5	10

출처 : 식품성분표 6차 개정판, 농촌생활연구소

– 문헌고찰 : 콩나물의 효능 –

- 향약 구급방 : 고려 고종 때의 의서(1214~1260년)
  '콩나물은 감기와 속을 시원하게 가라앉히는 효능이 있다. 어린 콩나물을 햇볕에 말린 대두황은 약으로 이용된다.'
- 동의보감
  '콩나물은 몸이 무겁고 저리거나 근육과 뼈가 아플 때 효과가 있고, 수분대사 촉진, 위의 열을 내려주는 효능이 뛰어나다.'

2) 조리 중의 콩나물

콩나물 중의 비타민 C는 열에 쉽게 파괴되며, 가열시간이 길어지면 파괴량도 크다. 일반적으로 채소의 조리에는 삶는 것보다는 볶거나 찌는 경우가 비타민 C의 손실이 적다. 따라서 콩나물국을 끓일 때에는 20분 이내에 조리하는 것이 좋다. 또 소금(3%)을 넣어 삶으면 비타민 C의 파괴를 억제할 수 있다.

콩나물은 삶을 때 뚜껑을 열면 콩비린내가 나는데, 이는 콩나물 중의 불포화지방산이 리폭시제네이스(lipoxygenase)에 의해 분해되어 생성된 휘발성 카보닐화합물 때문이다. 리폭시제네이스는 콩나물줄기보다 머리부분에 더 많이 존재하기 때문에 콩나물머리부분에서 콩비린내가 더 심하게 나타난다. 또한 리폭시제네이스는 온도의 영향을 크게 받기 때문에, 100℃에서 가열하면 효소를 불활성화시킬 수 있다.

4. 숙주나물

숙주나물은 녹두를 발아시켜 만든 것으로, 녹두나물이라고도 한다. 숙주나물을 언제부터 먹었는지 정확히 알 수 없지만, 중국의 거가필용에 두아채(豆芽菜)라는 이름으로 등장하고, 이것은 우리나라의 숙주나물을 만드는 법과 같다. 따라서 우리의 숙주나물은 원나라와의 교류가 많았던 고려 때에 들어온 것으로 추정된다. 숙주나물이라는 이름이 붙여진 것은 조선시대이며, 이는 녹두나물이 잘 변질되는 것을 신숙주의 변절에 비유하여 붙여진 것이다(문헌고찰 참조).

– 문헌고찰 : 숙주나물 –

- 거가필용(居家必用, 원나라 초기)
  '두아채는 녹두를 깨끗이 씻어 물에 불린 뒤에 항아리에 넣고 물을 끼얹는다. 싹이 자라면 껍질을 씻고 뜨거운 물에 데쳐 생강, 식초, 소금, 기름 등으로 무친다.'
- 만기요람(萬機要覽) : '숙주나물을 녹두장음(綠豆長音)이라고 기록'
  숙주나물이라는 이름이 붙은 것은 조선시대이며, 이는 녹두나물이 잘 쉬는 것을 신숙주(申叔舟)의 변절에 비유하여 붙여진 것이다.
- 조선무쌍요리제법(朝鮮無雙料理製法)
  '세조 때 신숙주가 여섯 신하를 고변(告變)하여 죽인고로 미워하여 녹두나물을 숙주라 한 것이다. 녹두나물을 만두소로 넣을 때 짓이겨 넣어 신숙주를 녹두나물 찧듯 하자고 하여 숙주라 하였다. 이 사람은 나라를 위해 그리하였다고 하나, 어찌 사람을 죽이고 영화를 구할까 보냐. 결코 성인군자는 못 된다.'

5. 더덕

더덕은 도라지과의 여러해살이풀로 향기가 뛰어나 독특한 향을 내는데 많이 쓰인다. 한의학에서는 인삼처럼 약효가 뛰어나다고 하여 사삼(沙蔘)이라고도 한다.

더덕은 고려시대에 이미 나물로 먹었다는 기록(해동역사)이 있을 만큼 역사가 깊다. 더덕 요리로는 생더덕을 양념하여 굽는 더덕구이, 초고추장에 무치는 더덕회 무침, 더덕김치, 더덕장아찌 등이 있으며, 모두 사찰음식에서 유래된 것이다.

[그림 6-3] 더덕 요리

더덕을 절단할 때 나오는 하얀 진에는 인삼의 약리성분인 사포닌이 들어 있다. 식용으로 재배된 더덕은 2~3년생으로 향이 적고, 오래두면 썩는다. 오래된 산더덕은 향이 진하고, 약리효과가 뛰어나다. 더덕은 감기 등의 호흡기 질환이나 폐결핵으로 기침, 가래가 심할 때 효과적이다.

– 문헌고찰 : 더덕의 효능 –

- 동의보감 : '더덕은 고름을 빼고 부은 것을 내리며, 해독작용을 한다.'
- 본초강목
  '더덕은 폐를 맑게 하고, 고름과 종기를 없애고 오랜 기침과 폐결핵을 다스린다.'

6. 도라지

도라지는 한국, 중국 및 일본 등에 널리 자생하는 다년생 초본인 초롱꽃과 식물로, 조선시대부터 각종 요리와 약으로 이용되어져 왔다.

도라지는 도랒, 돌가지라고도 하며, 말린 도라지는 한방명으로 길경(桔梗)이라고 한다. 길경차는 말린 도라지와 감초를 넣고 달여 꿀을 타서 마시는 음료이다.

도라지는 무기질과 비타민이 풍부한 알칼리성식품으로, 더덕과 더불어 나물의 으뜸으로 꼽는다.

도라지의 약리성분으로는 트리터페노이드(triterpenoid)계의 사포닌과, 플라티고딘(platycodin) 등이 알려지고 있다. 이들 성분은 감기에 의한 기침, 목이 붓고 아플 때, 감기에 의한 기침, 가래에 효과가 있다. 그러나 독성이 있어 한번에 많이 섭취하는 것은 좋지 않다.

도라지는 보통 뿌리만 식용하지만, 어린잎과 줄기도 이용한다. 어린잎은 데쳐 나물로 무치거나 기름에 튀겨 먹고, 뿌리와 잎, 줄기는 쪄서 말렸다가 겨울에 먹는다. 또 줄기와 뿌리를 된장이나 고추장 속에 넣어 장아찌로 먹기도 한다. 보통 2~3년에 수확하지만, 5년 이상 된 것은 약재로서 약효가 좋다고 한다.

– 문헌고찰 –

- 증보산림경제

  '이른 봄에 큰 도라지를 골라 쓴맛을 빼고 꿀을 섞어 도라지 정과를 만든다. 또 흉년에는 삶은 도라지를 주머니에 넣고 짓이겨 쓴맛을 빼고 밥에 섞어 구황식품으로 이용한다.'

- 동의보감

  '도라지는 약간 독이 있고 허파와 목, 코, 가슴의 병을 다스린다.'

- 동의보감(민간요법)

  도라지뿌리는 기침, 가래, 기관지염에 감초와 함께 달여 마시고, 잎은 발이 부르터서 아플 때 이용하며, 뿌리껍질은 치통이나 설사에 효과가 있으며, 기름에 지져 먹는다.

7. 고사리

고사리는 봄에 어린순을 삶아 나물이나 국에 이용하며, 뿌리줄기에서는 전분을 채취하여 구황식품으로 사용하였다. 고사리는 한방에서는 어린순을 약재로 쓰며, 위와 장에 있는 열독을 풀어주고, 이뇨작용이 있다.

고사리란 말은 곡사리(曲絲里)에서 유래되었다. 곡사리이란 말은 고사리의 새순이 나올 때 줄기가 구부러진 모양(曲)이 실(絲)처럼 하얗게 붙어 있는 것에서 나온 말이다.

[그림 6-4] 고사리

고사리에는 비타민 B_1을 파괴하는 싸이아미네이스(thiaminase)가 함유되어 있다. 싸이아미네이스는 100℃에서도 파괴되지 않고, 햇빛에 건조해도 파괴되지 않는다. 그러나 싸이아민네이스는 물이나 알코올에 용해되기 때문에 고사리를 날것으로 먹지 않고, 삶아 우려내면 상관없다.

또한, 고사리에는 고사리독으로서 알려진 프타퀼로사이드(ptaquiloside) 배당체로 존재한다. 이 성분은 알칼리조건에서 쉽게 당 사슬부분이 절단되어 다이엔온(dienone)구조를 가진 독으로 변하여, 간장 등에서 발암을 일으킨다. 미리 충분히 삶고 우려내면, 보통의 섭취량에서는 문제되지 않는다.

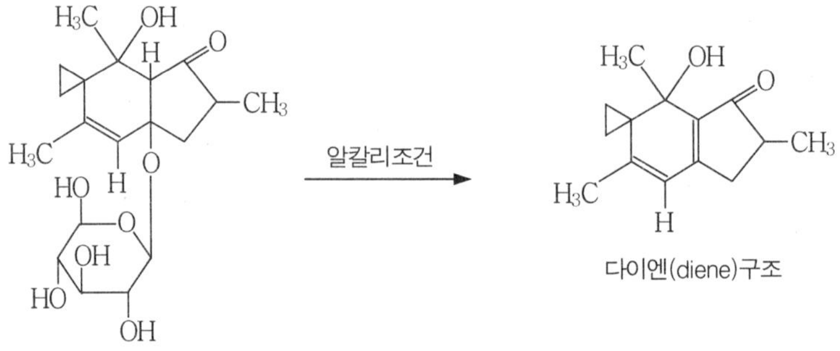

[그림 6-5] 고사리독인 프타퀼로사이드로부터의 독성물질 생성

8. 그 외의 나물

현재 식용되고 있는 나물로는 달래, 냉이, 씀바귀, 곰취, 곤드레나물, 돌나무, 비름나물, 취나물, 머위, 두릅, 원추리, 민들레, 고비, 잔대 등이 있다(그림 6-6).

[그림 6-6] 나물의 종류

1) 두릅

두릅은 두릅나무 줄기 끝에서 돋아나는 어린 새순을 말한다. 나무 머리끝에서 나는 나물이라는 의미에서 목두채(木頭菜)라고도 한다. 두릅의 종류에는 참두릅(나무두릅), 개두릅, 땅두릅의 3가지가 있다.

[그림 6-7] 두릅의 종류

보통 우리가 먹는 두릅은 참두릅이다. 자연산 참두릅은 채취량이 적어 지금은 온상에 가지를 잘라 심어 재배한다. 한 줄기에서 4~5번 채취할 수 있다. 자연산 참두릅은 5~7cm 정도의 크기가 가장 연하며, 재배두릅은 15cm 이상이 되어도 부드럽다.

개두릅은 엄나무의 순으로, 엉개나물로 알려져 있으며, 잎이 참두릅보다 크고, 쌈을 싸 먹는데 이용한다. 땅두릅은 참두릅이나 개두릅과 달리 나무가 아닌 다년생 풀이다. 땅에서 나는 두릅이라하여 땅두릅이라고 한다. 땅두릅의 뿌리는 독활이라고 하여 한약재로 쓰인다. 싹 부분은 식용으로 샐러드, 튀김, 무침 등에 이용된다.

- 동의보감

  '중풍으로 목이 쉬고, 입과 눈이 비뚤어지고, 팔다리를 쓰지 못하며, 전신에 감각이 없고, 힘줄과 뼈가 저리고 아픈 것을 치료한다.'

2) 곰취

곰취는 산나물 중 드물게 날 것으로 먹을 수 있는 나물로서, 생으로 쌈을 싸먹거나 물에 데쳐 무침, 볶음, 국거리나 찌개로 다양하게 조리할 수 있다. 곰취는 쌉쌀한 맛과 진한 향이 있으며, 삶아도 푸른색과 향이 그대로 남는다. 곰취는 곰이 좋아하는 나물이라는 뜻이다.

곰취는 만성간염, 간기능 저하, 숙취 등에 효과가 있으며, 간기능 이상에는 곰취와 참나물의 생즙을 마시면 효과가 있다.

[그림 6-8] 곰취

3) 머위

머위는 봄과 초여름에 이용되는 계절채소로, 잎은 곰취와 같이 둥글고 크지만, 곰취와 달리 잎 가장자리에 불규칙한 톱니모양이 있다.

머위는 주로 잎자루를 삶아 아릿한 맛을 제거한 후 껍질을 벗겨, 볶음, 조림, 장아찌, 정과 등으로 조리하며, 머위 잎은 삶아 쌈으로 먹는다.

머위 잎에는 알카로이드계의 쓴맛성분이 존재하여, 특유의 쌉쌀한 맛을 나타낸다. 이것은 식욕과 소화를 촉진시킨다. 쓴맛성분은 수용성이므로 물에 담구어 두면 제거할 수 있다. 또 머위 잎은 타박상에 찧어 붙이고 뱀에 물렸을 때도 응급조치로 이용되며, 진해작용이 있는 것으로 알려져 있다.

머위 꽃봉오리는 건위, 진해, 해열의 작용이 있으며, 차로 이용하거나, 술을 담그는데 이용한다.

- 진해작용 : 기침을 진정시키는 작용, 건위작용 : 위의 소화를 돕는 작용

[그림 6-9] 머위

4) 곤드레나물

곤드레나물은 학명으로 고려엉겅퀴, 곤달비라고 하며, 맛이 부드럽고, 향기가 없는 것이 특징이다. 곤드레나물은 어린잎과 줄기를 데쳐 주로 곤드레나물밥에 이용되며, 곤드레떡, 곤드레나물, 곤드레죽 등에 사용하기도 한다. 곤드레나물밥은 삶은 곤드레나물을 소금, 들기름을 넣어 살짝 볶은 후, 불린 쌀 위에 얹어 밥을 짓는다. 먹을 때는 양념장에 비벼 먹는다.

곤드레나물은 곰치와 같은 용도의 약용으로 사용되며, 민간에서는 부인병

에 사용된다. 지혈, 소염, 이뇨작용과 당뇨병, 고혈압, 혈액순환을 개선하는 효과가 있다. 곤드레란 말은 바람에 흔들리는 잎의 모양이 술 취한 사람과 비슷하다하여 붙여진 이름이다.

[그림 6-10] 곤드레나물

5) 취나물

산나물의 여왕이라고 불리는 취나물은 특유의 향이 있고 어린잎을 데쳐 무쳐먹으면 식욕을 증진시키고, 춘곤증을 예방한다. 성숙한 잎은 두통, 현기증 약으로 사용한다. 취나물은 봄에 채취하여 데쳐 무침이나 쌈으로 먹으며, 데친 나물을 말려 사용하기도 한다.

[그림 6-11] 취나물

6) 민들레

민들레의 어린잎은 약간 쓴맛이 있지만 생으로 초고추장에 무쳐 나물이나 쌈으로 먹거나 국에 사용한다. 민들레꽃이나 뿌리는 술을 담근다. 또 뿌리는 된장에 박아 장아찌나 김치를 담아 먹는다. 생잎을 씹어 먹으면 위염, 위궤양이 치료되며, 생즙은 천식, 기침에 효과가 있다.

[그림 6-12] 민들레

6.4. 구황식품으로서의 나물

구황식품으로는 산과 들에 자생하고 있는 식물의 잎, 줄기, 뿌리, 꽃, 나무열매나 껍질 같은 식물성이 주종을 이룬다. 또 장(醬)도 중요한 구황식품이었으며, 이는 평소에 먹지 않던 식품들을 먹기 위한 방법으로 장의 익숙한 맛과 풍미를 가미한 것으로 생각된다.

대표적인 구황식품으로는 솔잎, 소나무껍질, 느릅나무껍질, 쌀겨, 송진, 칡뿌리, 아카시아 꽃, 메밀꽃, 누런 콩잎, 뽕나무잎, 도토리 등이 있다.

구황식품의 발달은 장(醬) 이외에도 저장식품의 다양화를 가져왔다. 구황식품으로 먹던 야생식물을 삶아 저장하거나, 더덕, 도라지, 무, 고추 등의 채소를 말려 만든 장아찌도 부식으로 식용되었다. 또한 장아찌는 장이나 소금이 없을 때 대용하는 구황음식이다.

또, 구황식품의 발달은 약용식품의 다양화도 가져왔다. 가장 뛰어난 구황식품으로 알려져 있는 솔잎은 오장(五臟)을 편안하게 하고, 느릅나무껍질과 섞어 먹으면 변비가 없어지고, 솔잎 죽은 병을 치유할 수 있다고 한다(문헌고찰 참조).

구황식품은 죽 요리에도 사용되어져, 나물을 넣어 만든 죽은 시절음식으로 발전되었다.

이외에 송화병(松花餠), 송화주(松花酒), 토란국, 도토리묵, 비지찌개 등은 별식과 향토식으로, 마, 백합 등은 구이, 찜, 조림으로, 고사리, 도라지 등은 떡, 전(煎)으로 다양하게 조리되면서, 한식 완성의 기반이 되었다.

– 문헌고찰 –

- 성호사설 권6(이익)

  '선비들은 말하길, 기름진 육식만 먹는 사람은 7일 동안만 먹지 않으면 죽지만, 겨와 찌꺼기를 먹는 백성과 가난한 선비는 나물만 먹어도 20일은 살 수 있다.'

- 구황촬요(救荒撮要, 1554) 및 구황보유방(救荒補遺方, 1660) : 솔잎

  '구황에는 솔잎이 으뜸이며, 느릅나무껍질 즙과 함께 먹어야 변비를 막을 수 있다. 솔잎은 오장(五臟)을 편하게 하고 배가 고프지 않게 한다. 또 쪄서 말린 솔잎가루를 자루에 넣어 흐르는 물에 3~4일 담근 후, 말려 가루를 내면 맛이 쓰지 않다. 이렇게 만든 솔잎가루 3홉과 쌀가루 1홉, 느릅나무 즙 1되를 섞어 죽을 쑤면, 아침, 저녁 끼니에 배고픔을 면할 수 있고, 장수한다. 이것은 평소에 먹어도 병을 치유하고, 장수할 수 있어 오곡이나 고량진미보다 좋다.

- 찬송방(1800연대 말) : 솔잎김치

  '잘게 썰은 어린 솔잎 한말(斗)에 더운 물 한말을 부어 김치와 함께 담아 미나리, 오이, 가시연밥을 썰어 넣거나 파, 부추, 된장, 소금 등으로 맛을 낸다. 시일(時日)이 지난 후 한번에 한 공기씩 먹고 그 물을 마시면 금방 배가 부르다.

- 송지(松脂, 송진)

  송진 : 소나무뿌리나 줄기의 상처부위에서 분비되는 점액. 뽕나무잿물이나 술에 끓여, 찬물에 10번 담가 희고 미끈해지면 약재로 사용

  '송지는 독이 없고 오장을 편하게 하며 열을 없앤다. 오래 먹으면 늙지 않고 오래 산다. 또, 송지가루 1~2돈을 쌀죽에 섞어 하루에 1번 먹는데, 100일 이상 먹으면 배고프지 않고, 1년을 먹으면 100살 먹은 이도 30대 청년처럼 젊어진다. 1년 이상이 되면 눈이 맑아지고 밤에 물건을 볼 수 있으며, 오래 복용하면, 연연익수(年延益壽)한다.'

- 본초강목(本草綱目, 1596) : 선가(仙家)의 벽곡법 : 밀납(密蠟)

  황납(黃蠟) : 꿀벌의 집을 가열 압착하여 여과한 것

  '선경(仙經)에 말하기를 벽곡법으로 가장 중요한 것은 밀납을 씹는 것으로 종일 배고프지 않다. 또 황납(黃蠟)을 멥쌀과 함께 볶아 씹으면

살결이 고와지고 피곡할 수 있다. 다시 밥을 먹으려면 호두를 먹으면 된다. 그리고 황납을 냄비에 두르고, 밀가루 전병(煎餠)을 만들어 포식하면 100일간 배고프지 않는다.

- 흉년을 만나 곡식이 귀할 때 먼 지방에서 식량을 구하기 어렵거나 수행을 위해 단식 할 때 검은 콩 5되를 찌고 말리기를 3번하여 껍질을 벗기고 가루를 낸다.

  또 대마씨를 더운 물에 3~5회 담가 하룻밤 지난 후, 햇볕에 말리고 찌기를 3번하여 껍질을 벗겨 가루를 낸다. 찹쌀 죽에 위의 2가지 가루를 반죽하여 찌는데 저녁부터 자정까지 불을 때고 새벽에 꺼내 도자기그릇에 담아 뚜껑을 단단히 한다. 한번에 1~2개씩 배부르게 먹고 그 밖의 음식은 먹지 않는다. 1차례 먹은 후 7일 동안 밥을 먹지 않고, 2차례 먹은 후 49일 동안 밥을 먹지 않고, 3차례 먹은 후 100일 동안 밥을 먹지 않고, 4차례 먹은 후에는 평생 배고프지 않다.

  용모는 오히려 아름다워지고 다시는 초췌해지지 않는다. 만일 단식 중에 목이 마르면 대마즙을 장기를 추기는 정도로 마신다. 음식을 다시 먹고자 하면 아욱즙을 마시거나 아욱씨 3홉을 빻아 끓여 즙을 내어 식혀 먹으면 바로 식욕이 돌아온다.
- 말린 콩나물을 가루로 먹으면 곡식을 먹지 않고도 굶주림을 견딜 수 있다.
- 흉년에 백미 1되를 술 3되에 담가 햇볕에 말리고, 다시 술에 담갔다 말리고 하여 술이 없어질 때까지 말린다. 이것을 조금씩 먹으면서 목마를 때 냉수를 마시면 30일은 견딜 수 있다. 이렇게 하면 1년에 쌀 1말 2되로 견딜 수 있다.

7장

육류의 문화

부족국가시대부터 삼국시대까지는 수렵과 목축이 성행하여 육류요리와 육류를 말려 만든 포(脯)도 발달하였다. 그러나 불교가 도입되면서 육식이 줄었다. 고려 말에는 불교가 쇠퇴하면서 육식풍조가 다시 성행하여, 제사음식으로 소, 돼지, 양이 사용하였다. 조선시대에는 소, 돼지, 멧돼지, 닭, 꿩, 토끼, 거위 등 거의 모든 짐승이 사용되었다. 또한 제사음식에서 포(脯)와 적(炙)은 기본음식이 되었다.

7.1. 육류의 역사

1. 부족국가

부족국가시대에는 북방유목민들의 영향으로 가축이 크게 발달하였다. 삼국지 위지 동이전 부여조의 기록에 벼슬이름을 마가(馬加), 우가(牛加), 저가(豬加), 구가(狗加), 견가(犬加) 등 가축이름으로 한 것으로 보아, 말, 소, 돼지, 개와 같은 가축이 사육되었을 알 수 있다(문헌고찰 참조).

한편, 부족국가시대의 고기요리인 맥적(貊炙)은 중국에서도 유명하였다. 맥적(貊炙)이란 미리 조미한 고기를 꼬치에 꽂아 구운 고구려(貊)의 고기요리이다. 중국의 전통적인 고기요리는 조미하지 않고 굽거나 삶아 조미료에 무쳐 먹는다. 따라서 맥적은 고기를 장(醬)에 조미해 구워먹는 점에서 우리 고유의 고기요리이며, 불고기의 원조라고 할 수 있다.

– 문헌고찰 –

- 삼국지 위지 동이전 부여조(夫餘條) : '부여인은 짐승 기르는데 능숙하다.'
- 중국 진대 수신기(中國 普代 搜信記) 권 7
  '맥적(貊炙)은 다른 민족의 음식이거늘 중국 사람이 이것을 숭상하여 중요한 잔치에 이 음식을 먼저 내놓으니 이것은 그들이 이 땅을 침범할 징조이다.'
  – 맥(貊)은 고구려를 가르킨다.
- 예기(禮記) : '적(炙)은 꼬챙이에 꽂아 불 위에서 굽는 것이다.'
- 의예(儀禮) : '모든 적(炙)은 장(醬)이 필요 없으며, 이미 조미해 둔 것이다.'

1) 적(炙)과 구이(炙伊)

적(炙)은 고기나 생선을 꼬챙이에 꽂아 양념하여 구운 음식을 말하며, 구이(炙伊)는 고기나 생선에 양념을 하여 불에서 구운 음식을 말한다.

구이는 한글이지만, 음을 빌어 한자로 구이(炙伊)로 표기한다. 구(灸)의 원 뜻은 한의(韓醫)에서 '뜸질하다'라는 뜻으로 음식과 관계가 없지만, 한자 사전에는 구이의 뜻도 포함한다.

적(炙)은 조리방법에 따라 산적, 누름적, 지짐누름적으로 분류한다(표 7-1).

[표 7-1] 조리방법에 따른 적(炙)의 분류

산 적	익히지 않은 재료를 꼬치에 꽂아 지지거나 구운 것
누 름 적	여러 가지 양념한 재료들을 익혀 꼬치에 꽂은 것 (1) 화 양 적 : 도라지를 주재료로 하는 누름적 (2) 잡누름적 : 채소·육류·어패류 등 다양한 재료로 하는 누름적
지짐누름적	재료를 꼬치에 꽂아 밀가루나 달걀을 입혀지진 것

한편, 생선구이를 말할 때 제사상에 올리는 것만을 어적(魚炙)이라 하고, 보통 상에 차리는 것은 도미구이 또는 조기구이 등으로 표기한다.

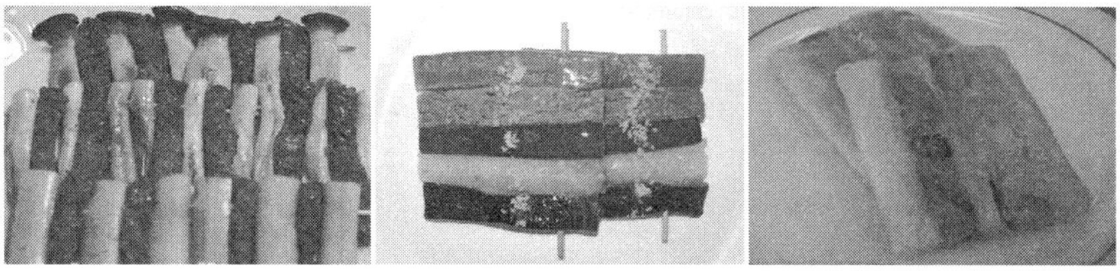

산적 누름적 지짐누름적

[그림 7-1] 산적, 누름적 및 지짐누름적

2. 삼국시대

삼국시대에도 말, 소 등 가축을 기르고 수렵이 발달하였으며, 신라시대(신문왕 2년)에는 폐백음식으로 육포가 사용되었다. 그러나 농경정착과 불교문화정착으로 육식이 금지되었다. 불교는 고구려 소수림왕 2년(372)에 처음 우리나라에 들어 왔고, 백제에는 침류왕 원년(384년)에 전해졌다. 신라는 처음 불교를 배격하였으나 법흥왕 15년(528년)에 비로서 공인되었다.

육포 : 소고기(홍두께살, 우둔살)를 양념간장(간장, 참기름, 꿀 등)에 절여 말린 포.

– 문헌고찰 –

- 삼국지 위지 동이전 한조(韓條) : '마한에는 꼬리가 5척에 이르는 닭이 있다.'
- 삼국사기(三國史記)
  '진평대왕이 부렵사(扶獵士)와 함께 매와 개를 놓아 돼지, 꿩, 토끼를 잡으러 다녔다.'
- 일본서기(日本書記) : '백제 사람들에게 매를 이용한 사냥법을 배웠다.'

3. 고려시대

1) 몽고에 의한 되살아난 육식문화

고려초기에는 채식위주의 불교적 식생활과 된장 두부, 기름, 꿀을 친 음식이 발달하였으나 몽고의 지배를 받으면서 육식풍습이 되살아나 양, 돼지, 닭, 개를 먹게 되었다. 소를 제대로 도살하지 못했던 고려인들은 몽고인의 통추

살법(소를 망치, 몽둥이로 죽이는 방법)을 배웠고, 이 방법을 배운 무리들이 나중에 백정(白丁)이란 계급을 형성하였다.

– 문헌고찰 –

- 고려도경(高麗圖經, 1123년) : 송나라 서긍

  '고려의 정치는 매우 어질다. 부처를 좋아하고 죽이는 것을 경계한다. 국왕과 대신이 아니면 양고기와 돼지고기를 먹지 않으며, 잡는 것도 즐기지 않는다. 오직 사신이 오면 가축을 대접한다.'

  '고려에 와 보니 사신 접대를 위해 양과 돼지를 도살하는데 네 다리를 묶어 불 위에 던지고, 다시 살아나면 몽둥이로 때려죽이니 배속의 창자가 온통 잘라져 오물이 흘러 나와, 요리한 고기는 고약한 냄새로 먹을 수 없다.'
- 고려사 최안도전(崔安道傳)

  '마계량(馬系良)이란 자가 양(膁)을 즐겨 먹기 때문에 사람들이 비웃어 말하기를 말이 소를 먹는다고 하였다.'
- 노골대(老乞大) : 여말의 중국어 회화교본

  '고기 한근을 사되 살코기가 아니고 갈비 붙은 고기를 산다.'

2) 몽고에 의해 목축기술의 발달

몽고는 일본정복에 필요한 소, 말의 공급을 위해 기후가 온난하고, 목초가 풍부하며, 사나운 짐승이 없는 제주도에 우량 품종의 소와 말을 이끌고 목장을 개발하였다. 이것이 오늘날의 제주도 목장의 시초가 되었으며, 이러한 목장 개발로 소와 말이 많이 증식되어 소고기의 수요가 급증하였다.

그러나 소의 도살의 증가로 농경에 지장을 주어 고려 말에는 소의 도살이 금지되었다. 이 금지령은 조선시대로 이어져 격심한 소고기 선호사상 가져오게 되고, 고기하면 소고기를 연상하는 오늘날의 식습관이 성립되었다.

또 고려시대(1227년)에 몽고가 제주도에 군마를 사육하면서 말고기를 식용하였고, 말고기 육포는 조정에 바치는 진상품이 되었다. 그러나 점차 말고기 육포 수탈이 심해지면서 말의 도살이 금지되고, 조선 초기(1401년)에 진상을 중지시켰다. 현재 말고기는 제주 일부지역에서 제한적으로 이용되고 있다.

– 문헌고찰 –

- 충숙왕 12년(1325년)

  '지금부터 닭, 돼지, 거위, 오리를 길러 손님대접이나 제사에 쓰라. 소나 말을 도살하는 자에게는 벌을 준다.'
- 공민왕 11년(1362년) : 농우보호를 위하여 금살도감(禁殺都監) 설치

3) 설야멱적(설리적)과 같은 구이요리와 곰탕의 등장

고려시대에 몽고로부터 전수된 고기요리법 중 대표적인 것이 맹물에 고기를 삶는 공탕(空湯)이다. 이때의 공탕이 지금의 곰탕의 원조인 것으로 추정된다. 몽고인은 불의 신을 믿어 고기를 불에 직접 구우면 불의 신이 노한다고 하여, 양고기는 뼈가 붙은 채로 솥에 넣어 맹물로 끓인다. 불에 굽는 요리는 만주족의 요리(북경의 고기구이)인데, 이것을 일본인들이 몽고 요리로 착각하여 징기스칸이라 하였다. 본래 중국에는 징기스칸이란 요리가 없다.

또 부족국가시대의 맥적의 전통을 되찾아, 설야멱적이라는 구이요리가 등장하였으며, 고려 말에 개장국, 육개장, 불고기, 갈비를 먹기 시작하였다.

– 문헌고찰 : 설리적 –

- 동해죽지(東海竹枝)

  '예로부터 개성의 명물인 설리적(雪裏炙)이 있다. 소갈비나 염통을 기름과 훈채(葷彩)로 조미하여 굽다가 반쯤 익으면 냉수에 담그고, 다시 센 숯불에 구우면 눈 내리는 겨울밤의 술안주가 되는데 고기가 연하고 맛이 좋다.'

5. 조선시대

고려시대의 설야멱적을 걸쳐 조선시대의 불고기인 너비아니가 탄생하였다(문헌고찰 참조). 소고기나 돼지고기의 도살을 금하던 조선초기에는 말고기 포(脯)를 먹었다.

또한 조선시대에는 양치는 기술이 없어 오직 염소만 길렀으며, 전국적으로 개가 식용되었다.

[그림 7-2] 너비아니

너비아니라는 이름은 소고기를 너붓너붓하게 썬 것에서 유래되었다. 너비아니는 오래 재우거나 오래 구우면 고기가 질겨져 맛이 덜해진다.

- 문헌고찰 -

- 산림경제가 인용한 서원방(西原方) : 불고기

  '납작하게 썰은 소고기를 칼등으로 두들겨 연하게 한 것을 꼬치에 꽂아 기름장(油醬)으로 조미하여 숯불에 굽는다. 이것이 바로 옛 맥적(貊炙)이고, 지금의 불고기이다. 이것이 발전하여 구운 것을 급히 물에 담갔다 꺼내 굽고, 또 물에 담그는 일을 3번 반복하여 기름을 발라 다시 굽는다. 그러면 연하고 맛이 좋다.'

- 조선무쌍신식요리제법 : 생치구이(꿩구이)

  '토막낸 생치(生雉)를 물에 적신 백지로 싸서 구워 반쯤 익으면 백지를 벗기고, 소금, 기름, 후추에 주물러 다시 구우면 기름이 떨어지지 않고 맛을 잃지 않는다. 이렇게 굽는 것은 물에 담구어 굽지 않는다.'

  - 젖은 백지는 고기의 기름이 숯불에 떨어지는 것을 방지하고, 수분증발을 막아 고기를 부드럽게 한다. 또 숯불구이에서 형성되는 벤조피렌(benzopyrene)의 흡수도 방지할 수 있다.

- 시의전서(是議全書, 1800년대 말)

  '살고기를 잘게 칼질하여 양념하여 직화로 구운 것을 너비아니라 한다. 너비아니는 불고기의 궁중 용어로서 오늘날의 불고기이다.'

7.2. 육류의 부위에 따른 명칭

1) 소고기

소고기와 돼지고기의 부위별 명칭은 우리나라, 미국, 일본 등 나라에 따라 다르다. 육류조직의 성분과 맛은 부위에 따라 다르기 때문에 조리의 용도에 맞게 선택해야 한다.

(1) 소고기의 부위에 따른 명칭

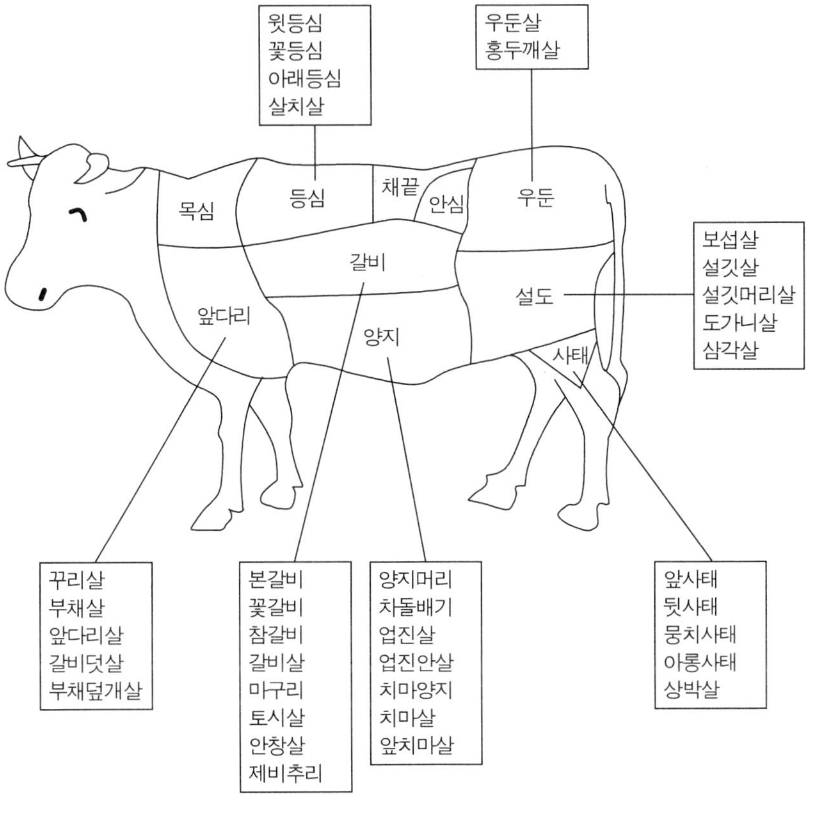

[그림 7-3] 소고기 부위에 따른 명칭

① 차돌박이, 제비추리

차돌박이는 양지의 앞쪽 하단부위를 말하며, 차돌박이란 말은 고기 중에 흰 지방질이 차돌처럼 박혀 있다고 하여 붙여진 이름이다. 업진살과 치마살은 양지의 뒤쪽 부분으로, 지방과 살코기가 교차하여 풍미가 좋다.

제비추리는 소갈비 안쪽에 붙어있는 근육살코기이다. 제비추리란 이름은 모양이 제비가 날개를 편 것 같이 날씬하고 길다고 하여 붙여진 이름이다.

[표 7-2] 소고기부위별 특징 및 용도

부위명	특 징	용 도
안 심	- 운동량이 적은 부위로 지방이 적고 매우 연하다.	- 고급 스테이크, 구이용
등 심	- 지방이 적당히 있고, 연하다.	- 스테이크, 구이용
채 끝	- 등심과 비슷하나, 지방이 적고, 살코기가 많다.	- 로스구이 샤브샤브, 불고기, 국거리
목 심	- 어깨위쪽 근육부위. 약간 질김	- 스테이크, 구이용, 불고기, 장조림
앞다리	- 운동량이 많아 육색이 짙다. 설도, 사태와 비슷하다.	- 꾸리살 : 카레, 육회, 징기스칸 - 부채살 : 구이, 불고기, 장조림
우 둔	- 지방이 적고 살코기가 많다.	- 우둔살 : 주물럭, 산적, 육포, 불고기
설 도	- 엉덩이아래의 넓적다리 살. - 다소 고기결의 거칠고 질기다.	- 홍두깨살 : 육회, 장조림 - 대부분 국거리, 장조림용
양 지	- 결합조직이 많아 육질이 질기다. - 장시간 가열하면 국물 맛이 좋다.	- 업진안살, 치마양지, 치마살, 차돌박이는 구이용
사 태	- 앞, 뒷다리 사골을 감싸는 부위. 근육다발이 모여 졸깃하며, 장시간 가열시 연해진다.	- 장조림, 찜, 육회, 탕
갈 비	- 막이 많고 근육이 거칠고 단단하나, 근육내의 지방이 많아 맛이 좋다.	- 보통 갈비탕용, 갈비찜용이며, 토시살, 안창살, 제비추리는 구이용

② 소갈비

소의 갈비뼈는 13대이며, 그 중 가장 상품성이 있는 부위는 머리쪽에서부터 5~8번까지이다.

갈비의 부위별 명칭 및 특징은 다음과 같다.

ⓐ 짝갈비 : 갈비 한짝(지육에서 최초로 분리한 갈비 원료육)

ⓑ 본갈비 : 갈비뼈 2번~5번사이의 갈비로, 본갈비살은 본갈비에서 뼈를 제거한 것

ⓒ 꽃갈비 : 갈비뼈 6번~8번사이의 갈비로, 꽃갈비살은 꽃갈비에서 뼈를 제거한 것

ⓓ 갈비살 : 갈비뼈와 뼈 사이에 있는 살

ⓔ 갈비마구리 : 짝갈비의 윗쪽 끝부분과 아래쪽 끝부분으로 갈비탕용으로 이용

[그림 7-4] 갈비부위에 따른 명칭

한편 갈비는 요리용도에 따라 LA갈비, 포갈비, 수원왕갈비, 이동갈비 등으로 분류된다.

ⓐ LA갈비 : 본갈비나 꽃갈비를 직각으로 절단하여 갈비뼈 3~4대가 보이는 갈비

ⓑ 포갈비 : 갈비뼈를 보통 6cm 이상의 두께로 절단하여 갈비에 붙은 살을 뼈와 수평하게 펼친 갈비

ⓒ 수원왕갈비 : 포갈비를 8cm 정도크기로 절단하여 수원식 양념한 갈비

ⓓ 이동갈비 : 포갈비의 뼈를 반으로 절개하여 덧살을 붙여 양념한 갈비

ⓔ 생갈비 : 5~8갈비에 양념을 하지 않은 포갈비를 말하며, 갈비의 크기는 8cm 이상이다.

[그림 7-5] 요리용도에 따른 갈비의 명칭

(2) 소의 위(胃)와 곱창

소는 4개의 위를 가지고 있으며, 그 중 1번째 위를 '양', 2번째 위를 '벌양(벌집양)', 3번째 위를 '천엽', 마지막 4번째 위를 '막창(홍창)'이라 한다(그림 7-6). 소는 4번째 위 다음에 소장과 대장으로 연결되며, 소장을 소창, 대장을 대창이라 한다. 흔히 곱창이라고 하면 소창을 의미한다.

벌집창은 벌집같이 생겼다 하여 붙여진 이름이며, 천엽(千葉)은 잎 모양의 얇은 내장이 천개나 붙어 있다고 하여 붙여진 이름이다.

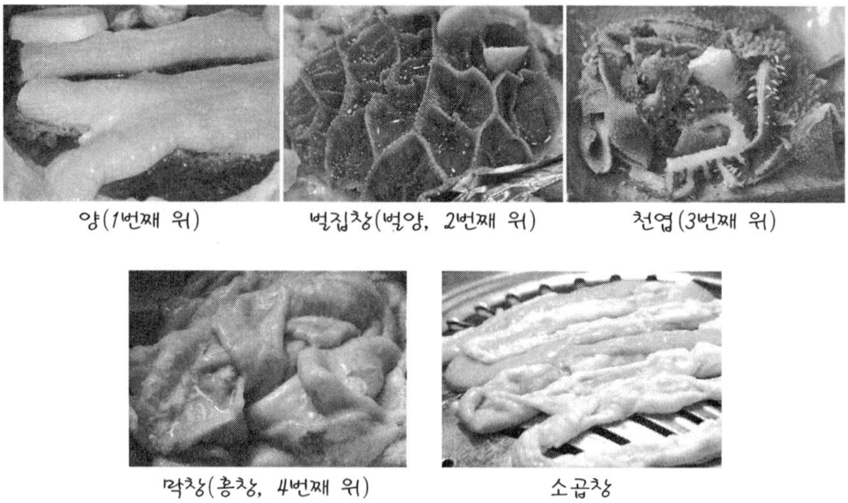

[그림 7-4] 소의 위와 곱창

2) 돼지고기

(1) 돼지고기 부위에 다른 명칭

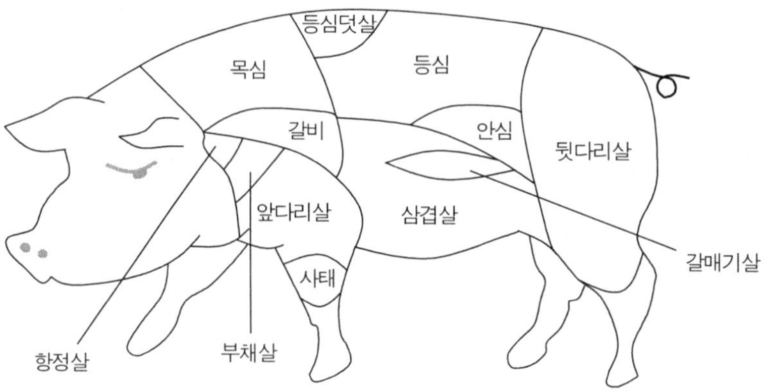

[그림 7-7] 돼지고기 부위에 따른 명칭

① 갈매기살, 항정살, 가브리살

갈매기살은 돼지의 가로막(횡격막)과 간 사이에 있는 근육질의 힘살로, 소고기의 안창살 부위에 해당한다. 비계층이 없고 맛이 소고기와 비슷하다. 돼지 1마리에 단 2줄만 나오는 부드럽고 연한 육질부위이다, 갈매기살은 가로막이살이 바뀌어 생긴 말이다. 즉, 갈매기살은 가로막부위에 있는 살이란 뜻에서 가로막살이라고 하였다. 그 후 가로막살 → 가로막이살 → 가로매기살 → 갈매기살로 변하였다.

항정살은 돼지목살에서 앞다리사이의 부위로 근육다발사이에 지방이 골고루 분포되어 있어 천겹살이라고도 한다. 돼지 한 마리에 200g 정도 나오는 특수부위의 고기이다.

가브리살은 목살과 등심 사이의 연결부위에 있는 오각형의 살코기로, 등겹살이라고도 한다. 항정살과 마찬가지로 돼지 1마리당 200g 정도 나오며, 맛과 모양은 항정살과 비슷하나 색이 더 붉다.

[표 7-3] 돼지고기부위별 특징 및 용도

부위명	특 징	용 도
삼겹살	- 돼지의 뱃살. 고소하고 부드럽다.	- 로스구이, 수육, 샤브샤브, 찌개용
목 심	- 목살, 목등심이라고도 하며, 연하고 감칠맛 - 모든 요리에 적합	- 스테이크, 로스, 수육, 찌개, 불고기
앞다리	- 앞다리부분. 지방을 적당히 함유	- 스테이크, 불고기, 찌개용
갈 비	- 보통 1번 등뼈에서 5번 등뼈까지의 부위를 말함	- 찜, 구이, 갈비, 김치찌개
등 심	- 갈비 위쪽부위. 지방이 적고 부드럽다.	- 구이, 돈가스, 탕수육, 잡채요리
안 심	- 등심안쪽 부위. 지방이 적고 연하다.	- 돈가스, 탕수육, 동그랑땡, 잡채
뒷다리	- 뒷다리부분. 지방이 적고 살이 많다.	- 불고기, 다짐육, 찌개용
가브리	- 등심을 덮는 작은 덮개살	- 구이용으로 인기가 있는 부위
갈매기	- 돼지 1마리에 200g 정도 생산되는 띠모양.	- 구이, 주물럭
항 정	- 목덜미 위쪽부위.	- 구이, 보쌈용
사 태	- 족 윗부분. 결체조직이 많아 쫄깃하고, 담백. - 지방이 거의 없다.	- 수육, 장조림용

(2) 돼지곱창

돼지는 막창-소창-대창의 순서로 되어 있다. 소창은 돼지창자 중 가장 얇은 부위로, 서울, 경기 지방에서 순대의 외피나 볶음에 많이 사용된다. 대창은 주로 이북음식인 아바이 순대의 외피에 사용된다. 따라서 아바이 순대가 일반 순대보다 크다. 그러나 일반적으로 대창은 소창에 비해 사용하는 용도가 적다

막창은 돼지창자 중의 마지막 창자로, 흔히 먹는 돼지 곱창은 막창을 말한다.

돼지소창

돼지막창

[그림 7-8] 돼지의 소창 및 막창

7.3. 회(膾)의 역사

고려시대에는 몽고인을 통해 육회를 먹는 법을 배웠으나, 불교의 영향으로 회를 즐기지 않았다. 그러나 조선시대에는 유교사상의 영향으로 "공자가 회를 즐겨 먹었다"는 사실에 회를 먹기 시작하여 육류, 어패류의 회를 모두 즐겨 먹었다. 또 육류의 내장이나 생선을 살짝 익힌 숙회도 즐겨먹었다

- 문헌고찰 -

- 어간야담(於干野談, 1600년 경)
  '임진왜란에 명나라 원군 10만명이 이 땅에 주둔하였다. 그들은 우리나라 사람이 육회(肉膾)먹는 것을 보고 어찌 그리 야만한가하고 비웃었다. 그것을 본 우리나라 한 선비가 말하기를 논어에 보면 육회에 대해 나오고, 공자시대에는 날고기를 회(膾)로 먹었다고 했다.'
- 지봉유설(芝峰類說, 1613)
  '지금 중국 사람은 회를 먹지 않는다. 말린 고기도 익혀 먹는다. 우리나라 사람이 회를 먹는 것을 보고 웃는다.'
- 거가필용(居家必用, 원나라 초기) '양(羊)의 간이나 천엽을 날로 가늘게

썰어 초(醋)에 담가 먹는다.'
- 중국에서도 원나라 초기에는 회를 먹었다.

1. 회의 종류

육류, 어패류, 채소류를 날로 먹는 것은 회(膾)라고 하며, 익혀 먹는 것은 숙회(熟膾)라고 한다. 보통 초간장, 초고추장, 겨자즙, 소금기름 등에 찍어 먹으며, 고추가 보급되기 전에는 겨자장을 사용하였다. 회(膾)로는 생선회, 육회, 갑회(甲膾), 송이회 등이 있다.

- 송남자식(松南雜識)
  '생선회는 회, 육회는 膾(회)라고 표기한다. 오징어, 낙지, 문어 등 약간 데쳐 고추장에 찍어 먹는 것은 생회(生膾)가 아니므로, 주방문(酒方文)에서는 이것을 채라 하고, 시의전서(是議全書)에서는 숙회(熟膾)라고 한다.'

1) 생선회

싱싱한 생선살을 얇게 썰어 간장이나 초고추장에 찍어 먹는 음식이다.

- 시의전서(是議全書)(1800년대말)
  '민어껍질을 벗겨 살결대로 가늘게 썰어 기름을 발라 접시에 담고 겨자와 초고추장을 식성대로 쓴다.'
- 증보산림경제(增補山林經濟)(1766)
  '껍질을 벗기고 살을 얇게 썰어 얇은 천으로 물기를 닦아낸 다음, 생강이나 파를 회 접시 위에 올려 곁들여먹고, 양념으로 겨자를 쓴다. 여름에는 얼음 위에 올려 먹는다.'

(1) 생선회 먹는 방법

① 흰살 생선회를 먼저 먹고, 붉은 살 생선을 나중에 먹는다.

흰살 생선은 붉은 살 생선보다 콜라겐 함량이 높아 더 단단하고 단백하다. 한편 붉은살 생선은 불포화지방산(DHA 등)의 함량이 높아 맛이 진하고 부드럽다. 따라서 붉은살 생선을 먼저 먹으면 흰살 생선의 담백한 맛을 느낄 수 없다.

② 흰살 생선은 얇게, 붉은살 생선은 두껍게 썬다.

흰살 생선은 육질이 단단하기 때문에 두껍게 썰면, 씹을 때의 육질이 질겨진다.

따라서 복어, 광어(넙치), 돔, 농어 등의 흰살 생선은 얇게 썰고, 참치, 연어, 방어, 고등어 등의 붉은 살 생선은 두껍게 썬다. 특히, 복어는 조직이 단단하기 때문에 얇게 썰어야 한다.

③ 담백한 맛의 생선(복어, 광어, 우럭)은 간장에, 지방질이 많은 생선(전어 등)은 된장에, 오징어, 문어, 조개류는 초장에 찍어 먹는다.

복어회

참치회

[그림 7-9] 복어회와 참치회

(2) 생선회와 식초, 레몬

일반적으로 생선회는 반드시 초장이나 고추냉이(와사비)장에 찍어 먹고 있다. 우리는 전통적으로 초장에 찍어 먹고, 일본은 고추냉이를 섞은 간장에 찍어 먹는다. 생선 조리시 식초를 사용하면, 생선단백질이 응고하여 조직이 단단해진다. 또 식초는 생선비린내 성분인 트리메틸아민(trimethyl amine)나 암모니아를 중화하여 비린내를 제거한다.

생선회를 먹을 때 대개 레몬즙을 생선에 뿌리는데 이것은 좋지 않다. 이는 회의 단백질이 산성인 레몬에 의해 응고되면서 얼룩이 생기기 때문이다. 따라서 레몬은 생선회가 아니라 초장이나 간장에 뿌리는 것이 좋다.

2) 육회(肉膾)

육회는 보통 얇게 썬은 소고기를 갖은 양념으로 버무린 회이다. 즉, 소의 우둔살이나 홍두깨살을 가늘게 채 썰고, 여기에 간장, 참기름, 깨소금, 설탕, 후춧가루, 다진 파와 마늘 등을 섞어 만든 양념장으로 무쳐, 채 썬 배를 함께 접시에 담아내는 요리이다.

– 문헌고찰 –

- 시의전서(是議全書)(1800년대 말) : 전형적인 육회
  '연한 황육을 물에 담가 핏기를 빼고 가늘게 채 썬다. 다진 파와 마늘, 후춧가루, 깨소금, 기름, 꿀을 섞고, 잣가루를 많이 섞는다. 윤즙은 후추나 꿀을 섞어 식성대로 만든다.'
- 고사십이집(攷事十二集) : 우육다식(牛肉茶食)의 일종
  '정육(精肉)을 꿩고기에 섞어 다져 기름장으로 섞어 소해판(小亥板)에 찍어 살짝 건조하여 먹으면 맛이 좋다.'
- 증보산림경제(增補山林經濟, 1766) : 꿩고기육회
  '겨울에 꿩을 잡아 내장은 버리고 빙설(氷雪)위에서 극동(極凍)시켜 칼로 얇게 썰어 초장(醋醬), 생강, 파를 넣어 먹는다.'

육회

갑회(간, 천엽)

[그림 7-10] 육회와 갑회

3) 갑회

간, 천엽, 양 등의 소 내장 등을 날로 먹는 육회의 일종으로, 소 내장 등을 잘게 썰어 초장이나 겨자즙을 찍어 먹는다(문헌고찰 참조).

– 문헌고찰 –

- 옹희잡지(1800년대 초) : 갑회

  '갑회(甲膾)는 천엽, 양의 회는 뜨거운 물에 약간 데쳐 잎처럼 썬 것으로 초장이나 겨자장에 먹는다.'

- 진찬의궤(進饌儀軌, 1828년) : 갑회

  '갑회(甲膾)는 육회의 일종으로 고기, 양, 천엽, 간, 콩팥, 전복, 생합(生蛤) 등을 잘게 썰어 참기름, 간장, 후춧가루, 파, 마늘, 깨소금 등을 함께 섞어 만든다.'

4) 송이회

연한 송이를 얇게 썰고 오이도 같은 모양으로 썰어 참기름과 소금을 무쳐 낸다. 그대로 또는 초고추장이나 겨자를 찍어 먹는다.

2. 숙회의 종류

숙회에는 생선살을 녹말에 묻혀 살짝 데쳐 익히는 어채와 강회, 두릅회 등 채소로 만든 것도 있고, 추어, 낙지, 문어, 소라, 전복, 생 해삼 등의 어패류로 만든 것도 있다.

- 임원십육지(林園十六志, 1827)가 인용한 거가필용의 저육수정회방(猪肉水晶膾方)

  '기름을 제거한 돼지껍질 한척(31.3cm)마다 물 한말(斗)을 붓고 파, 산초, 밀감껍질을 넣고 약한 불에 껍질이 연해지게 삶는다. 이것을 실처럼 잘게 썰어 한번더 끓인다. 알맞게 삶아지면 면(綿)에 걸러 굳혀 썰어 회(膾)로 한다. 진한 식초를 쳐서 먹는다.'

  - 일종의 숙회(熟膾)로 족편(足片)

1) 어채(魚菜)

어채는 생선살과 여러 채소 등에 녹말을 묻혀 끓는 물에 데친 요리이다. 차게 먹는 음식이므로, 비린내가 적은 민어, 대구, 도미 등의 흰살 생선을 사용하는 것이 좋다. 생선살은 부서지기 쉽기 때문에 찬물에 담가 식혀야 쫄깃한 맛이 살아난다.

- 옹희잡지 : 어채 만드는 법

  '어채는 각종 생선을 회처럼 썰어 녹말을 묻혀, 고기 내장, 대하, 전복, 채소과 함께 삶아 담는다.'

어채

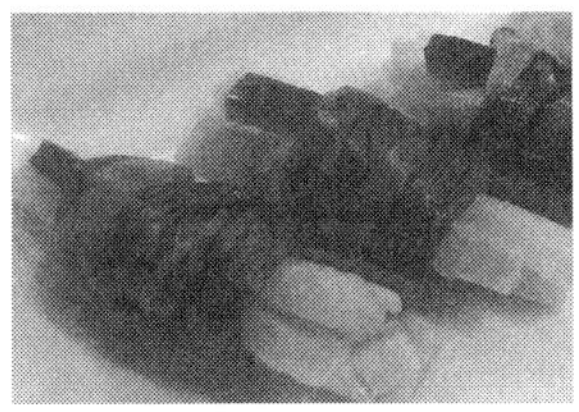
오징어파강회

[그림 7-11] 숙회의 일종인 어채와 강회

2) 강회

이른 봄에 돋아난 미나리나 파를 주재료로 하는 봄철 음식이다. 만드는 법은 고추, 달걀, 석이버섯, 차돌박이, 편육 등을 채 썰어 데친 미나리나 파로 감는다.

강회 : 데친 미나리나 파를 주재료로 하는 회(膾)의 일종

- 시의전서 : 강회

  '미나리를 데쳐 상투모양으로 감는다. 잣을 가운데 세우고, 고추채, 달걀채, 석이버섯채, 양지머리, 차돌백이채를 옆으로 돌려가며 감는다. 초고추장을 곁들인다.'

3) 두릅회

데친 두릅을 참기름과 깨소금에 무쳐 초고추장이나 겨자즙을 함께 내어 숙회의 일종이다. 두릅은 소금물에 데친 후 찬물에 담가 쓴맛을 우려낸다. 껍질을 벗겨 굵은 것은 4쪽, 작은 것은 2쪽으로 내어 꼭 짠다.

[그림 7-12] 숙회의 일종인 두릅회, 추어숙회 및 문어숙회

4) 추어숙회

추어숙회는 접시에 찐 미꾸라지를 담고, 파, 깻잎, 양파, 풋고추 등으로 장식하고 초고추장에 찍어 먹는 숙회이다.

5) 문어숙회

생문어의 껍질을 벗기고, 데쳐 초고추장에 찍어 먹는 숙회이다.

7.4. 개고기 문화

우리 조상은 고대는 물론 삼국시대, 고려시대에도 신분을 막론하고, 구장(拘醬, 개장, 보신탕)을 즐겨먹었다. 특히, 조선시대에는 숭유정책에 의해 육식풍습이 되살아나 개고기가 상용되면서, 삼복(三伏)에 구장(狗醬)을 끓여 먹는 것이 풍속이 되었다. 개는 전국적으로 식용하였고, 조선시대 조리서에는 반드시 개고기의 조리법이 나온다.

– 문헌고찰 : 우리나라 견식육 –

- 김해 회현동 조개무지 등 신석기 유물에서 개의 뼈가 널리 출토
- 고구려 안악 3호분(4세기) 벽화 : 도살된 개의 모습이 양, 돼지와 함께 발견
- 조선 왕조실록(중종31년)
  '좌의정 김안로가 구적(狗炙)을 즐겨 먹었다. 이것을 알고 간사한 자가 개를 뇌물로 바치고 벼슬을 얻었다.'

- 조선교회사(1847년, 프랑스 선교사 달렌)

  '조선에서 제일 맛있는 음식이 개고기이다. 일본인은 소고기를 먹지 않고 개고기를 먹는다. 특히 붉은 개를 약용으로 쓴다.'
- 조선견문기(朝鮮見聞記, 1887년 알렌)

  '조선의 이상한 풍습 중의 하나는 약과 음식물의 강장제로서 개머리를 끓인 국을 먹는 것이다.'

중국에서도 예전에는 개고기를 많이 먹었으나 한나라 이후 개를 충의의 동물로 여기면서 개고기를 먹는 풍습이 사라졌다(문헌고찰 참조).

– 문헌고찰 : 중국의 견식육 –

- 논어(論語) '공자가 개고기를 먹었다는 기록은 없으나 제사에 반드시 개고기를 쓴다.'
- 소학(小學) '제사와 손님 접대에 군자는 소를, 대부는 양을, 선비는 개를 쓴다.'
- 연행록(燕行錄) : 金正中(1791)

  '중국에는 기러기, 집오리, 거위, 오리, 돼지, 양을 먹지만, 개고기는 먹지 않는다.'

1. 개고기 조리법

- 동국세시기(東國歲時記) : 구장

  '개를 삶아 파를 넣고 푹 끓인 것을 구장(狗醬)이라 한다. 여기에 죽순을 넣으면 좋다. 또 구장(狗醬)에 고춧가루를 타서 밥에 말아 시절음식으로 먹는다. 이렇게 먹고 땀을 흘리면 더위를 물리치고 허한 것을 보충할 수 있다. 그래서 저자거리에서 구장을 많이 판다.' '개의 피가 고기 맛을 돋운다. 차조기 잎을 개장국에 넣으면 개 냄새와 독을 없앤다. 개를 잡을 때 매달아 죽여야 냄새를 없앤다. 눈망울이 누런 개는 여자에게 성약이요, 배와 네다리와 꼬리까지 검은 개는 남자에게 유익하다.'
- 농가월령가의 대목

  '조선 정조의 어머니인 혜경궁 홍씨(惠慶宮洪氏)의 회갑연 잔칫상에 황구(黃狗)를 삶은 구증(狗蒸)을 올렸다. 며느리가 친정에 갈 때 삶은 개고기를 가지고 갔다. 궁중에서는 물론 민가에서도 거부감 없이 개고기

를 즐겼다.'

- 규합총서(1815)

  '개고기를 모르는 사람은 깨끗이 씻어야 개 냄새가 없다고 하나, 본초(本草)에 이르기를 살찐 것은 피 또한 향기로우니 어찌 피를 버리리오. 그 피가 사람에게 유익하고, 고기 맛을 도우니 물에 씻어 고면 개 비린내가 난다. 차조기 잎을 넣고 고면 개 냄새가 나지 않는다. 술일(戌日)에는 개고기를 먹지 말며, 황구(黃狗)는 비위를 보하고, 여자 혈분(血分)에 성약이며, 흑구(黑狗)는 성적인 힘의 성약이니 남자에 유효하다.'

2. 복날에 개고기를 먹는 이유

삼복(三伏)은 일년 중에 가장 더위가 심한 시기로 하지(夏至)로부터 3번째 돌아오는 경일(庚日)을 초복(初伏), 4번째 경일(庚日)을 중복(中伏), 입추(立秋)로부터 첫 번째 경일(庚日)을 말복(末伏)이라 한다. 복(伏)의 경일(庚日)은 금(金)에 해당하며 삼복(三伏) 중에는 화기가 왕성하다. 즉, 금(金)은 화기(火氣)에 눌려 엎드려 있는 날이라는 의미에서 복날이라 한다.

오행설로 보면 개는 성질이 아주 더운 화(火)이고, 삼복더위의 복(伏)은 금(金)을 나타낸다. 따라서 화(火)가 금(金)을 누르므로(火剋金), 개고기를 먹고 더위를 이겨낸다는 원리(以熱治熱)이다. 즉, 개고기는 따뜻한 성질을 있어 열을 나게 하므로 삼복더위를 이열치열로 다스리기 위함이다.

한자의 엎드릴 복(伏)은 人(사람)과 犬(개)으로 이루어진 문자로, 복날은 개들이 사람들에게 잡혀 먹힐까 두려워 바짝 엎드려(伏) 몸조심하는 날이다.

3. 옛 문헌에 나타난 개의 효능

- 동의보감(東医宝鑑)

  '개고기는 성질이 온화하고 맛은 시고, 무독하다. 오장을 편하게 하고 혈맥을 조절하고 장과 위를 튼튼하게 하여 기력을 증진시킨다.'

- 명의별록(名医別錄)

  - 개고기는 오장을 안정시키고 양기(陽氣)를 보한다.
  - 몸이 가벼워지고 기를 늘린다.
  - 개의 족(足)고기는 삶아 즙을 먹으면 능히 젖이 나온다.

- 흰개의 피는 미친병의 발작을 다스린다.
- 검은개의 피는 산난을 다스리며 고혈압에는 술에 타서 먹는다.
- 개 염통은 고민과 사기(邪氣)를 덜어준다.
- 수캐의 음경은 6월 말복에 취하여 백일 동안 음건(陰乾)하여 쓴다.
- 개의 이빨은 전간과 하혈에 쓰는데 복날에 취한다.
- 개의 머리뼈는 금창을 다스리고 지혈시킨다.

- 당본초(唐本草)

  '개고환은 부인의 12질을 다스리는데 태워 재를 먹는다. 개털은 부인의 산난(産難)을 다스린다. 개의 머리뼈는 소아의 모든 간질병과 모든 종기에 태워 재를 술로 먹는다.'

4. 세계의 견식육

한국, 중국, 일본을 비롯한 아시아 문화권내의 개식용 역사는 매우 오래되었다. 중국 광동성의 개고기 요리는 세계적으로 유명하다. "향육(香肉)"이라 하여 개의 부위에 따라 여러 요리가 있고, 누렁개를 최고로 친다.

이외에 프랑스는 1870년 보불전쟁 때 개고기를 먹느라 파리에는 개가 한 마리도 없었고, 개고기 정육점은 물론 쥐고기 정육점도 있었다. 벨기에와 독일 뮌헨에서도 개고기를 식용하였고, 뮌헨에서는 개고기 식용 선풍이 일어나 시당국이 통제할 정도였다.

8장

젓갈의 문화

8.1. 젓갈의 역사

젓갈은 각종 어패류의 살, 알, 창자 등을 소금으로 절여 발효, 숙성시킨 제품이다. 젓갈에 관한 문헌 중 가장 오래된 것은 중궁의 이아(爾雅, 기원전 3~5세기)로 생선으로 만든 젓갈을 지(鮨, 젓갈지), 육류로 만든 젓갈을 해(醢, 젓갈해)로 기록하고 있다. 이것이 젓갈의 기원으로 생각되며, 우리나라의 젓갈은 중국을 통해 들어온 것으로 생각된다.

삼국사기의 기록에 의하면 신라에서는 궁중 의례음식으로 해(醢, 젓갈해)가 사용되었다고 한다. 그 후, 고려시대의 젓갈은 매우 보편적인 음식이 되어, 국가의 의례음식, 궁중음식은 물론 서민의 상용음식과 의례음식으로 널리 사용되었다.

- 문헌고찰 -

- 제민요술(齊民要術, 530~550년)

  '옛날 한나라 무제(武帝)가 동쪽 오랑캐를 쫓아 산동반도 끝 황해 바닷가에 이르렀는데, 어디선가 코에 와 닿는 냄새가 있어 냄새의 원천을 찾은 결과, 어부들이 소금에 버무린 어장(漁腸)을 땅에 묻어 삭으면 꺼

내 먹는 것을 알았다. 오랑캐를 쫓다가 얻은 음식이라 하여 젓갈을 축이(逐夷)라 하였다. 조기, 청상아리, 숭어창자, 위, 알주머니를 씻고, 소금을 뿌려 항아리에 밀봉한 후 햇볕이 쬐는 곳에 둔다. 여름은 20일, 가을은 50일, 겨울은 100일이 지나야 잘 익는다.'

- 고려도경 '신분의 귀천을 가리지 않고 상용하던 음식이 젓갈이다.'

조선후기에는 명태, 멸치, 조기, 새우, 청어, 대구 등의 어획량이 증가하여, 이들을 건제품과 젓갈로 가공되어 내륙지방까지 공급하였다.

옛날 법도 있는 집 마님은 36가지의 김치, 36가지의 장(醬), 36가지의 젓갈을 담글 줄 알아야 했을 만큼, 우리나라는 발효식품의 선진국이었다. 특히, 젓갈은 작은 새우의 미세한 알만을 따내 담글 정도로 젓갈문화가 발달하여, 조선시대에는 문헌에 나타난 종류가 150종에 달했다. 또한, 밴댕이젓, 조기젓, 생합(대합)젓, 잉어젓, 어리굴젓, 홍합젓, 토하젓, 가자미젓 등은 명나라 조공무역품으로 주요 수출품이었다.

조선시대의 젓갈 담그는 법은 (1) 소금에만 절인 것, (2) 소금과 술과 기름 등을 섞어서 담근 것, (3) 소금과 누룩에 담근 것, (4) 소금, 엿기름, 찹쌀밥 등을 섞어서 담근 것 등이 있다.

젓갈의 원재료도 담수어, 해수어, 홍합, 전복 등의 패류는 물론이고 새우, 게 등 갑각류 등 매우 다양했으며, 현재 전해지지 않는 조류(새)를 이용한 젓갈도 있었다.

– 문헌고찰 –

- 음식디미방(1598~1680년) : 청어젓, 참새젓, 연어젓의 제법
  '참새를 편편하게 두들겨 피를 씻고 술로 씻어 말린 다음, 볶은 소금, 끓인 기름, 좋은 술에 담아 익힌다. 더 좋은 향미를 위해 천초(川椒)나 파를 넣는다.'
- 세종실록(世宗實錄)(1454년) '백하젓, 자하젓 등을 명나라에 진공하였다.'

백하젓은 눈처럼 흰 새우로 담은 것이고, 자하젓은 바다 새우 중 가장 작고 연한것으로 담은 것이다.

8.2. 젓갈의 종류

젓갈은 크게 (1) 젓갈류와 (2) 식해류로 분류된다. 젓갈류는 단순히 소금에만 절여 발효시킨 젓갈이며, 식해(食醢)는 소금으로 절인 생선에 쌀밥이나 조밥, 고춧가루를 넣어 삭힌 것이다.

젓갈은 초기에는 주로 자가소화효소에 의해, 후기에는 세균작용에 의해 숙성된다. 숙성 중에 단백질은 아미노산과 핵산으로 분해되어 독특한 맛과 향기를 나타낸다.

1. 젓갈

젓갈류는 고염젓갈(식염 20%)과 저염젓갈(양념젓갈, 식염 10%)로 구분된다. 그러나 대개의 젓갈류는 고염젓갈류이며, 굴젓, 알젓은 저염젓갈류이다. 고염젓갈은 소금의 과잉섭취로 고혈압, 심장병을 일으킬 수 있기 때문에, 현재 소금대신 물엿, 에틸알코올, 젖산, 솔비톨, 키토산 등을 첨가하여 식염농도를 절반으로 낮춘 저염젓갈이 개발되고 있다.

[표 8-1] 젓갈류의 종류

구분	종류
어 류	멸치젓, 까나리젓, 가자미젓, 고등어젓, 갈치젓, 꽁치젓, 대구젓, 도루묵젓, 도미젓, 동태젓, 민어젓, 뱅어젓, 밴댕이젓, 뱀장어젓, 자리젓, 전어젓, 정어리젓, 준치젓, 황숭어젓 등
갑각류	갈게젓, 게장, 게젓, 고개미젓, 곤쟁이젓, 꽃게젓, 농발게젓, 대하젓, 돌게젓, 바다게젓, 박하지(돌게)젓, 방게젓, 백하젓, 새우젓, 참게젓, 털게젓, 토하젓 등
연체류	오징어젓, 꼴뚜기젓, 한치젓, 낙지젓, 굴젓, 어리굴젓, 조개젓, 대합젓, 동죽젓, 모시조개젓, 바지락젓, 백합젓, 소라젓, 오분자기젓 등
어패류의 내장, 아가미	창란젓(명태, 대구내장), 대구아가미젓, 명태아가미젓, 해삼창자젓, 게우젓(전복내장), 갈치속젓(내장), 고등어내장젓, 민어아가미젓, 뱀장어 창젓, 전어밤젓(전어간), 조기속젓, 조기아가미젓, 등
어패류의 생식소	명란젓, 게알젓, 성게알젓, 복어알젓, 고등어알젓, 대구알젓, 대구이리젓, 새우알젓, 숭어알젓, 연어알젓, 장대알젓, 조기알젓 등

액젓은 식염만을 첨가 제조하는 방법에서 젓갈류와 동일하지만, 숙성기간에서 구별된다. 젓갈류는 2~3개월간 발효시켜 원료가 완전히 분해되지 않지만, 액젓은 6~24개월간의 오랜 발효기간을 통해 원료의 육질이 효소적 분해에 의해 액상이 되고 이것을 걸러내어 만든다. 이 액젓을 보통 어장유(魚醬油)라고 부르며, 김치나 반찬의 부재료로 사용된다.

1) 대표적인 젓갈

(1) 새우젓

젓갈 담는 시기에 따라 오젓(5월), 육젓(6월), 추젓(가을), 동백젓(겨울)으로 구분한다. 육젓은 흰바탕에 연홍색을 띠며 껍질이 얇고 살이 많아 김장용으로 이용되며, 가장 품질이 좋다.

[그림 8-1] 젓갈의 종류

(2) 멸치젓

봄에 담근 것을 춘젓, 가을에 담근 것을 추젓이라 한다. 춘젓은 추젓보다 맛과 질이 좋다.

(3) 토하젓

민물새우(토하)를 주재료로 만든 젓갈.

(4) 어리굴젓

주로 고춧가루로 양념을 해서 '얼얼하다.', '얼큰하다.' 고 하여 어리굴젓이라 한다.

2. 식해(食醢)

식해는 곡류, 엿기름, 소금, 생선을 넣어 발효시킨 일종의 젓갈이다. 우리의 젓갈은 주로 수산물에 소금만을 첨가하여 만드는 것이지만, 밥과 채소를 혼합하여 발효시키는 식해법(食醢法)도 발전되어 왔다. 식해가 우리나라 문헌에 등장한 것은 삼국시대부터이다.

- 문헌고찰 -

- 삼국사기(三國史記) 신문왕 3년조(681~692)

  '왕이 김흠운의 딸을 부인으로 맞이하는 데 납채(納采)로 쌀, 술, 기름, 꿀, 장(醬), 시(豉), 포(脯), 해(醢) 등 135수레와 조곡(租穀) 150수레를 보냈다.'
- 주례(周礼) : 중국

  '장(醬)에는 해(醢)나 혜(醯)가 있으며, 해(醢)는 새고기, 짐승고기, 물고기 등을 햇볕에 말려 가루내어 술에 담근다. 여기에 조누룩과 소금을 넣어 밀폐하여 100일간 어두운 곳에서 숙성시킨다. 혜(醯)는 재료는 해(醢)와 같으나 청매 즙을 넣어 신맛이 나게 한다.'

  해(醢)는 고기, 누룩, 소금을 섞어 만든 것이고, 혜(醯)는 고기, 누룩, 소금, 산미료(청매 즙)를 넣어 만든 것이다.
- 음식보(1800년대) : 가자미식해

  '가자미를 소금에 절여 좁쌀 밥, 무, 엿기름으로 삭힌 음식으로 안주나 반찬으로 좋다.'

- 역주방문(1700년대)

  '식해 재료 중, 생선 대신에 소 내장이나 멧돼지껍질을 쓰고 후추를 섞은 것도 식해이다.'

식해는 젓갈과는 달리 10% 정도의 소금농도에서 곡류를 넣어 숙성하기 때문에 젖산발효에 의해 다량의 젖산을 형성하고, 숙성기간이 짧아 1~2주내에 완료된다. 또 저장성이 나쁘기 때문에 여름보다는 가을이나 겨울철에 제조되며, 냉장고에서 1개월 이상 저장하기 어렵다.

경상도에는 마른고기식해, 강원도에는 북어식해, 황해도에는 연안식해(조개), 함경도에는 가자미식해와 도루묵식해가 있으며, 가장 대표적인 것은 가자미식해이다. 가자미식해는 참가자미를 소금에 절인 후, 좁쌀 밥과 무채, 고춧가루, 파, 마늘, 생강, 엿기름가루를 섞어 3~4일 삭혀 만든다. 함경도지방 식해의 특징은 반드시 조밥을 사용한다는 것이다. 다른 지방에서는 쌀이나 찹쌀밥을 섞는다.

[표 8-2] 식해류의 종류

구분	종류
어 류	가자미식해, 갈치식해, 광어식해, 노가리식해, 대구식해, 도다리식해, 도루묵식해, 멸치식해, 명태식해, 뱅어식해, 우럭식해, 전어식해, 전갱이식해, 조기식해, 쥐치식해, 홀때기식해, 횟대식해 등
연체류	고동식해, 낙지식해, 대합식해, 마른 오징어식해, 문어식해, 오징어식해, 한치식해 등
어란 및 아가미	명태아가미식해, 명태창자식해, 명란식해 등

[그림 8-2] 가자미식해와 명태식해

또한, 일본초밥(스시)은 식해의 일종이 발달된 것이다. 스시란 초밥소스(초, 설탕, 소금 등으로 제조)를 섞은 밥 위에 어패류나 달걀, 채소 등을 얹어 먹는 음식이다. 최초의 스시는 후나스시(붕어초밥)이며, 생선살을 밥과 소금으로 삭혀 만든 일종의 생선 젓갈이다. 그 절차가 복잡하기 때문에, 간단히 밥에 식초를 넣고 그 위에 날생선을 얹어 오늘날의 초밥이 탄생하였다.

초밥(すし)의 어원은 酸(す)와 飯(めし)가 합쳐져 된 말이다.

3. 식혜(食醯)

식혜는 곡류와 누룩을 발효시켜 만든 음식이다. 즉, 식해에서 소금과 생선을 빼고 만든 것이 식혜이다. 식혜는 단술, 감주(甘酒)라고도 하지만, 조선시대 시의전서의 기록에는 감주는 곡물과 엿기름으로 만드는 것이고, 여기에 유자를 넣어 산미를 가한 것이 식혜(食醯)라고 구별하고 있다.

지금은 밥알을 띄워 먹는 것을 식혜라고 하고, 밥알을 건져내고 먹는 것을 감주라고 구별하기도 한다.

– 문헌고찰 –

- 시의전서(是議全書역, 1800년대)
  '곡물과 엿기름으로 감주를 만들고, 여기에 유자를 넣어 산미를 가한 것이 식혜(食醯)이다.'

[표 8-3] 젓갈, 식해, 식혜, 감주의 차이점

	생선	소금	곡물	엿기름 (누룩)	채소	향신료	산미료
젓 갈	o	o	-	-	-	-	-
식해(食醢)	o	o	o	(o)	-	-	-
김치식해	o	o	o	(o)	o	o	-
식해형김치	-	o	o	(o)	o	o	-
식혜(食醯)	-	-	o	o	-	-	o
감주(甘酒)	-	-	o	o	-	-	-

한편, 안동식혜는 쌀과 엿기름으로만 만드는 일반 식혜와는 달리, 찹쌀, 엿기름 이외에 무, 고추, 생강 등이 넣어 만든다.

만드는 법은 찐 밥에 무를 썰어 넣고, 고춧가루 침지액과 생강즙을 넣어 엿기름물로 발효시킨다. 고춧가루와 생강을 넣기 때문에 색이 붉고, 매운맛이 난다. 취향에 따라 잣, 밤 등의 건과류를 띄우기도 한다.

안동식혜는 일반 식혜와 달리 실온에서 3~4일 발효시켜 유산균이 살아 있고, 국물이 적으며 매운 것이 특징이다.

일반식혜　　　　안동식혜

[그림 8-3] 일반식혜와 안동식혜

1) 식혜 제조법

(1) 엿기름(맥아)의 제조

엿기름은 보리를 발아시킨 후, 어린뿌리를 제거한 것으로, 엿질금, 맥아(麥芽)라고도 한다. 엿기름에는 전분의 당화효소를 비롯한 여러 효소를 함유하고 있어, 맥주, 위스키, 엿, 식혜 등의 제조에 이용된다.

맥아의 종류에는 보리알의 1.5~2배 정도로 발아시키는 장맥아와 보리알의 2/3~3/4 정도로 발아시키는 단맥아가 있다. 장맥아는 단맥아에 비해 아밀레이스 활성이 1.5배 정도 강하여 식혜나 엿, 물엿 등의 제조에 이용되며, 단맥아는 전분함량이 많아 맥주제조에 이용된다.

엿기름에 사용되는 장맥아는 물을 충분히 흡수시킨 보리를 발아시켜 14~17일 정도 발아시켜 만든다.

또 보리에는 성숙 후에는 껍질이 종실에 밀착하여 분리되지 않는 겉보리와, 성숙 후 껍질이 종실에서 쉽게 분리되는 쌀보리로 구별된다. 겉보리는 쌀보리에 비해 발아 중의 성장이 빠르기 때문에, 전통적으로 식혜용 엿기름에는 겉보리가 사용된다.

– 문헌고찰 –

- 규합총서 : 식혜 만드는 법

'쌀을 씻어 시루에 잘 찌고, 솥뚜껑을 시루 위에 엎고 숯불을 많이 담아 위까지 고르게 익혀 항아리에 넣고, 엿기름가루를 더운 물에 담아 나온 맑은 물을 체에 걸러, 밥에 잠길 만큼 넣고 종이로 봉하여 온돌에 둔다. 가령 초저녁에 두면 새벽 2시경에 내어놓아 익히고 냉수에 꿀을 섞어 항아리에 붓는다. 또 대추, 밤, 백자, 배 등을 넣으면 맛이 산뜻하고 감칠 맛 있다. 만일 멀리 보내려면 밤, 대추 등은 넣지 마라. 유자는 통 채로 넣으면 향기가 매우 좋다.'

9장

대두(大豆)와 장(醬)의 문화

9.1. 콩

1. 콩의 기원

우리나라는 일찍이 대두문화권에 자리잡고 있어 콩 식품(된장, 간장, 청국장, 두부, 콩나물 등)이 발달하였다. 특히, 콩으로 만든 장(醬)은 중국과 일본에 전파되어 한국, 중국, 일본의 두장(豆醬) 문화권을 형성시켰다.

콩이 처음 재배된 것은 4,700년 전의 중국이며, 그 후 한반도에 전파되어(기원전 2,000~2,500년) 피, 조와 더불어 재배된 것으로 추정된다. 그 후에 동남아(17~18세기), 유럽(18~19세기) 및 미국(1804년)등지로 전파되었다. 서양에서 콩 이 재배된 것은 100년도 안되며, 처음에는 가축의 사료나 공업원료로 재배되었으며, 그 후 주식이 아닌 부식으로 사용하였다.

– 문헌고찰 –

- 신농본초경(기원전 2705~2737년, 중국) : '신농의 오곡의식에 콩이 오곡의 하나였다.'
- 함경북도 회령군 오동의 청동기 유물인 토기 밑바닥에서 탄화된 조, 피, 콩이 출토
- 경기도 양평군 팔당 수몰지구에서 밑바닥에 콩 무늬가 있는 청동기 유물이 출토

2. 콩의 어원

콩은 시경(詩經)에 숙(菽)이란 이름으로 처음 등장한다. 숙(菽)의 어원은 숙(叔)이란 한자에서 유래되었다. 숙(叔)의 '一'는 지면(地面)을, 'ㅏ'는 줄기에 꼬투리가 붙은 모양을, '小'는 뿌리모양을 나타내며, 숙(叔)이 숙(菽)으로 변화되었다. 그 후, 콩고투리가 나무로 만든 제기(祭器)인 '豆(두)'와 비슷하여 '豆'가 되었다.

또, 남방에서 콩(豆)보다 작은 종자가 들어와 이것을 팥(小豆)라 하고, 북방에서 들어 온 콩을 대두(大豆)라 하였다. 또한 언제부터인가 대두(大豆)의 '大'에 콩알맹이를 나타내는 점을 찍어 태(太)로 하고, 이 글자를 '콩태(太)'라 하여 콩을 의미하게 되었다. 예를 들어, 흑태(黑太)는 검정콩을 의미하며, 서리태는 서리를 맞으며 자란 콩이라 하여 붙여진 이름이다. 서리태는 껍질은 검고 속은 파랗다고 하여 속청이라고도 한다. 또 서목태(鼠目太)는 쥐의 눈같이 작은 콩이라고 하여 이름 붙여졌으며, 쥐눈이콩이라고도 한다. 서목태는 약콩이라고 하여 식용으로는 사용하지 않으나, 최근 건강에 좋다고 해서 밥에 넣어 먹거나 콩나물용으로 사용한다.

[그림 9-1] 서리태(속청)와 서목태(쥐눈이콩)

3. 콩의 효능

- 동의보감

  '콩을 장기간 복용하면 보신효과가 크고, 체중증가, 위장의 열을 제거하며, 장의 통증, 열독에도 효과가 있다. 부종, 복부팽만 등에도 효과가 있다.'

- 본초강목 : '콩 삶은 즙은 백약의 독을 푼다. 신장병을 다스리고, 소변에도 이롭다.'
- 일화본초 : '콩은 속을 편하게 해주고, 기를 내린다.'
- 식료본초 : '콩은 중풍으로 인해 각약한 것과 산후의 모든 병을 다스리고, 콩과 뽕나무 재를 함께 넣어 삶아 먹으면 심장병, 경련통 등에 좋다.'

9.2. 두부

1. 두부의 역사

두부는 기원전 2세기 한나라의 회남왕 류안이 처음 만든 것으로 알려져 있다. 고려시대의 기록(목은집)으로 보아, 우리나라에 처음 두부가 전래된 것은 고려시대에 송나라와 원나라를 통해서이며, 주로 사찰음식으로 발달한 것으로 추정된다. 지금도 제사상에는 반드시 두부부침이 들어간다. 조선시대에는 두부의 종류가 다양해지고, 두부 만드는 솜씨가 뛰어나 중국과 일본에서도 두부 제조기술이 전수되었다.

– 문헌고찰 : 두부 –

- 만필술

  '원래 회남왕 류안은 도가에 심취돼 회남에서 수련을 했었는데 그를 동반한 승려들이 식생활개선을 위해 두부를 발명하여 회남왕에게 대접했고, 그 맛을 본 류안이 대량제조의 명령을 내려 두부의 발명권은 회남왕에게 돌아갔다.'
- 목은집(고려말 이색)

  '나물국 오래 먹어 맛을 못 느낄 때, 두부가 새로운 맛을 돋우어 주네. 이 없는 사람 먹기 좋고, 늙은 몸 양생에 더없이 알맞다.'
- 도문대작(「도문대작」 허균)

  '서울 창의문 밖 사람이 두부를 잘 만들며, 연하고 매끄러운 맛이 이루 말할 수 없다.'
- 세종실록(世宗實錄) 16년

  '조선에서 온 여인이 각종 식품조제에 교묘하다. 그중에서 두부는 가장

정미(精美)하여 명나라 황제가 칭찬하였다.'

- 조선상식(朝鮮常識)

  '일본두부는 임진왜란 중에 오까베지로베(岡部治郎兵衛)란 자가 조선에서 그 조리법을 배워갔다고 하기도 하고, 진주싸움에서 경주성장(慶州城將)인 박호인이 일본에 잡혀가 두부를 제조한 것이 근세 일본 두부 제조의 시초라 하기도 한다.'

2. 두부(豆腐)의 명칭

두부의 원래 이름은 백아순(白雅馴) 또는 숙유(菽乳)이며, 우리나라에서는 포(泡)라고 불렀다.

- 문헌고찰 -

- 사물기원(事物紀元)

  '두부는 본디 회남왕이 만든 것인데, 명손작이 이를 숙유(菽乳)로 개칭하였다고 하였으니 두부(豆腐)라는 이름은 잘못된 것이다.'

- 아언각비(雅言覺非)

  '두부이름은 본래 백아순(白雅馴)인데, 우리나라 사람들은 방언이라 생각하여 포(泡)라 하였다. 여러 능원(陵園)에는 각각 승원(僧院)이 있어 여기서 두부를 만들었다. 이 승원을 조포사(造泡寺)라고 하였다. 그런데 두부를 포(泡)라고 하는 것은 잘못된 것이다. 포(泡)는 물거품의 의미로, 음식이름으로 부적당하다. 또 녹두의 유(乳)를 황포(黃泡) 또는 청포라고도 하는데 이것은 잘못된 일이다.'

청포(淸泡) : 녹두로 만든 백색의 묵.
황포(黃泡) : 청포를 노란 치자 물로 색을 낸 묵.

- 고사십이집(攷事十二集) : 녹두묵

  '청포는 녹두로 두부처럼 만든다. 그러나 자루에 넣고 눌러 만들지 않고 나무용기에 담아 응고시켜 만든다. 가늘게 썰어 초장에 무쳐 나물로 한다.'

3. 전통두부 만드는 법

콩의 주요 단백질인 글리시닌(glycinin)은 물에 불용성이지만, 콩을 마쇄하면, 콩 중의 염류의 용출과 함께 가용화된다. 이렇게 가열, 추출된 가용성 대두단백질을 응고제로 응고시켜, 압착, 성형한 것이 두부이다.

두부의 제조공정은 비교적 단순한 공정이지만, 우리나라의 전통두부와 일본두부의 제조공정은 약간 다르다. 우리 전통두부는 침지한 콩을 마쇄하여 찌꺼기(비지)를 제거한 두유에 간수를 넣어 두부를 만든다(그림 9-2). 그러나 일본두부는 침지한 콩을 마쇄하여 먼저 가열한 후 찌꺼기(비지)를 제거한 두유에 간수를 넣어 두부를 만든다(그림 9-3). 이렇게 제조한 우리의 전통두부는 매우 단단하며, 일본두부는 부드럽다.

- 임원십육지(林園十六志, 1827)
  '콩을 침지하여 물을 넣으면서 맷돌에 갈은 즙액에서 찌꺼기를 걷어내고 가열하여 간수를 넣어 두부를 만든다.'

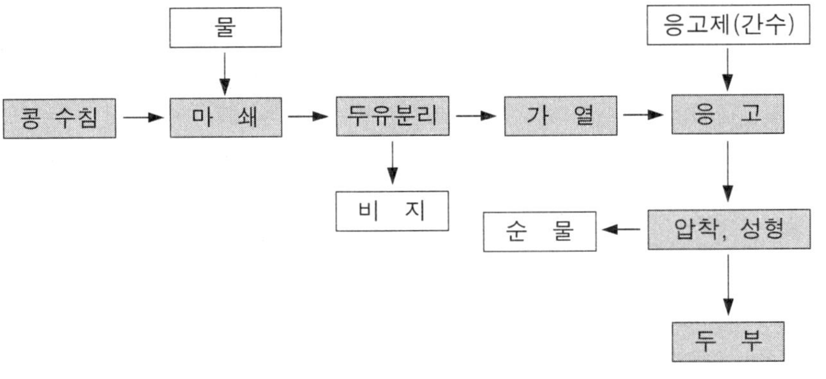

[그림 9-2] 전통두부의 제조 공정

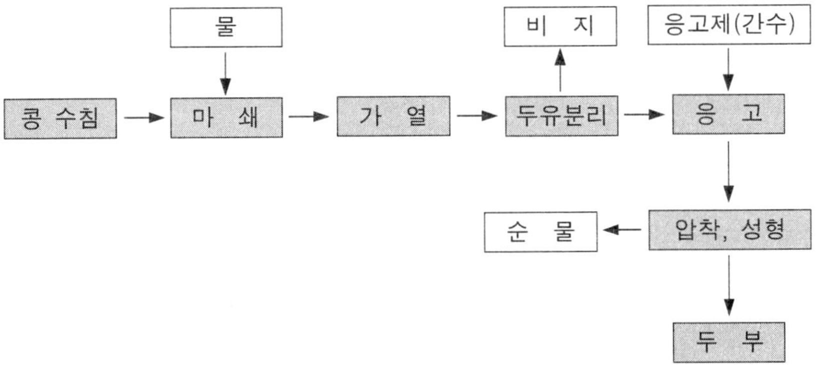

[그림 9-3] 일본두부의 제조공정

1) 두부의 응고제

응고제는 예로부터 습기가 찬 천일염에서 녹아 나오는 간수를 사용해 왔다. 간수의 주성분은 염화마그네슘($MgCl_2$)으로 짜고 쓴맛을 동반한다. 그러나 바닷물의 오염문제로 지금은 거의 사용하지 않는다. 현재 상업적으로 이용되는 응고제로는 황산칼슘, 염화마그네슘, 염화칼슘, 글루코-델타-락톤(GDL) 등이 있다(표 9-1).

응고제의 종류에 따라 두부의 조직감이 달라지고, 응고온도가 높을수록, 응고제의 양이 많을수록 두부가 단단하게 응고된다.

[표 9-1] 두부 제조에 이용되는 응고제의 종류 및 특성

응고제의 종류	특 징
황산칼슘($CaSO_4$)	- 부드럽고, 수율이 좋다. 맛이 떨어짐
염화마그네슘($MgCl_2$)	- 응고속도가 빠르고, 두부가 단단하다. 맛이 좋다
염화칼슘($CaCl_2$)	- 응고속도가 빠르고 두부가 단단하다. 염화마그네슘보다 맛이 떨어진다. 유부제조에 사용
글루코-델타-락톤 (gluco-δ-lactone)	- GDL이 글루콘산으로 변하면서 응고. 연두부, 순두부 등 부드러운 두부제조에 이용

콩을 침지한 후 물을 가하여 마쇄하면 변성되지 않은 대두단백질이 그대로 액 중에 용출된다. 이어서 100℃에서 3분간 가열하여 두유를 만든다. 이때 단백질은 변성되어 소수성기, -SH기, S-S기가 노출되지만, 응고는 일어나지 않는다. 이것은 두유 단백질의 농도가 낮고, 또 두유의 pH가 등전점보다 알칼리성에 있기 때문이다. 이어 두유의 온도를 70~80℃로 낮추고, 응고제를 가하면 아미노산기 측쇄의 음전하(주로 COO^-)가 중화되어 단백질분자간의 접촉이 일어난다.

GDL은 응고온도(90℃ 이상)에서 빠르게 글루콘산으로 분해하여 두유의 pH를 저하시키고, 그 결과 대두단백질 중의 $-COO^-$는 $-COOH$로 되어 침전한다.

GDL은 단백질들의 수분유지능력을 극대화시켜 순두부와는 달리, 두유중의 단백질이 물이 분리되지 않는다. $CaSO_4$의 경우에는 Ca^{2+}가 2분자의 COO^-와 반응하여 단백질분자의 전하가 감소한다. 이렇게 접촉한 분자사이

에 소수결합, -SH, S-S교환반응에 의한 망목(網目)구조가 형성되어 응고한다.

이때, 단백질농도가 5%정도이면 두유 중의 물이 전부 망목구조 중으로 들어가 비단두부가 된다. 단백질 농도가 3% 정도로 낮으면 물이 전부 응고물 안으로 들어갈 수 없기 때문에 상등액을 분리한 응고물을 구멍이 뚫린 틀에 넣고 압착, 성형한다. 이것을 모판두부라고 한다.

4. 두부의 종류

조선시대에는 새끼로 묶어들고 다닐 만큼 단단한 막두부, 처녀의 고운 손이 아니면 문드러진다는 연두부, 삼베에 싸서 굳힌 베두부, 명주로 굳히는 비단두부, 무명자루에 싸서 굳힌 무명두부 등 두부의 종류가 매우 다양하였다.

오늘날에는 모판두부, 연두부, 순두부 등으로 크게 분류된다.

가장 일반적인 두부는 모판두부라고 하는 일반두부(수분함량 85%)이고, 이보다 수분함량이 적은 경두부(수분함량 78%)는 만두속을 만들 때 이용되어 만두두부라고 한다.

연두부(수분함량 92%)와 순두부(수분함량 98%)는 일반두부와 달리, 두유에 응고제(GDL)를 섞어 그대로 용기에 넣어 굳혀 만든다. 순두부는 일반두부보다 수분함량이 많고, 부드럽다.

이외에도 두부를 얇게 절단하여 튀긴 튀김두부, 동결건조두부, 유부 등이 있다.

1) 유부

유부는 두부를 얇게 썰어 기름에 튀긴 것이다. 유부용 두부는 보통 두부제조법과 달리, 가열온도를 낮게 하고, 가열시간을 단축하거나 가열 후 급냉하여 단백질의 변성을 억제한다. 기름에 튀기는 방법은 110~120℃에서 충분히 신장(伸張)시킨 후, 180~200℃에서 튀겨 표면을 팽팽하게 한다.

2) 동결 건조두부

동결 건조두부는 두부를 동결 변성시켜 조직내부에 얼음결정을 생성시킨 후, 탈수 건조한 것이다. 중국이나 일본에서는 널리 이용되고 있지만, 우리나라에서는 이용되지 않고 있다. 동결 건조두부는 국이나 찌개에 넣으면, 스펀지와 같은 다공질 구조로 인하여 독특한 조직감을 나타낸다. 옛날에는 겨울철에 만들었지만, 지금은 동결건조하여 생산한다. 제조법은 응고제인 염화칼슘을 사용하여 약간 단단한 두부를 만들고, −15℃전후에서 급속동결한 후, −1℃에서 약 2주간 저장하면 단백질이 변성되어 동결건조 특유의 스펀지상을 형성한다. 또한, 알칼리용액(간수)에 침지하여 조리에 용이하게 팽연(膨軟)가공처리를 한 후, 탈수건조하기도 한다.

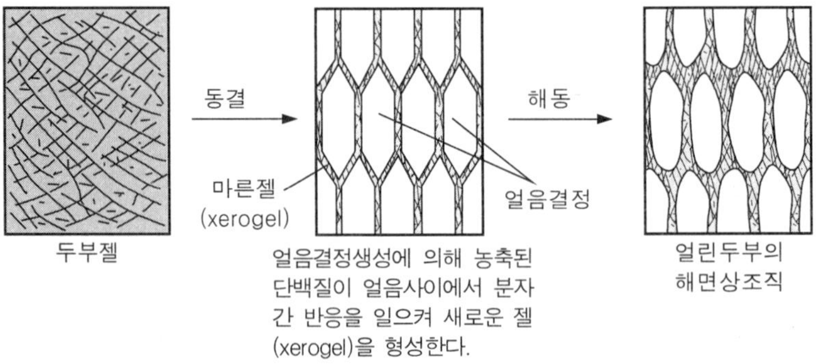

[그림 9-4] 동결건조에 의한 동결두부의 구조

– 문헌고찰 : 두부종류 및 두부요리 –

> 조선시대의 두부피와 비슷한 것이 현재 일본의 유바(湯葉, ゆば)이다.

- 수문사설(松聞事說, 1740년, 이표) : 두부피(豆腐皮)

  ‘두유(豆乳)를 넓적한 냄비에서 가열하여 표면에 생긴 피막을 건져내어 만든 것이 두부피(豆腐皮)이다.’
- 임원십육지(林園十六志, 1827) : 특별한 두부제조법

  ‘콩을 씻어 가루낸 후, 무을 넣어 묽은 죽과 같이 해서 고운 포(布)로 걸러내고, 끓는 물에 삶아낸 후 간수로 응고하거나, 이것을 고운 포(布)에 싸서 생강, 초(椒), 청장(淸醬)을 넣어 삶아낸다. 이 방법은 먼 길을 떠날 때 준비하는 두부이다.’
- 조선왕조실록 : 강릉 초당두부의 유래

  홍길동전의 저자 허균의 부친인 허엽(1517~1580)이 강릉부사로 재임

시 관청앞 샘물의 맛이 좋아, 이물로 콩을 가공하여 간을 맞추어 두부를 만들었다. 두부 맛이 좋기로 소문이 나자, 자신의 호인 '초당'을 붙여 '초당두부라고 하였다.

- 동국세시기 십월조(十月條, 1849년) : 두부요리 연포탕

  '지금의 반찬 중에서 가장 좋은 것은 두부이다. 가늘게 썰은 두부를 꼬챙이에 꿰어 기름에 부치다가 닭고기를 섞어 끓인 국이 연포탕(軟泡湯)이다. 여기서 포(泡)는 두부를 말한다.'

- 오주연문장전산고 : 두부요리 추두부탕(鰍豆腐湯)

  '솥에 두부와 미꾸라지(추어)를 넣고 끓이면 미꾸라지가 뜨거워 두부 속으로 들어가고 계속 가열하면 두부 속에서 익게 된다. 이렇게 끓인 탕이 추두부탕이다.'

– 문헌고찰 : 두부를 먹고 체할 때 –

- 아언각비

  '두부를 먹고 체하면 잘 낫지 않는다. 두부 만드는 사람이 무를 끓는 물에 넣으면 두부가 되지 않는다고 한다. 따라서 무를 끓는 물에 삶아 먹으면 낫는다.'

- 성호사설

  '두유(豆乳)에 쌀뜨물이 들어가면 삭아 엉키지 않는다. 따라서 두부를 먹고 체할 때 쌀뜨물을 마시면 낫는다.'

마파두부(麻婆豆腐, 또는 麻辣豆腐)의 유래

청나라 때 사천성에 진마부(陳麻富)란 요리사가 있었는데, 어느 날 그의 늙은 부인이 손님에게 두부, 다진 고기, 중국식 고추장(두반장) 등으로 마랄두료(麻辣豆料)를 만들어 내놓았더니 그 맛에 모두 감탄하여 소문이 널리 퍼지게 되었다. 그 진씨(陳氏)집 노파(老婆)가 마침 곰보(麻子)였다고 하여 이 두부요리를 마파두부(麻婆豆腐)라고 불렀다.

5. 두부의 영양

두부는 체내의 신진대사와 성장발육에 필요한 필수아미노산과 필수지방산이 풍부하며, 칼슘도 풍부하게 함유되어 있다. 콩은 조직이 단단하여 보통

조리법으로는 소화율이 50~75% 정도이다. 그러나 두유의 소화율은 91%이고, 두부의 소화율은 95%이다.

[표 9-2] 두부, 두유, 비지의 영양성분

식품	수분(%)	단백질(%)	지질(%)	탄수화물(%)		회분(%)	무기질(mg)				비타민(mg)			
				당질	섬유소		칼슘	인	철	칼륨	B_1	B_2	나이아신	C
두 부	82.8	9.3	5.6	1.2	0.2	0.9	126	140	1.5	90	0.03	0.02	0.2	0
순두부	90.4	4.7	3.2	1.0	0.1	0.6	48	67	0.8	95	0.02	0.02	0.2	0
연두부	91.0	5.2	2.4	0.7	0.1	0.6	62	74	1.4	95	0.02	0.03	0.3	0
유 부	42.9	20.4	31.0	3.8	0.1	1.8	295	275	4.6	153	0.05	0.02	0.3	0
두 유	86.6	4.4	3.6	4.7	0	0.7	17	53	0.7	9	0.04	0.04	0.4	0
비 지	82.8	3.5	1.5	8.3	3.4	0.5	66	25	2.3	113	0.07	0.03	0.4	0

출처 : 식품성분표 6차 개정판, 농촌생활연구소

9.3. 장(醬)

지금의 장(醬)은 종류나 담그는 방법이 단순화되어 그 종류가 제한되어 있지만, 조선시대에는 20여종이나 되었다. 현재 널리 이용되는 장으로는 된장, 간장, 청국장, 고추장 등이 있다. 전통적인 장(醬)제조법에서 콩 메주를 소금물에 넣어 숙성시키면, 소금물에 여러 성분이 우러나와 간장이 된다. 이때 간장을 떠내고 남은 건더기가 된장이다. 청국장은 콩을 삶아 볏짚에서 2~3일 발효시킨 후, 소금을 넣고 찧은 것이다. 고추장은 찹쌀가루 풀이나 보리밥, 밀가루에 엿기름가루와 메주가루, 고춧가루, 소금 등을 섞어 발효시킨 것이다.

1. 장(醬)의 역사

우리의 장(醬)은 콩으로 만든 두장(豆醬)으로 중국의 장은 육장(肉醬)과 다르다. 즉, 중국의 장(醬)은 소금으로 고기의 부패를 억제하고, 누룩에 의한 발효로 단백질과 전분을 분해하여 아미노산과 당분을 생성한다. 또 술의 첨가로 인한 알코올과 산에 의하여 좋은 맛과 향기를 나타내는 것이 중국의 장(醬)이다. 이러한 중국의 육장(肉醬)이 우리나라에 전해지고, 이것이 콩에 적용되어 우리만의 독특한 두장이 만들어졌다.

– 문헌고찰 –

- 설문해자(說文解字, 중국) : '시(豉)는 배염유숙(配鹽幽菽)이다.'
  - 여기서 숙(菽)이란 콩이고 유(幽)는 '어둡다'는 뜻이니 어두운 곳에서 발효시켜 소금을 섞은 것으로 오늘날의 메주, 청국장에 해당한다.
- 제민요술 : 시(豉) 즉, 된장 만드는 법
  '찐 콩을 볕에 말리고 뜨거운 물에 껍질을 벗긴 것에 소금, 밀누룩, 밀떡, 향초를 섞고 발효시켜 소금물에 넣어 자주 저어주면 20일에 먹을 수 있고, 맛 좋은 것은 100일이 지나야 한다.'
- 박물지(博物誌, 진대(晉代) : '시(豉)를 외국원산라고 기록'
- 신당서(중국) : '발해국의 수도인 책성(柵城)이 시의 명산지이며 시의 냄새를 고려취(高麗臭)라고 한다.'

1) 삼국시대

우리나라 장(醬)의 기원은 확실치 않으나, 기록적으로 통일신라시대 초기(1,300년 전)에 장류가 있었음을 알 수 있다.

우리나라의 콩의 등장(기원전 2,000~1,500년)을 고려하면, 장류의 기원도 약 2,000년 전이 될 것으로 짐작된다. 삼국시대의 장(醬)은 중국에서도 인정할 정도로 우수하였다. 또한 일본 문헌을 근거로 볼 때, 삼국시대이전부터 이미 된장, 간장이 한데 섞인 걸쭉한 장을 먹었으며, 삼국시대에 와서 간장과 된장을 분리하여 먹은 것으로 추정된다.

– 문헌고찰 –

- 삼국사기(三國史記) 신문왕 3년조(681~692)
  '왕이 김흠운의 딸을 부인으로 맞이하는 데 납채(納采)로 쌀(米), 술(酒), 기름(油), 꿀(蜜), 장(醬), 시(豉), 포(脯), 해(醢) 등 135수레와 조곡(組穀)

150수레를 보냈다.'

- 삼국지 위지 동이전 '고구려 사람은 발효식품을 잘 만든다.'
- 봉사일정경고작해(771년, 일본)

  '콩 5말로 메주를 만들고 이것을 소금물에 담가 간장 4말 2되를 얻는다.'

2) 고려시대

고려시대에는 장이 생명유지에 필수적인 구황식품으로 사용되었으나, 고려시대의 장 담그는 법에 대한 기록이 없어 발달과정을 알 수 없다. 그러나 일본 동아((東雅)의 기록을 통하여 고려시대의 말장(末醬)이 일본으로 전해져 미소(味噌)라는 이름으로 불리게 되었다.

즉, 장(醬)은 만주어로 장을 미순(misun)이라 하고, 계림유사 고려방언에는 밀조라 하고, 증보산림경제에는 말장이라 적고, 메조라 불렀다. 따라서 미순 → 밀조 → 며조 → 미소의 계열이 성립된다.

– 문헌고찰 –

- 고려사 식화지(食貨志)

  '현종 10년(1018년)에 거란의 침입으로 추위와 굶주림에 떠는 백성들에게 소금과 장을 나누어 주었다. 문종 6년(1052년)에는 개경의 굶주린 백성 3만명에게 쌀, 조, 시(메주)를 내렸다.'
- 동아(東雅, 1717 일본) '고려의 장인 말장(末醬)이 일본에 와서 그 나라 방언대로 미소라 한다. 그들은 미소라고도 하고 고려장(高麗醬)이라고도 하였다.'

3) 조선시대

조선시대에는 장 만드는 기술이 다양하게 발달하였다. 취청장법(取淸醬法)법의 발달로 된장과 간장을 따로 제조하였으며, 오늘날의 된장의 형태를 이룬 시기이다. 또 장문화가 정착되면서 음식 맛을 주도하고, 장(醬)이 식생활의 필수품으로 정착되어 장(醬) 담그는 것이 연례행사로 되었다.

- 증보산림경제

  '장(醬)은 장(將)이다. 모든 맛의 으뜸이요 장맛이 나쁘면, 채소나 맛있는 고기가 있어도 좋은 요리가 될 수 없다. 촌야의 사람이 고기를 얻지 못해도 좋은 장이 있으면 반찬에 걱정이 없다.'

2. 된장

1) 메주의 제조

메주의 원료인 콩은 삶거나 쪄서 사용한다. 이는 콩을 익히면 세포벽이 파괴되고, 콩단백질이 변성되어 효소작용이 용이해지고, 살균효과가 있기 때문이다. 익힌 콩은 식기 전에 찧어 덩어리를 성형하여 볏짚을 깔고 표면을 말린다. 그 후 메주를 새끼줄에 매달아 따뜻한 방에 둔다. 이 과정에서 메주표면이 건조되어 메주표면에 붙어 있는 유해 미생물의 번식이 억제되고, 털곰팡이(*Mucor*)와 거미줄곰팡이(*Rhizopus*), 황국균(*Aspergullus orayzae*)은 번식된다. 또 표면보다 수분이 많은 메주내부에는 고초균(*Bacillus subtilis*)이 번식하게 된다. 메주덩어리를 볏짚을 깔고 말리거나 새끼줄에 매다는 이유는 볏짚에 부착되어 있는 고초균, 거미줄곰팡이, 털곰팡이, 효모들을 번식시켜 이들의 분비효소에 의해 전분을 당화하고, 콩 단백질을 분해하여 감칠맛의 아미노산을 생성하기 위함이다.

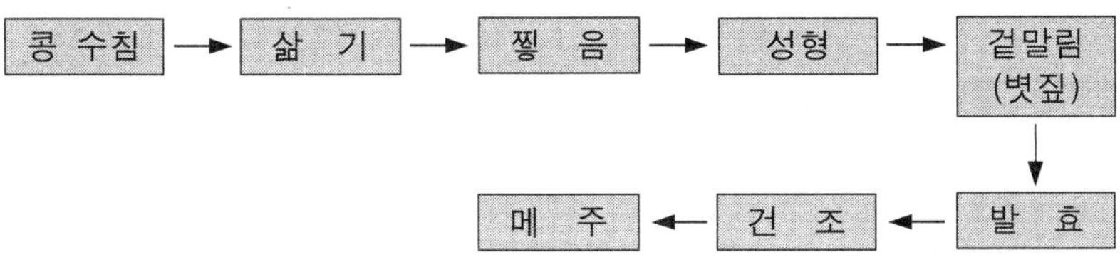

[그림 9-5] 메주 제조 공정

잘 뜬 메주는 겉이 백색 또는 갈색이고, 속은 황갈색이다. 속이 검은 것은 잡균이 번식된 것으로 장을 담그면 맛이 쓰고, 짜다.

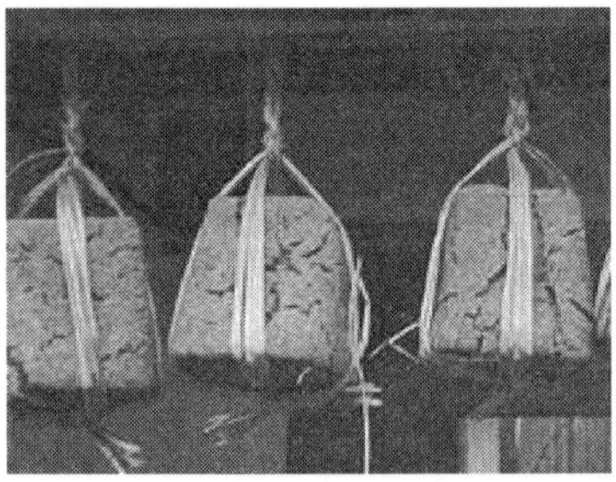

[그림 9-6] 메주

2) 전통된장(재래된장) 및 개량된장

현재 된장은 전통된장(재래된장)과 개량된장으로 구분된다. 전통된장은 콩만으로 만든 메주에 소금과 물을 넣어 담그며, 개량된장은 전분질원료(쌀, 보리, 밀 등)에 황국균(*Aspergillus oryzae*)을 번식시킨 고지(koji)에 삶은 콩과 소금을 넣어 담근다. 즉, 개량식 된장은 우리의 전통된장과 일본된장((미소, 味噌)의 장점을 섞어 만든 된장이다(그림 9-7).

고지(koji) : 전분질원료(쌀, 보리, 밀 등)에 황국균(*Aspergillus oryzae*)을 번식시킨 것

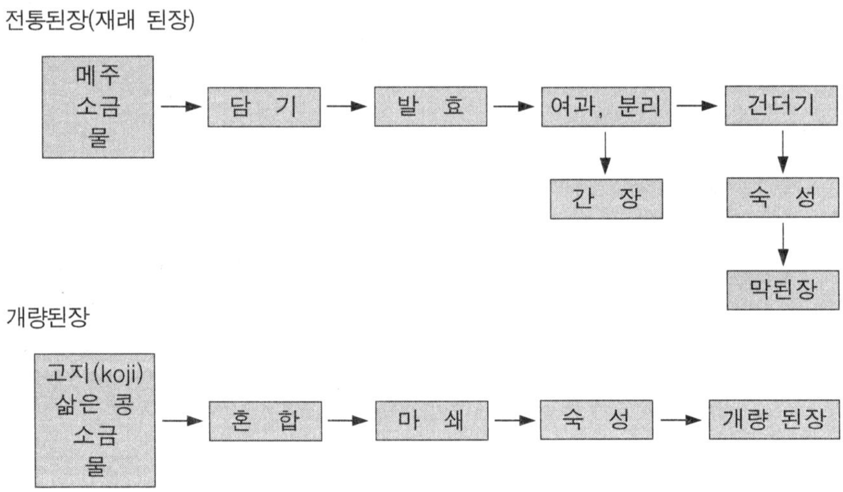

[그림 9-7] 전통된장(재래된장)과 개량된장의 제조

또한, 우리의 전통된장과 일본 된장은 여러 가지 차이점이 있다. 우리의 전통된장의 주발효균은 고초균(*Bacillus subtilis*)인 반면, 일본된장의 주발

효균은 황국균(*Aspergillus oryzae*)이다. 또한 전통된장은 콩만으로 만드는 반면, 일본된장은 쌀, 밀, 보리 등을 혼합하여 만든다. 일본된장은 크게 적된장과 백된장으로 분류된다. 콩의 함량이 높은 것은 붉은 색을 띤다고 하여 적된장(赤味噌)라고 하며, 쌀을 많이 넣은 것은 백된장(白味噌)이라고 한다. 이와 같이 일본된장은 쌀, 밀, 보리 등 전분질이 많은 곡류를 사용하고, 전분 분해능이 우수한 황곡균을 사용하기 때문에 우리의 전통된장보다 단맛이 강하고 부드럽다.

삼국시대에 일본에 건너간 우리의 된장이 지금의 일본된장(미소, 味噌)로 개량된 이유는 일본의 해양성기후 때문인 것으로 보인다. 우리나라의 기후조건은 메주발효에 적당하기 때문에 우리의 메주와 된장은 볏짚을 좋아하는 세균, 곰팡이, 효모 등의 작용에 의해 만든다. 반면, 일본은 기온이 습하여 쉽게 부패하기 때문에 우리와 같은 메주를 만들 수 없다. 특히 우리의 전통된장에는 고초균의 작용에 의해 특유의 풍미를 나타낸다. 즉, 메주를 볏짚에 매어 건조시키면, 이때 볏짚을 좋아하는 고초균이 번식하여 된장 고유의 풍미를 나타낸다.

- 문헌고찰 -

- 증보산림경제

  '콩을 하룻밤 물에 담갔다가 익힌 것을 절구에 찧어 둥글게 메주모양으로 만든다.'

- 호쥬비요우와매이혼소(1671년)

  '요즘의 미소는 콩과 쌀누룩으로 만들지만 본래의 미소는 콩만을 삶아 찧어 둥글거나 모난 떡모양을 하여 건조한 장메주 즉, 병국(餠麴)을 만들고, 이것을 빻아 소금과 함께 통에 채워 숙성시킨 것이다. 지금도 산촌에서는 콩메주로 된장을 만들고 있다.'

  - 옛날 일본은 우리와 같은 콩누룩을 사용하였으나 현재는 쌀누룩을 이용

이러한 기후조건의 차이에 의해 일본된장은 곰팡이의 일종인 고지균을 쌀에 미리 배양하여 콩과 섞어 만들어 단일균이 작용하지만, 우리전통 된장에는 자연에 사는 여러 복합균 즉, 곰팡이와 효소 등이 작용하여, 혈전용해능

력, 항암효과 등이 뛰어난다. 그러나 우리나라 전통된장은 자연균을 이용하기 때문에 균일한 제품생산이 어렵다. 또 우리의 전통된장은 끓일수록 맛이 좋아지지만, 일본된장은 다른 재료를 먼저 충분히 익힌 후, 된장을 넣어 살짝 끓여야 제 맛이 난다. 일본된장은 맛이 짜지 않아 맑은 된장국이나 나물무침, 샐러드 소스에 이용한다.

근래에는 콩에 황국균(*Aspergullus orayzae*)을 배양한 것(고지, koji)를 개량메주라고 하여 상품화하고 있다.

3) 된장의 종류

전통된장의 종류는 다양하여 막된장, 토장, 막장, 즙장 등이 있다(표 9-3).

[표 9-3] 전통된장의 종류

막된장	간장을 빼고 난 건더기로 만든 된장
토 장	(1) 간장을 빼지 않고 만든 된장 또는 (2) 막된장에 메주와 소금물을 넣어 2~3개월 숙성시킨 된장.
막 장	토장과 비슷하나, 수분이 더 많고 햇볕이나 따뜻한 곳에서 발효를 촉진시킨 속성된장. 보리, 밀을 띄워 단맛이 있다.
즙 장	토장과 비슷하나, 수분이 더 많고, 무, 고추, 배춧잎을 넣어 숙성시킨 된장

4) 장에 관한 민속

우리 민족은 오래전부터 장을 모든 음식의 주종으로 여겨왔다. 그래서 장을 담글 때부터 신중을 기했다.

① 합장사와 성씨

장맛이 변하면 집안에 불길할 징조라 하여, 장을 담글 때는 먼저 택일을 하고 고사를 지냈다. 담글 때에는 신일(辛日)을 피했다. 이는 신(辛)이 신맛과 음이 같아 장이 시어진다는 관념에서 나온 것이다

선조가 정유재란으로 함경도로 피신할 때, 신씨 성의 합장사로 선임했는데 조정 대신들이 반대하였다. 그 이유는 장을 담글 때 금기로 삼는 신일(辛日)의 신(辛)과 신씨 성은 음이 같아 장을 버리게 된다는 것이었다.

그 후부터 신씨(申氏)나 신씨(辛氏)가문에서는 성이 다른 사돈집에 가서 장을 담가 오는 풍습이 생겼고, 신씨 이웃집에서는 신씨 집의 담과 가장 먼

곳에 장독대를 설치하였다.

- 합장사는 임금이 피난을 가게 되면 피난지에서 임금이 드실 장을 마련 한다.

② 장 담그기 3일전부터 조심

가정에서 장을 담그는 일은 대단히 중요한 행사이다.

- 주부는 3일전부터 외출을 삼가고, 부정 타지 않도록 몸가짐을 조심해야 한다.
- 개를 꾸짖어도 안 되고 부부관계도 삼간다.
- 장 담그는 날에는 목욕재계하고, 메주 한 덩이, 소금, 볶은 고추 등을 차려 고사를 지냈다. 심하게는 장 담그는 여인네의 입을 창호지로 봉해, 여인의 음기가 발산되지 못하게 하고 작업한다. 만일 음기가 발산되면 장맛이 변하거나 못쓰게 되기 때문이다.

③ 장을 담은 후 3일 동안 몸가짐을 조심한다. 상가 집이나 흉한 곳에 가지 않고, 해산한 여인이나 월경이 있는 여인, 잡인 등은 장광 근처에 접근하지 못하도록 한다.

- 규합총서(1815)

  '장 담그기에 가장 좋은 날은 병인일(호랑이날), 정묘일(토끼날)이다. 신일(辛日)에 담그면 간장이 시어지고, 우수, 입동, 춘(추)분, 삼복 때 담그면 벌레가 생기지 않는다. 삼복일이나 해돋기 전 또는 그믐날 얼굴을 북으로 두고 장을 담그거나 장독의 태세방향(太歲方向)으로 두면 벌레가 안 생긴다. 또한 여름에 비가 그친 직후의 우물물은 쓰지 말고 장 담근 지, 21일안에는 아기 낳는 곳과 초상난 집에 가지 말고, 낯선 잡인을 가까이하지 말라. 하루 2번씩 냉수로 장독을 깨끗이 씻으라.'

태세(太歲) : 그해의 간지(干支)

5) 장항아리의 관리

만일 장이 잘못되면 집안에 불길한 일이 생길 징조라 하여, 주부들은 장이나 장독대 관리에 정성을 다 했다.

장맛이 나빠지는 것은 잡귀가 장을 먼저 먹기 때문이라고 하여, 장항아리에 붉은 고추, 대추 등을 넣거나 달군 숯을 띄워 귀신의 침입을 막았다. 숯을 넣는 것은 귀신이 숯구멍으로 들어가거나 장맛이 불같이 일어나라는 뜻으로 생각된다.

또 장독에 새끼줄이나 청솔가지를 매달았다. 고추의 붉은색과 청솔가지의 청색은 양색(陽色)으로, 잡귀의 침입을 막아 장맛을 지키려는 의미가 담겨 있다. 또 장독대 주위에 붉은 맨드라미를 심는 이유도 같은 의미이다. 이렇게 주술적 의미로 고추나 숯을 장에 넣었지만, 과학적으로 살균과 흡착의 효과가 있음이 밝혀지고 있다.

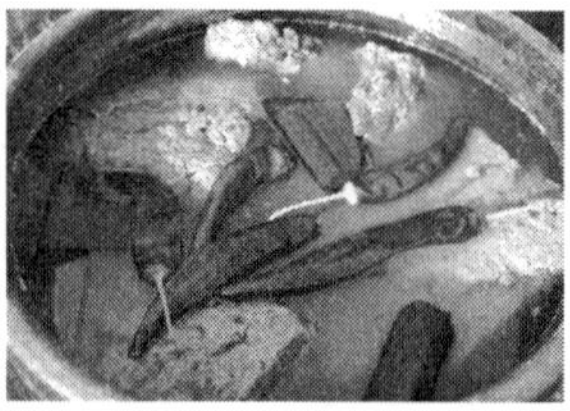

또 종이버선본을 독에 거꾸로 붙이거나 줄에 매달았는데, 이는 장맛이 변했더라도 다시 제 맛으로 돌아오라는 의미와 장을 더럽히는 귀신이 버선 속으로 들어가 못나오게 한다는 뜻이 있다. 또 그리마나 지네는 얼비치는 빛을 싫어하기 때문에 종이버선본을 매달아 두면, 근처에 얼씬거리지 않는다고 한다.

장독은 가장 양지 바른 곳에 두고, 납작한 돌을 2~3층으로 깔아 평지보다 높게 한다. 앞쪽에는 키가 작은 항아리를, 뒤에는 키가 큰 항아리를 놓아, 햇볕을 골고루 받도록 하였다. 해가 뜨면 뚜껑을 열고, 해가 지면 덮는 일을 게을리 하지 않았다. 대개 큰 독에는 간장을 담고, 작은 독에는 된장을 담는다.

장독의 모양도 지역에 따라 다르다. 중부지방의 장독은 남부지방의 것보다 배부분의 지름이 좁고 키가 크며 입이 넓다. 중부지방의 장독이 입이 더 넓은 이유는 남부보다 기온이 낮기 때문에 햇볕을 더 많이 받게 하기 위함이다.

또 시집갈 규수를 보러 온 매파나 시집식구는 장독대를 보고 그 집의 사람됨을 짐작하고 혼사여부를 결정하였다. 이외에 장독대는 고사를 지내는 제단으로 사용되어, 가족의 무병을, 과거급제를, 자식점지 등을 장독대에 정화수 한 사발을 놓고 기원하기도 하였다.

6) 문헌상의 된장의 효능

된장은 성질이 차고 맛이 짜며 독이 없다. 콩된장은 (1) 해독·해열에 사용되어 독벌레나 뱀, 벌레에 물리거나 쏘여 생기는 독을 풀어주고, (2) 불이나 뜨거운 물에 덴 데, (3) 머리가 터진 데 바르면 치료가 되고, (4) 머슴들이 명절에 술병이 나면 된장국으로 속풀이를 하였다.

한편, 된장에는 비린내를 없애는 교취효과(矯臭效果)가 있는데, 이것은 된장의 주성분인 단백질이 여러 냄새를 흡착하기 때문이다. 고등어나 게 등 비린내 나는 생선요리와 일부 조수육(鳥獸肉) 요리의 비린내를 없애고 맛을 돋울 수 있다.

콩에 함유되어 있는 아이소플라본은 포도당 잔기가 $\beta-1,4$ glycoside결합을 한 배당체의 형태로 대부분 존재하지만, 된장에는 당이 분해된 아글리콘(aglycone)형태가 많이 존재한다. 아글리콘형태는 배당체형태보다 흡수가 빠르며, 생리활성도 높다. 따라서 아글리콘을 많이 함유한 된장은 콩보다 생리활성이 강하여 질병예방에 더 효과적이다.

- 동의보감
  '메주는 감기, 체했을 때, 천식 등에 효과가 있고, 식품의 독을 없앤다. 장은 흔히 콩과 밀로 만들지만, 그 약효가 두장(豆醬)에 미치지 못한다.'

3. 청국장

청국장은 콩을 삶아 볏짚으로 싸서 35~40℃(80% 습도 유지)에서 2~3일 발효하여 만든다. 청국장은 보통 가을~다음해 봄에 걸쳐 만들어 먹는다. 발효 중 볏짚 중의 고초균(*Bacillus subtilis*)이 대두단백질를 분해하여 청국장 특유의 냄새와 하얀 실모양의 점성물질을 만든다. 볏짚 중의 고초균의 활성이 강할수록 청국장 맛이 좋아지기 때문에 볏짚의 선택이 청국장의 품질을 좌우한다. 보통 균은 50~60℃에서 거의 사멸되지만, 고초균의 최적생육온도는 45℃이며, 65℃까지 생육한다. 포자를 형성하면 120℃까지 견디는 고온성 균이다. 따라서 청국장균은 콩이 뜨거울 때 접종하여도 생육에 지장이 없으며, 오히려 고온으로 인한 충격으로 발아가 촉진된다.

– 문헌고찰 : 청국장 만드는 법 –

- 제민요술(齊民要術) : 500년 초

  '콩을 삶아 어두운 방에 두면 곰팡이의 번식으로 황의(黃衣)가 덮이고, 단백질이 분해된다. 이것을 씻어 균사를 제거하고 짚을 깔은 움속에 두면 짚에 붙어 있는 균에 의해 콩이 분해되고 점질물도 생성된다. 이것을 햇볕에 말려 물에 우려 조미료로 쓰거나 건조하지 않고 그대로 쓰기도 한다.'
- 증보산림경제

  '햇콩 한 말을 삶아 멍석에 싸서 3일 동안 온돌방에서 두어 실이 생기면 꺼낸다. 따로 콩 5되를 볶아 껍질을 벗겨 분쇄한다. 이것을 전자와 함께 절구에 찧어 소금을 넣고 햇빛에 말린다. 소금은 맛을 보아 가감한다. 너무 짜면 다시 꺼내 가지, 오이, 동아편, 무를 사이에 넣어 항아리를 진흙으로 봉하고 겨불 속에 묻어 하룻밤 지나 꺼낸다.'

청국장과 비슷한 형태로는 일본의 낫토(納豆, natto)와 인도네시아의 템페(tempeh)가 있다. 일본의 낫토는 청국장으로부터 분리한 균주(*Bacillus natto*)를 배양하여 위생적이며, 안전한 제품을 생산되고 있다.

청국장 낫토(納豆) 템페

[그림 9-8] 청국장, 낫토 및 템페

일본에서는 7월 10일을 '낫토의 날'로 정하여 다양한 행사를 벌인다. 7월 10일로 정한 이유는 "7"이라는 숫자가 일본어의 "나나(なな)"이고, "10"

의 "토오(とお)"에서 따온 것이다. 이 날은 낫토를 먹기 위한 캠페인이 펼쳐지고, 특별한 홍보행사가 벌어진다.

템페는 인도네시아의 콩 발효식품이다. 템페는 불린 콩을 발효균인 라이조프스(*Rhizopus oligosporus*)으로 발효시킨 것이다. 발효된 템페는 청국장과는 달리 콩사이에 백색곰팡이가 번식하여 단단하게 된다. 템페는 간장을 발라 굽거나 얇게 썰어 기름에 튀겨 먹고 또는 스프에 넣어 먹는다. 청국장이나 낫토는 세균에 의해 끈적끈적하게 만들어진 반면, 템페는 라이조프스 곰팡이에 의해 단단하게 만들어진 점이 다르다.

[표 9-4] 청국장, 낫토, 템페의 차이점

	청국장	낫 토	템 페
발효균	볏짚속의 고초균(*Bacillus subtilis*)을 이용	순수배양한 고초균(*Bacillus natto*)[1]를 이용	곰팡이균(백색) (*Rhizopus Oligosporus*)
재 료	콩만을 이용	콩만을 이용	껍질 벗긴 콩만을 이용
특 징	파, 마늘, 고춧가루, 소금을 넣어 저장성을 향상. 주로 찌개용으로 사용	자체를 먹거나, 간장이나 달걀을 넣어 먹는 등 먹는 방법	얇게 썰어 튀겨 먹거나 소금, 향신료, 매콤한 소스를 뿌려 먹음
기 타	현재는 대두, 쌀, 보리, 밀, 탈지대두 등에 식염, 종균(*Bacillus natto*)을 섞어 제조		청국장이나 낫토와 달리 끈적거림이 없고 단단함. 표면에 하얀 균사가 덮힘.

1) *Bacillus natto* : 1905년 동경대학의 사와무라박사는 낫토에서 분리한 균

1) 청국장의 성분

청국장은 된장이나 고추장에 비해 발효기간이 짧고, 발효 중 생성되는 강한 프로테이스(protease)에 의해 단백질분해가 빠르다.

청국장의 특유냄새는 발효에 의해 생성된 암모니아 가스에 기인되며, 점성물질은 폴리글루타메이트(polyglutamate), 글루탐산(glutamic acid), 과당중합물의 혼합물이다. 폴리글루타메이트는 서브틸린(subtilin)이라는 항암물질을 생성한다. 글루탐산은 음전하를 띄고 있고, 폴리글루타메이트도 보습제

로서의 특성을 갖고 있어 화장품에도 이용되고 있다. 이외에도 면역증강 효과가 있는 고분자 핵산, 항산화물질, 혈전용해 효과가 있는 단백질 분해효소 등이 생성되는 것으로 알려져 있다.

2) 청국장의 유래

담복장 : 청국장을 다른 말로 담복장이라고도 하지만, 청국장에 무채나 생강 등의 부원료를 넣어 만든 장을 말하기 한다.

청나라에서 유래되었다하여 청국장(清国醤)이라 하고, 청나라의 누룩(麹)과 같다고 하여 청국장(清麹醤)이라 한다. 또 바쁜 전시에 빨리 만들어 먹을 수 있는 장이라 하여 전국장(戦国醤)이라고 불렸다는 설도 있다. 병자호란(1636년)이전의 문헌에서 청국장이나 전국장이 보이지 않기 때문에, 병자호란에 참전한 청나라 병사의 주된 군량이었던 것으로 보이며, 이 때 청국장이란 말이 생긴 것으로 추정된다.

4. 간장

1) 간장의 어원

간장의 간은 소금기의 짠맛(Salty)을 의미하고 艮醤(간장)으로 쓰기도 한다. 훈몽자회(訓蒙字会, 1527년)에서는 '장'으로, 규합총서(1809년)에서는 한글인 '지령'으로 표기되어 있다. 서울말로는 지렴이라고 하였다.

즉, 간장은 된장을 구분하기 표기하기 위해, 고려시대에 된장은 장(醤)으로, 간장은 장(漿, 마실 장)이라고 불렀으며, 그 후, 장즙(醤汁) → 장유(醤油) → 지령 → 간장으로 바뀌었다.

2) 간장의 종류

간장은 농도에 따라 맑은 햇장을 청장(清醤), 3~4년 묵은 것을 중간장, 5년 이상 묵은 장은 진장(陳醤)으로 분류한다. 또 원료에 따라서 조선간장(전통간장, 재래간장), 일본간장(개량간장), 어간장으로 분류되며, 제조방법에 따라 재래간장, 개량간장, 산분해간장(화학식)간장으로 분류한다(표 9-5).

재래간장은 콩으로 만든 메주를 사용하여 *Bacillus subtilis* 세균에 의한 발효로 만드는 반면, 개량간장은 콩과 전분질을 혼합하여 곰팡이균인 *Aspergillus oryzae*에 의한 발효로 만들어진다. 개량간장은 재래간장에 비해 단맛이 강하고 색이 진한 것이 특징이며, 이는 첨가된 전분의 분해로 생성되는 당류의 단맛 때문이다.

따라서 재래간장은 엷은 색이 나는 국이나 찌개, 나물무침 등 담백한 맛을 낼 때 주로 사용한다. 국간장이라고 하면 재래간장 즉, 조선간장을 말한다.

[표 9-5] 간장의 분류

간장의 종류			
	청장(淸醬)	중간장	진장(陳醬)
농도에 따른 분류	숙성시간 : 1~2년 색이 연하고, 짠맛이 강하며, 주로 맑은 국, 탕에 쓰인다.	숙성기간 : 3~4년 나물 무침, 찌게, 국에 이용	숙성기간 : 5년 이상 색이 검고, 감칠맛, 단맛이 강하며, 찜, 조림 등
원료에 따른 분류	조선간장(전통간장)	일본간장	어(漁)간장
	콩만을 사용하며, 주로 세균(*Bacillus subtilis*)에 발효	콩과 전분질을 혼합하며, 곰팡이(*Aspergillus oryzae*)를 사용.	어체나 그 내장을 원료로 사용하며, 자체효소에 의해 분해, 숙성한다.
제조법에 따른 분류	재래간장(양조간장)	개량간장(양조간장)	산 분해간장 (아미노산간장)
	순콩으로 제조	콩, 밀로 제조하여 부산물인 된장이 나오지 않음	염산으로 탈지대두 단백질을 가수분해하여 제조. 맛과 향이 떨어지지만 값이 싸다.

진장(真醬)은 진장(陳醬)보다 담근 햇수가 오래된 간장으로, 색이 검다. 농도가 진하고 맛이 좋음. 육포, 약식, 전복초 등에 쓰인다.

(1) 양조간장과 산 분해간장

양조간장은 재래간장과 개량간장으로 분류된다. 재래간장은 발효균으로 주로 고초균을, 개량식간장은 발효균으로 황국균(*Aspergillus oryzae*)을 사용하며 만든다.

한편, 산분해간장은 산으로 콩단백질을 가수분해하여 알칼리((Na_2CO_3)로 중화(pH 4.8~5.2)로 한 후 적당량의 소금, 착색제등을 첨가하여 만든 간장으로 아미노산간장이라고도 한다.

양조간장은 맛이 부드럽고 품질이 우수하지만, 많은 시간과 비용이 소요되며 원료 이용률이 떨어지는 단점이 있다. 산 분해간장은 맛과 향이 단조롭지만, 간단하고 단시간에 대량제조가 가능하고, 원료 이용률이 높다.

또한 산분해 간장의 원료로 사용되는 탈지대두를 염산으로 가수분해하면, 단백질은 아미노산으로, 지방은 지방산과 글리세롤로 분해된다. 이 때 글리세롤과 염산과의 반응으로 염소화합물을 형성하며, 그 중 가장 많이 형성되는 것이 MCPD(3-monochlo개-1,2propandiol)와 DCP(1,3-dichloro-2-propanol)이다.

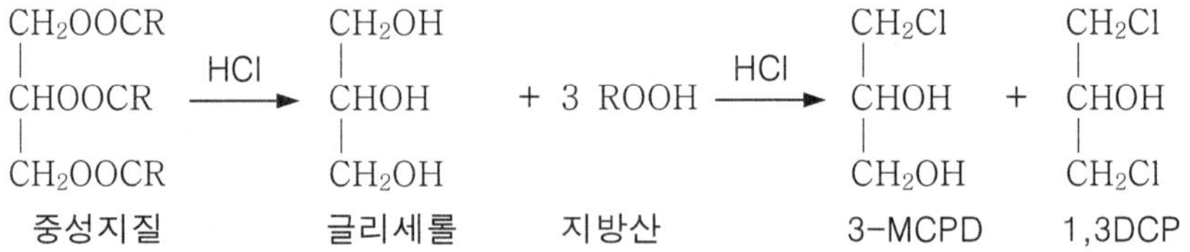

[그림 9-9] 산분해간장제조시 중성지질의 분해에 의한 MCPD 및 DCP 생성

이들은 피하조직의 용혈작용과 호흡기의 손상으로 강한 독성을 나타내며, 정자의 생산저하, 불임의 원인이 되는 것으로 알려져 있다.

한편, 시판되고 있는 간장제품은 산 분해간장, 양조간장, 혼합간장의 3가지 형태로 분류된다. 이중에서 양조간장과 산 분해간장을 혼합한 혼합간장은 기호성이나 가격에서 유리하기 때문에 많이 이용되고 있다.

5. 고추장

고추장은 고춧가루를 주원료로 찹쌀가루와 엿기름, 메주가루, 소금, 물 등을 섞은 후 발효시켜 만든다. 즉, 고추장은 된장과 달리 고춧가루, 엿기름, 찹쌀 등의 전분질을 사용한다. 또한 고추장용 메주는 된장 메주와는 달리 콩과 다른 전분질을 함께 넣어 만든다. 일반적으로 쓰이는 찹쌀가루 대신에 멥쌀, 밀, 또는 보릿가루 등의 전분질을 사용하기도 한다. 엿기름과 메주는 숙성 중에 전분을 분해하여 단맛의 당류, 구연산, 젖산, 아세트산 등 유기산과 알코올을 생성하여 고추장의 고유한 맛을 낸다.

따라서 고추장은 고추의 매운맛 이외에, 전분분해에 의한 당분의 단맛, 콩 단백질의 분해로 생성된 아미노산의 감칠맛, 소금의 짠맛이 잘 조화된 복합 향신료로서, 우리만의 전통 발효식품이다.

고추는 임진왜란(1592년) 때에 들어와, 점차 고추재배가 일반화되어, 18세기에 들어서면서 종래의 된장에 매운맛이 첨가된 고추장이 개발되었다.

고추가 전래되기 전에는 매운 맛을 내기 위해 후추, 천초(산초), 생강, 마늘 등의 향신료를 사용하였다. 천초로 만든 장을 천초장(川椒醬)이라 하였다.

현재 공장에서 생산되는 개량고추장은 주로 밀가루를 주원료로 황국균(*Aspergillus oryzae*)을 배양한 고지(koji)를 사용하여, 고춧가루, 소금, 물엿(또는 조청) 등을 넣어 만든다.

[표 9-6] 고추장의 종류

찹쌀고추장	찹쌀가루, 고춧가루, 엿기름, 메주가루, 소금을 넣어 만든 고추장
밀가루고추장	가장 손쉽게 담그는 고추장으로, 밀가루를 엿기름물에 달인 후 메주가루, 고춧가루, 소금을 넣어 만든 고추장
멥쌀고추장	찹쌀고추장에 멥쌀을 섞어 만든 고추장
보리고추장	찐 보릿가루를 하얀 곰팡이가 필 때까지 띄운 후, 고춧가루, 메주가루, 소금을 넣어 만든 고추장. 엿기름은 사용하지 않는다.
수수고추장	수수가루와 소금물로 죽을 쑤고, 고춧가루, 엿기름, 메주가루, 소금을 넣어 만든 고추장
팥고추장	찐 멥쌀가루, 삶은 콩, 팥을 절구에 찧어 만든 고추장
약고추장	고추장에 물엿, 황설탕, 끓인 물엿을 넣어 만든 고추장. 육회나 비빔밥에 사용된다.
고구마고추장	삶은 고구마에 엿기름을 넣어 삭힌 물에 고춧가루, 메주가루, 소금을 넣어 만든 고추장
마늘고추장	마늘 다진 것을 고춧가루, 찹쌀가루, 메주가루와 섞어 만든 고추장
무거리고추장	메주가루를 만들고 남은 찌꺼기(무거리)에 고춧가루, 엿기름가루, 보릿가루를 넣어 만든 고추장. 보통 찌게용 고추장으로 사용되며, 맛이 새큼하고 달다.
대추찹쌀고추장	대추, 찹쌀가루, 고춧가루, 메주가루를 넣어 만든 고추장

– 문헌고찰 –

- 수문사설(松聞事說)의 식치방(1740년) : 순창고추장

'순창고추장은 곡창지대인 순창지방의 유명한 고추장 담금법으로 전복,

큰새우, 홍합, 생강 등을 첨가하여 다른 지방과 특이한 방법으로 담근다.'

- 규합총서(閨閤叢書, 1815) : 고추장 만드는 법
  삶은 콩 1말과 쌀 2되를 쪄 메주를 만든 후 가루를 내고, 여기에 소금 4되를 물에 타 섞고, 고춧가루(5~7홉)과 찹쌀 2되로 지은 밥을 섞어 만든다.
  - 지금은 찹쌀밥 대신 찹쌀 풀을 넣어 만들기도 한다.
- 임원십육지(林園十六志, 1827) : 고추장을 만초장(蠻草醬)이라 하여 담는 법을 소개

그 후, 고추장 제조방법의 지속적인 개발로 다양한 고추장이 등장하였다. 메주가루와 고춧가루에 찹쌀가루를 섞은 찹쌀고추장, 멥쌀을 섞은 쌀고추장, 수수를 섞은 수수고추장, 보리를 섞은 보리고추장, 밀을 섞은 밀고추장, 팥을 섞은 팥고추장, 누룽지를 섞은 누룽지 고추장 등이 개발되었다. 또한 처음에는 간장(청장)을 이용하여 간을 맞추던 방법이 사용되었으나, 그 후 지금과 같은 소금물로 간을 맞추는 방법으로 다양화되었다.

- 문헌고찰 -

- 역주방문(歷酒方文, 1800년대 중엽)
  '보리쌀을 섞는 고추장 담금법, 청장을 이용하여 간을 맞추는 방법을 이용'
- 증보산림경제(增補山林經濟, 1766년)
  '콩으로 만든 말장(末醬)가루 1말에 고춧가루 3홉, 찹쌀가루 1되를 간장으로 개어 햇볕에 숙성시킨다. 여기에 고추장의 맛을 좋게 하기 위해 말린 생선, 다시마 등을 넣는다.'

10장

김치의 문화

인류가 식품 보존을 위해 처음 행한 방법은 건조이며, 그 후 절임에서 발효로 이어졌다. 곡식이나 열매는 그대로 보존이 가능했으나, 수분이 많은 채소는 건조나 염장처리가 필요하였다.

우리 조상들도 소금을 이용한 채소의 절임방법을 개발하였고, 이것이 오늘날의 김치가 되었다. 채소를 염장하면, 자가효소(自家酵素)과 호염성(好塩性)세균의 번식으로 생성되는 아미노산과 젖산에 의해 숙성된다. 소금은 탈수작용으로 부패 미생물을 억제하고, 반대로 발효기능을 유도한다.

채소발효음식의 기원은 중국에서 발생하여 세계로 전파되었다는 중국설을 주장하는 학자들이 많다. 즉, 중국의 사천성 포채가 서쪽으로 전파되어 유럽의 사우어크라우트(Sauerkraut)와 피클이 되었고, 동쪽으로는 한국을 거쳐 일본으로 전파되어 각각 김치와 쯔게모노가 되었다는 것이다.

그러나 중국과 일본에는 채소의 소금 절임이나, 된장, 간장에 담근 장아찌식 절임과 젖산발효 초기에 머무른 비교적 담백한 채소 절임류가 많다. 또 식품의 5가지의 기본 맛에 젓갈로 인한 감칠맛과 발효미를 더한 독특한 풍미를 갖춘 채소발효식품은 한국 김치뿐이다. 이러한 김치는 한반도의 기후, 계절, 각 가정의 생활환경 및 식습관에 따라 다양하게 발달, 정착했다.

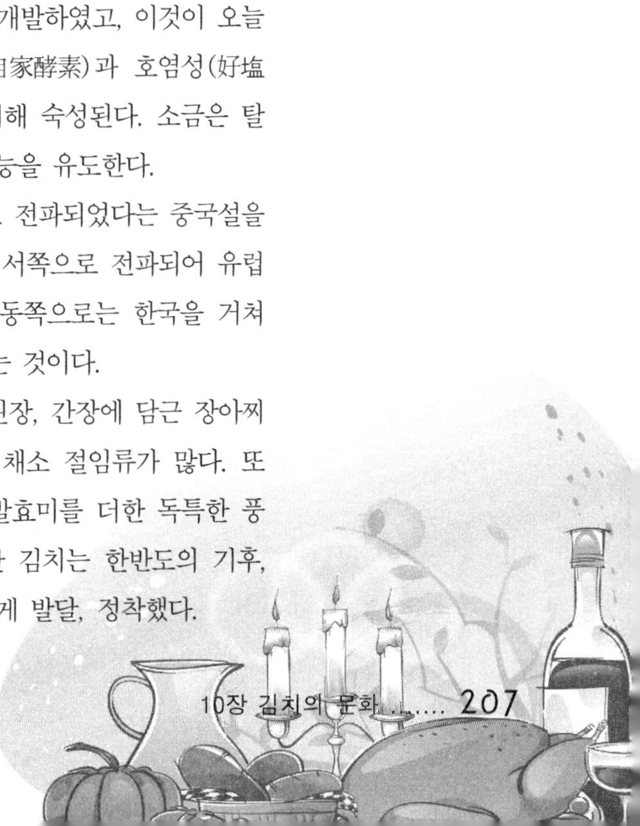

10.1. 김치의 유래

채소발효식품의 시초는 약 3,000년전 중국에서 오이를 이용한 채소절임이다(문헌고찰 참조).

– 문헌고찰 –

- 시경(詩經) 소아(小雅) : 약 2600~3000년 전의 중국 최초의 시집
  '밭두둑에 외가 열었다. 외를 깍아 저(菹)를 담자'
- 여씨춘추(呂氏春秋) : 진(秦)나라(BC 238~207) 여불위(呂不韋)
  '주문왕(周文王)이 저(菹를) 즐겨 먹어, 공자는 주문왕을 존경하는 나머지 콧등을 찌푸려 가며 저를 먹어 삼년 후에 이 맛을 즐길 수 있게 되었다.'
- 설문해자(說文解字) : '저(菹)는 신맛의 채소로, 오이를 초에 절인 것'

1. 김치, 김장의 어원

중국에서는 고대부터 소금에 절인 채소를 저(菹)라고 한다. 김치를 의미하는 우리 고유의 옛말로는 '디히' 와 '지' 가 있다. 김치라는 뜻의 '지' 는 중국의 저(菹)가 고려시대부터 소금에 담근다고 해서 지(漬)라고 불렀으며, 일본에서는 쓰게모노(漬物)로 불리게 되었다. 오늘날에도 '지' 를 오이지, 짠지, 젓국지, 싱건지처럼 채소발효식품을 지칭한다.

젓국지는 궁중의 통배추김치로서 젓국(황석어젓)을 냉수에 탄 국물로 담금 김치를 말하며, 싱건지는 소금물에 싱겁게 담근 김치를 말한다.

한편, 장아찌란 말은 장앳디히 > 장앗디히 > 장앗지이 > 장아찌로 변한 말이다.

– 문헌고찰 –

- 석명(釋名, 한말(漢末, 경의 사전)
  '저(菹)는 조(阻. 막힐 조)이므로 채소를 소금에 절여 숙성시키면 젖산이 생성되고, 이 젖산이 소금과 더불어 채소의 짓무름과 부패를 막아

준다.'

- 두시언해(杜時諺解, 1481) : 저(菹)를 「디히」라는 우리말로 기록
  - 디히 → 지히 → 지 로 변화

한편 김치란 말은 한자에인 함채(鹹采)에서 유래되었다는 설과 침채(沈菜)에서 유래되었다는 설이 있다.

① 김치를 의미하는 한자어는 함채(鹹采)이며, 소금에 절인 채소를 의미한다. 중국어 발음으로 함채는 함차이 또는 감차이이며, 이것이 김치로 변천하였다. 즉, 감채 → 김채 → 김치로 변천하였다.

② 침채(沈菜)는 '채소를 소금물에 담근다.'라는 뜻으로 채소를 소금에 절이면 숙성되면서 채소 속의 수분이 빠져 나오고, 채소자체는 물속에 잠긴다는 의미이다. 따라서 침채는 팀채 혹은 딤채로 발음되고 이것이 구개음화로 인해 짐치가 되었다가 오늘날 '김치'가 되었다.

즉, 침채(沈菜) → 팀채 혹은 딤채 → 짐채 → 김채 → 김치로 변화하였다.

침채는 중국에는 없는 말로 우리가 개발한 용어로 추정된다.

또한 김장이란 하는 말은 침장(沈藏)에서 유래되었다. 또 무를 소금물에 담구어 만든 김치를 동치미라 하는데, 동치미란 겨울에 담그는 김치라는 의미의 동침(冬沈)에서 유래하였다.

- 왕조실록(王朝實錄) : '태조 7년(1398)에 오곡칠관(五穀七官)을 두었고 태종 9년에 침장고(沈藏庫)를 두었다.'
  - 침장고는 김장고를 의미한다.

10.2. 우리나라 김치의 역사

1. 삼국시대

삼국시대의 식생활에 관한 문헌은 매우 부족하지만, 우리문화의 절대적 영향을 받은 일본 문헌을 통해, 삼국시대이전부터 이미 김치류가 있었을 것으로 생각된다.

일본의 정창원문서(正倉院文書)나 연희식(延喜食)의 기록에 의하면 (1)소금물에 담그는 것, (2)술지게미에 소금을 섞어 담는 것, (3)발효기질로 곡물(콩, 쌀)을 쓰는 것, (4)느릅나무껍질 가루에 재우는 것, (5)장(醬)에 담그는 장아찌, (6)식초, 소금, 초지게미에 담그는 초절임류가 있었음을 알 수 있다(표 10-1).

[표 10-1] 일본 정창원문서(正倉院文書, 752년~)와 연희식(延喜食, 927년)에 기록된 김치

수수보리지(須須保利漬) : 곡물에 소금을 섞고 채소를 재운 김치

종 류	재 료	담그는법
소금지	-외무리, 가지, 파, 삽주, 미나리, 순무, 고사리, 다북쑥, 생강, 천초, 양하	-채소 1斗에 소금 3~4 合이 표준이고, 소금의 양은 가감함
단 지	-외무리, 가지	-소금 극소량
술지게미지	-외무리, 생강	-술지게미 + 소금
수수보리지	-푸성귀, 순무	-콩(또는 쌀) + 소금
느릅나무지	-아욱, 배추, 순무, 여뀌	-느릅나무껍질가루 + 소금
장(醬)지	-외무리, 가지	-장 + 소금 + 장지게미
들깻잎지	-들깻잎, 동아, 가지, 무	-장 + 소금
초 지	-동아, 순무	-초(醋) + 소금 + 초지게미

한편, 백제에서 전래된 일본의 수수보리지는 곡물을 사용하기 때문에, 기온이 높고 습기가 많은 일본에서는 쉽게 부패하여 점차 곡물 대신 쌀겨나 곡물지게미, 느릅나무껍질을 이용하게 된 것으로 생각된다. 결국, 일본의 단무지는 옛날 중국에서 백제로 전해졌고, 그 후 일본으로 전수된 것이다.

이런 발효 기술은 오늘날의 소금과 식초 또는 간장을 넣어 만든 짱아찌나 곡물 채소 생선을 버무려 삭힌 함경도 지방의 가자미식해와 안동식해, 북어식해 등에 이어지고 있다. 또, 삼국시대에는 아직 외래재배 채소류가 도입되기 전이라 주로 산나물이나 야생채소를 이용해 김치를 담갔을 것으로 보인다.

– 문헌고찰 –

- 삼국사기(三國史記) 신문왕편에서는 혜(醯, 김치무리)라는 용어가 등장
- 고사기(古事記, 일본)

  '오진텐노(應神天皇, 270~312)시대에 백제의 수수보리가 누룩으로 술

빚는 법을 가르치고, 자신은 일본의 주신(酒神)이 되었다.'

- 천상행장(川上行藏) : 일본 식품학자

'수수보리지의 곡물가루(콩이나 쌀)대신 쌀겨를 쓰면 오늘날 일본 단무지가 된다.'

2. 고려시대

고려시대에도 삼국시대와 마찬가지로 불교의 영향으로 육식이 억제되고 채소음식이 선호되었다. 이시대의 김치의 특징은 다음과 같다.

① 장아찌김치가 장아찌김치와 소금절임(짠지)김치로 분화, 발달하였다.

② 김치가 저장식품이 아닌 상용식품으로 발달되고, 김장의 풍습이 시작하였다.

이때의 소금에 절인 김치류는 오늘날의 짠지로 생각할 수 있다. 김치재료로 순무, 무, 배추 사용하였다. 그러나 현재의 통배추김치의 보편화되지 않았다.

③ 김치에 여뀌, 천초(川椒), 생강, 귤껍질 등의 향신료 사용하였다. 산촌잡영의 기록에 채소에 여뀌 등의 향신료를 섞은 김치가 있는 것으로 미루어, 고려시대에 이미 향신료를 섞은 김치들이 있었다고 짐작된다.

– 문헌고찰 –

- 목은집(牧隱集, 이색의 時) : 침채(沈菜), 산개염채(山芥塩菜), 장과(藏瓜), 된장에 담근 오이 장아찌) 등이 기록
- 고려사 예지(禮志) : 근저(미나리 김치), 구저(부추김치), 청저(나박김치), 순저(죽순김치) 등이 기록
- 동국이상국집(東國李相國集)의 가포육영(家圃六泳, 이규보, 1168~1241)

  '순무를 장에 넣으면 여름철에 먹기 좋고, 청염에 절이면 겨울 내내 먹는다. 순무는 뿌리가 땅 속으로 퍼지도록 비대하고 서리 내릴 때의 것이 좋으며, 칼로 자르면 배와 같다.'
- 민서 : 중국 고대 문헌

  '숭과 무청(蕪菁)은 같은 무리로, 잎이 가름하고 대가 길며 빛이 안 나는 것이 무청이요, 대가 짧으며 잎이 살찐 것이 숭이다.'
- 향약구급방(鄉藥救急方, 고려 1214~1259)

'숭(배추)은 줄기가 짧고 잎은 넓고 두터우며, 광대해 순무와도 비슷하나, 실털이 많다.'

- 겨울에도 시들지 않고 푸르러 소나무 풀이란 뜻으로 '숭'이라 하였다. 숭은 줄기가 희다고 하여 바이채(白采)라 하며, 이 바이채가 우리나라에 들어와 '배추'라고 불렸다. 배추는 숭채, 대백채(大白菜), 황아채(黃芽菜)라고도 한다.

- 산촌잡영(山村雜詠, 고려말, 이달충 詩) '여뀌 풀에 마름을 넣어 소금절임을 하였다.'

  - 여뀌 : 잎은 매운맛을 내며, 지혈작용(자궁출혈, 치질출혈 및 그 밖의 내출혈)이 있다. 일본에서는 싹이 튼 여뀌를 생선요리에 사용한다.

3. 조선시대

조선시대에는 결구배추가 도입 재배되면서 지금과 같은 김치의 형태가 시작되었다. 이때부터 김치는 이전에 사용하던 순무, 오이, 가지 대신에 배추와 무를 주재료로 하여 양념과 채소를 배추 속에 넣어 담그는 김장김치도 본격적으로 시작되었다.

- 동국세시기(東國歲時記, 1849년) : 홍석모

  '10월경의 김치 담그기를 침저(沈菹)라 해 국민에게 널리 보급했는데, 여름의 장 담그기와 더불어 국민생활의 2대 중요 행사가 되었다.'

또한 임진왜란 이후 고추가 도입되면서 김치는 지금의 화려한 모습으로 변화하였다. 우리 민족은 원래 열이 많고 매운 음식을 선호하여, 겨자, 후추와 같은 자극성 강한 향신료를 즐겨 써왔는데, 고추가 도입되면서 이들을 대신하였다. 소금물에만 담그거나 산초에 넣어 만들었던 김치에 고추를 첨가하게 됐다.

고추의 사용으로 김치의 부패를 억제하고, 소금사용량을 줄이게 되었다. 또한 고추, 파, 마늘, 생강과 같은 양념과 젓갈, 각종 해산물을 넣어 오늘날의 김치가 완성되었다. 그 후로는 과실, 육류, 잣 등 기호에 따라 재료를 보충하는 변화만 있었을 뿐, 지금의 김치는 조선시대에 완성된 것이다.

조선시대의 김치의 특징은 다음과 같다.

1) 김치에 배추 도입

1700년대 중엽 중국에서 처음 결구배추 종자가 들어와 1800년대 반결구 배추인 개성배추, 서울배추가 개발되어 지금의 결구배추가 생산되고, 미국, 캐나다, 멕시코 및 중남미 나라들로 전해졌다.

- 북학의(北學議, 1778년)
  '북경에서 가져온 배추종자를 서울에 심어야 하고, 3년 이상 심으면 순무가 되어 버린다.'

2) 김치에 고추, 젓갈의 도입

고추 유입 이전에는 생강, 산초 등으로 김치의 매운맛을 냈으며, 맨드라미나 잇꽃, 연지 등을 사용하여 김치의 붉은색을 냈었다. 고추가 김치에 도입된 것은 1700년 중반부터이며, 고춧가루가 김치에 사용된 것은 1700년대 후반이었다.

그 후(1815년) 김치에 고추와 젓갈을 결합시켜 오늘날의 김치를 개발되어 일반화되었다. 비린내가 나는 젓갈을 김치에 이용할 수 있었던 것은 고추의 존재 때문이다. 젓국에 고추를 넣어 양념하는 방법은 조선시대 중엽 궁중에서 발달하였으며, 궁중 김치에는 조기젓, 육젓, 새우젓을, 민간에서는 멸치젓이나 갈치젓을 주로 사용하였다. 지금은 일반적으로 새우젓, 멸치젓을 많이 사용한다.

– 문헌고찰 –

- 산림경제(山林經濟, 1715년) : 홍만선(洪萬選)
  '고추를 넣지 않고 소금, 식초에 절이거나 향신료와 섞어 만든 것을 기록'
  - 1700년대 초까지 : 김치에 고추 사용하지 않음
- 증보산림경제(增補山林經濟, 1766) 김치 담그는 법(총각김치, 오이소박이)
  '잎줄기가 달린 무에 청각채, 호박, 가지 등의 채소와 고추, 산초, 겨자

등의 향신료를 섞어 마늘즙을 넣고 담근다. 오이에 칼집을 내어 그 속에 고춧가루, 마늘을 넣어 삭힌다.'

- 경도잡지(京都雜志, 1700년대 말엽, 유득태) : 섞박지 설명
  '섞박지는 새우젓을 끓인 물에 무, 배추, 마늘, 고춧가루, 소라, 전복, 조기 등을 섞어 겨울을 묵힌 것으로 맛이 몹시 맵다.'

섞박지 : 소금에 절인 배추와 무를 넓적하게 썰어 소금, 고춧가루, 해산물 등을 섞어 버무린 후, 조기젓 국물을 부어 익힌 김치. 석박지, 속박지라고도 하지만, 섞박지가 맞는 말이다.

- 규합총서(閨閤叢書, 1815년) : 한글로 된 가정백과전서
  '김치의 한 종류인 동아 섞박지에는 고추와 조기젓국이 양념으로 쓰인다.'
- 임원십육지(1827년) : 젓갈김치인 해저방(海菹方), 즉 섞박지 등장
  '소금에 절인 잎줄기 달린 무에 오이, 배추 등의 채소나 청각 등의 해초를 넣고, 고추, 생강, 천초, 마늘 겨자 등의 향신료를 넣어 담근다. 거기에 젓갈, 조기, 전복, 소라, 낙지 등의 해산물과 신맛을 중화시키는 전복껍질이나 생굴껍질을 넣고, 적당한 소금과 적절한 온도에서 익혀 먹는다.'

[그림 10-1] 섞박지

3) 제상에 올려진 김치

18세기에는 일반인의 제사상에도 김치가 올려졌다. 오늘날 김치를 제사상에 올리는 집보다는 올리지 않는 집이 더 많다. 이는 김치에 들어 있는 고추나 마늘이 귀신을 쫓는다는 이유 때문이다. 전통을 중시하여 김치를 올리는 집에서도 실고추나 고춧가루는 귀신을 쫓는다하여 고추를 넣지 않은 나박김치를 올린다. 그것도 따지지 않는 집에서는 고춧가루가 들어간 배추김치를 둥근 통 모양으로 썰어서 제사상에 올리기도 한다.

– 문헌고찰 –

- 고려사(高麗史)와 국조오례의(國朝五禮儀) : 고려와 조선 왕실의 제사 상차림 기록
  '부추김치, 순무김치, 미나리김치, 죽순김치 등이 등장'
- 국조오례의
  '왕실제사인 관제(官祭)에서만 김치를 제물(祭物)로 올리고, 일반인의 제사인 속제(俗祭)에는 김치를 올리지 못하도록 했다.'
- 사례편람(四禮便覽)(1844년) : 관혼상제의 예서(禮書)
  반(飯), 탕(湯), 침채(沈菜)의 순서로 차려진 기제사 상차림을 그림으로 기술

10.3. 특별한 우리의 김치

1. 석류김치

궁중김치로서 보통 김치와 비슷하나 각종 전복, 잣, 소라 등 최고급 재료의 해산물을 사용하고, 젓갈로는 생조기, 조기젓을 주로 사용한다. 석류김치는 무를 바둑판으로 칼집을 내고 소를 채워 배추 잎으로 싸서 숙성시킨 김치이다.

석류김치 : 생긴 모양이 마치 석류처럼 벌어졌다고 해서 붙여진 이름이다.

[그림 10-2] 석류김치, 장김치 및 보쌈김치

2. 장김치

배추 줄기와 무를 네모모양으로 썰어 진간장에 절인 김치이다. 즉, 간장에

절인 배추와 무에 파, 마늘, 생강, 밤, 배, 표고버섯 등을 넣고, 배추를 절인 간장물에 물을 더 부어 간을 심심하게 한 후 다시 부어 익힌 김치이다. 장김치는 다른 김치보다 빨리 익으며 겨울철에 더 맛있다.

3. 보쌈김치

여러 가지 소를 넣고 배춧잎으로 보자기 싸듯 싸서 만든 김치로 개성의 향토음식이다. 만드는 법은 배추 잎사귀를 잘라 절여놓고 줄거리는 3cm 길이로 썰어 절인다. 소무, 배는 납작하게 썰고, 밤, 대추는 채썰며, 잣, 미나리, 파, 마늘, 생강, 실고추, 새우젓 오징어, 문어, 갈치 등을 넣어 만든다. 그릇 밑에 절여놓았던 배춧잎을 깔고 그 위에 절여놓았던 배추 줄기를 세우고 배추 사이사이에 소와 밤, 대추, 무, 사과, 배를 넣어 보자기 싸듯 싸서 만든다.

4. 숙깍뚜기, 숙섞박지

효도용 김치의 일종으로 잇몸이 약한 노인들이 먹기 쉽게 무를 삶아 무르게 한 후, 곱게 다진 새우젓과 고춧가루 등의 양념으로 버무린 김치이다.

5. 정깍두기

임산부용 김치로, 무를 정사각형으로 썰어 김치를 담근 김치로 반듯한 김치를 먹고 반듯한 마음을 가진 아이를 낳으라는 기원이 담긴 김치이다.

콩잎김치 고추김치 가지김치

[그림 10-3] 콩잎김치, 고추김치, 가지김치

6. 사찰김치

동물성 식품(젓갈류)과 오신채(파, 마늘, 달래, 부추, 흥거)를 사용하지 않은 김치이다. 김치 양념으로는 소금이나 간장, 고춧가루, 생강, 통깨 등이 쓰이고 산초가루나 산초 잎을 넣기도 한다.

10.4. 김치의 재료별 작용

김치의 재료인 배추, 무, 고추, 파, 마늘에는 다양한 비타민을 함유되어 있으며, 당질이나 단백질, 지방 같은 열량이 많은 영양소의 함량이 적다. 무기질로는 칼슘이나 나트륨이 많기 때문에 김치는 알칼리성 식품이다.

1. 소금

소금은 유해 미생물의 번식을 억제하여 부패를 막고, 젖산균과 같은 유효 미생물을 생육 번식시키는 작용을 한다. 또한 삼투압으로 배추 세포내의 수분이 밖으로 유출시킨다. 삼투압에 의한 세포간 물질교류로 조직감이 좋아지고 젖산발효가 촉진되어 채소에 풍미와 감칠맛(旨味)성분을 형성한다. 김치 절임에 사용하는 소금은 정제염이나 식탁염이 아닌 여러 무기질을 다량 함유한 천일염을 사용하여야 한다. 특히, 천일염 중의 칼슘은 채소의 펙틴질과 불용성 염을 형성하여, 펙티네이스(pectinase)의 작용을 억제함으로써, 김치의 독특한 아삭아삭한 조직감을 부여한다.

2. 배추

배추에는 비타민이나 미네랄이 많을 뿐 아니라 다양한 약리 성분 함유하고 있다. 메틸메싸이오닌(methyl methionine)은 메티오닌의 생물학적 활성형으로 동맥경화증 치료효과가 있으며, 메틸시스테인설폭사이드(methyl cysteinsulfoxide)는 위궤양 방지, 혈중 콜레스테롤 강하 효과가 있다.

3. 고추

고추의 매운 맛 성분인 캡사이신(capsaicine)은 (1) 젓갈의 산패를 억제하여 비린내를 제거하고, (2) 산화되기 쉬운 비타민 C의 산화를 방지하며, (3) 젖산발효 촉진한다. 또 소금 섭취를 줄여주는 작용을 한다. 실제로 음식에 고추를 사용하면 소금을 적게 사용해도 맛있게 느껴진다. 또한 고추에는 비타민 C가 많이 함유하고 있고(사과의 50배, 귤의 2~3배), 잘 발효된 김치 100g에는 비타민 C가 12~19mg 정도 함유)하고 있어 겨울철의 비타민 C의 급원이 된다. 한편 고추의 캡사이신은 지방 연소작용이 있어 체내의 지방축적 억제하는 작용이 있다.

4. 젓갈

젓갈은 숙성 기간 중에 자체의 자가분해효소와 미생물의 발효에 의해 생성되는 유리아미노산과 핵산분해산물의 상승작용으로 김치의 감칠맛을 향상시키고 김치숙성을 촉진시킨다.

따라서 김치에 젓갈을 넣는 것은 맛이나 영양적 측면에서 매우 이상적이다. 김치의 맛은 크게 북부지방과 남부지방으로 나뉘어 진다. 평안도 이북의 추운 지방은 덜 맵고 간도 싱겁고, 새우젓과 조기젓과 같은 담백한 젓갈이나 어패류를 넣는다. 반면 남부지방은 김치가 맵고 간이 짜며, 멸치젓이나 갈치젓과 같이 진한 맛의 젓갈을 사용한다.

10.5. 김치 숙성 중 일어나는 현상

1) 김치의 산패 현상

김치는 발효 중에 형성된 유기산에 의해 pH가 낮아지고, 이 현상이 지나치면 식품으로의 가치를 잃게 된다. 이러한 현상을 산패 현상이라 한다. 맛있는 김치를 장기간 먹으려면, 적당히 숙성시킨 후 미생물의 작용을 억제하여 그이상의 숙성을 막아야 한다. 그러나 김치가 숙성기를 지나 산패기에 들어가면 전체적인 산도는 높아지나, pH의 변화는 상대적으로 크지 않다. 이는 김치 중의 아미노산들에 의한 완충작용 때문이다.

2) 김치의 연부작용

김치의 연부작용은 김치가 물러지는 현상으로, 채소 중의 펙틴이 호기성 미생물에 의해 분비되는 펙티네이스(pectinase)의 작용에 의해 일어난다.

펙티네이스(pectinase) : 폴리갈락투로네이스(polygalacturonase)라고도 한다. 식품공업에서는 과즙의 청등화에 이용된다.

즉, 펙티네이스는 펙틴구조 중의 폴리갈락투론산의 α-1,4결합을 가수분해하여 저분자화하여 과실이나 김치를 연화시킨다. 이 효소의 활성은 공기와의 접촉을 막으면 억제할 수 있다. 즉, 김치를 무거운 것으로 눌러 주거나, 배추가 김치 국물에 잠기도록 하여 공기와의 접촉을 막아 주면, 연부작용을 억제할 수 있다. 또한 공기와의 접촉을 막아 주면, 식염효과를 가속화시켜, 배추 세포속의 즙(汁)이 빠르게 유출되고, 발효 중에 내염성 젖산균이 번식되어, 독특한 김치 맛의 형성과 잡균의 번식을 억제할 수 있다.

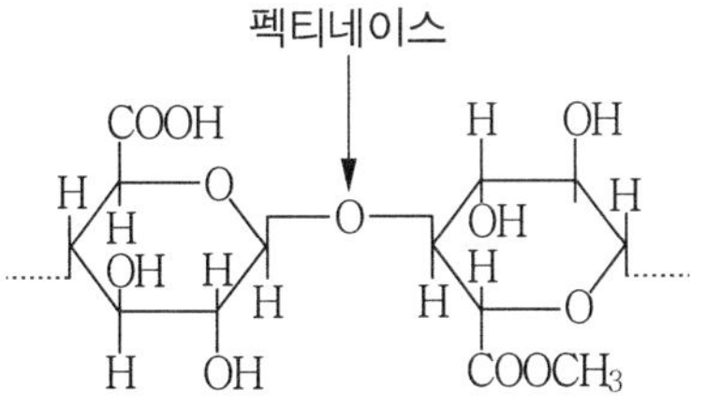

[그림 10-4] 펙티네이스의 작용

3) 김치가 걸쭉해지는 현상

김치가 숙성되면 김치국물이 걸쭉해지는 현상이 발생하는데, 이는 김치의 발효과정 중 생성된 덱스트란(dextran)에 기인된다. 덱스트란은 α-글루코오스가 1,6결합된 다당류의 일종이며, 김치를 담글 때 첨가되거나 발효 중 생성된 당에 의해 생성된다. 김치의 발효를 주도하는 *Leuconstoc mesenteroid*는 덱스트란 슈크레이스(dextran sucrase)라는 효소를 분비하고, 이 효소가 당을 덱스트란으로 전환시킨다. 김치에 덱스트란이 생기면, 맛이나 모양, 조직감이 나빠진다. 덱스트린은 당류의 첨가량을 많을수록, 오래 버무릴수록 많이 형성된다.

10.6. 외국의 대표적인 채소절임식품

채소절임음식이라는 기본 조리원리는 김치나 피클, 쯔게모노가 비슷하지만, 피클, 쯔게모노, 중국의 파오차이의 전체적인 맛은 초산균에 의한 신맛

(초산)이 강하다. 그러나 우리의 김치는 채소로 절였지만, 섬유질을 씹는 느낌은 다른 채소 절임 음식에 비해 매우 좋고, 특히 초산균보다는 유산균에 의한 신맛이 강하다.

외국의 대표적인 채소절임식품은 다음과 같다.

① 중국 : 중국의 사천요리 중의 파오차이는 우리의 물김치와 비슷하다. 장차이, 쑤안차이, 옌차이는 배추나 오이를 각각 장, 식초, 소금에 절인 식품이다.

② 일본의 쯔게모노(漬物, つけもの) : 우리의 백김치보다 약한 맛으로, 일본식 샐러드이며, 채소를 소금이나 된장 등에 절여 놓은 것이다. 매실을 장에 담가서 발효시킨 우메보시나 소금에 절인 무를 쌀겨에 묻어 발효시킨 다꾸앙(단무지)이 대표적이다. 우메보시는 매실을 시소잎으로 빨갛게 물들인 후 소금에 절인 후 햇볕에 말린 것이다.

우메보시는 매실장아찌의 일종으로, 나라시대에 중국으로부터 전래되었다. 문헌에 처음 기록된 것이 8세기 이후이며, 일반적으로 보급된 것은 가마쿠라시대(1192~1333)이후로 추정된다.

당시 우메보시는 연녹색이었으나, 1,600년대부터 우메보시를 담글 때 차조기잎(시소)을 넣어 지금과 같은 붉은색이 되었다. 우메보시는 신맛이 강해, 식욕촉진작용, 방부작용을 갖고 있다. 우메보시의 보존성은 매우 높아 보통 10년 정도 보존할 수 있고, 100년까지도 가능하다. 이러한 이유로 오니기리(주먹밥)속에 넣거나 죽에 넣어 먹기도 한다. 도시락의 흰밥위에 우메보시를 한개 얹어 놓은 모양이 일장기(日章旗)와 비슷하다하여 히노마루벤또(日の丸, 일장기도시락)라 부른다.

③ 서양의 피클 : 오이나 각종 과실을 식초에 절인 식품.

④ 독일의 사우어크라우트(Sauerkraut) : 양배추를 잘게 썰어 소금에 절여 젖산발효 시킨 식품.

⑤ 태국의 팍깟덩, 팍시얀 : 밥 지을 때 따라 낸 밥물과 소금물을 섞은 것에 채소를 절여 숙성시킨 것

⑥ 인도의 아차르(Achar) : 피클의 일종으로, 고추, 라임, 망고 등의 채소나 과일을 절인 식품.

⑦ 이외에도 인도네시아, 필리핀 등에서 양파, 파파야, 파인애플, 마늘 등의 채소와 과일을 식초나 소금물에 절인 식품들이 있다.

[그림 10-5] 여러 나라의 채소절임식품

10.7. 김치와 일본 기무치의 차이점

김치가 채소발효식품인 반면, 기무치는 비발효, 겉절이식 식품이다. 기무치는 김치의 일본식발음이다. 일본인들이 김치의 독특한 맛과 기능성을 인정하여 김치와 같이 담그되 그들의 입맛에 맞게 양념을 조정하고, 신맛이 나지 않게 숙성하지 않은 겉절이이다. 즉, 우리김치는 다양한 채소를 소금에 절인 후, 파, 마늘, 생강, 고춧가루, 젓갈 등의 양념을 넣어 발효시킨 것인 반면, 기무치는 고춧가루, 마늘, 젓갈을 적게 쓰고, 대신 간장, 설탕, 조미료, 파프리카 등의 양념으로 채소를 버무린 일본의 아사즈케와 비슷한 겉절이이다. 따라서 기무치는 김치에 비해 맛이 단순하고 순화되지 않은 것이다.

또한 김치에는 각종 유산균을 다량 함유되어 있다. 김치에는 기무치에 비해 16배나 많이 함유하며, 위산에도 강해 장까지 살아서 도달한다.

한편, 일본에서 재배된 배추로서는 우리김치의 맛을 낼 수 없다. 강우량이 많은 일본의 배추는 우리배추보다 30~50% 정도 수분이 더 많으며, 상대적으로 섬유질은 적다.

따라서 일본배추로 김치를 담그면, 국물이 많이 생겨 맛이 안 들고, 오래 저장하면, 용해속도가 가속돼 저장식품으로서의 질이 떨어진다. 또 소금에 절이면 수분과다로 배추의 생기가 죽어, 삶아놓은 것처럼 된다.

11장

술의 문화

술은 인류가 가장 먼저 만든 가공음료이며, 수렵, 채취시대부터 술이 있었을 것으로 추정된다. 과실에 공기 중의 효모가 들어가면 알코올발효에 의해 술이 생성된다. 이러한 과실주를 최초로 만든 것은 원숭이이다. 원숭이가 바위틈에 숨겨둔 과실이 우연히 발효된 것을 인간이 먹어보고 맛이 좋아 만들게 되었다. 이 술을 원주(猿酒)라고 한다.

또 먹다 남은 꿀물이 공기 중의 효모에 의해 발효되어 술이 된 것이 벌꿀주이다. 스칸디나비아에서는 신혼부부가 1달 동안 벌꿀주를 마시는 풍습에서 허니문(honey moon)이란 말이 유래하였다.

술의 변천을 시대별로 살펴보면, 수렵, 채취시대에는 과실로 과실주을 만들었고, 유목시대에는 가축의 젖(馬乳, 羊乳 등)으로 유주(乳酒)를 만들었다.

청주, 맥주와 같은 곡류양조주는 전분당화법이 개발된 후에 만들어졌다. 초기의 전분당화법은 사람 타액 중의 아밀레이스를 이용한 방법으로, 밥을 씹어 전분을 당(糖)으로 분해하였다. 그 후 맥아(麥芽) 중의 아밀레이스로 전분을 당으로 분해하였다. 이렇게 타액이나 맥아의 아밀레이스에 의해 생성된 당(糖)은 천연효모에 의해 발효되어 술이 만들어졌다.

– 문헌고찰 –

- 청패유초(淸代)

'광서(廣西)의 산에 사는 원숭이들은 백과(百果)를 채취하여 술을 빚는

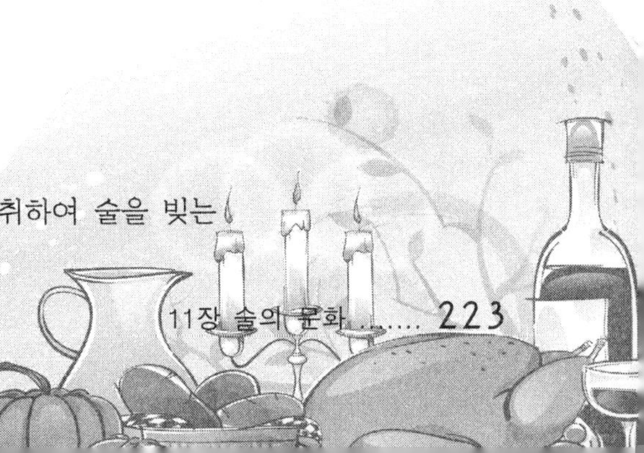

다. 나무꾼이 산에 들어가서 그 소굴을 발견하였던 바 수백석의 술이 있었다. 마셔보니 이상한 맛이라 이것을 원주(猿酒, 원숭이술)라 한다.'

- 위서물길국전(魏書 勿吉國轉) '곡물을 씹어 술을 빚는데 이것을 마시면 취한다.'
- 지봉유설(芝峰類設, 1613) : '이러한 술을 처녀들이 만든다 하여 미인주라 한다.'
- 류구표류기(流球漂流記)(조선시대)

  '술은 탁주가 있고 청주는 없다. 쌀을 물에 담갔다가 여자 입에 넣고 씹게 하여 나무통에 뱉어 양조한다. 누룩이나 엿기름을 쓰지 않는다. 조금 취한다.'

맥주는 기원전 4000년경 메소포타미아 지방의 수메르 민족이 최초로 제조되었던 것으로 보인다. 그 당시의 맥주는 보리로 만든 빵에 물을 넣고 자연발효시키는 원시적인 제조방법으로 만들었다. 지금과 같은 맥주는 8세기 홉(hop)가 재배되면서 만들어졌다.

가장 나중에 만들어진 술은 소주, 위스키와 같은 증류주이며, 스코틀랜드나 아일랜드의 위스키는 16세기경 증류기술의 보급으로 만들어졌다.

이와 같이, 유럽에서는 포도주, 맥주, 벌꿀주, 맥아를 이용한 위스키나 브랜디와 같은 술을 만들었다.

술은 효모의 알코올 발효를 이용하여 혐기적 조건에서 당류를 에탄올과 이산화탄소로 바꾸어 만든다.

$$(C_6H_{10}O_5)_n + n({}_6H_2O) \xrightarrow[\text{당화효소}]{\text{당화}} n(C_6H_{12}O_6) \xrightarrow[\text{효모}]{\text{발효}} 2n(C_2H_5OH) + 2n(CO_2)\uparrow$$

전분	물	당분	알코올	탄산가스
분자량				
(162.14)	(18.02)	(180.16)	(92.14)	(88.02)
100Kg	11.11Kg	–	56.83Kg	54.28Kg
		100Kg	51.14Kg (64.35 ℓ)	48.86Kg

[그림 11-1] 알코올 발효 기작

우리나라를 비롯한 아시아에서는 누룩곰팡이의 당화 효소를 이용하여 청주, 소주 등의 술을 만들었다. 이러한 술들은 나라마다 특색 있는 술 문화로 정착, 발전되었다. 그러나 술로 만들 수 없는 어패류를 주식으로 하는 에스키모족들은 술이 없었다. 어패류로는 술의 원료인 당을 만들 수 없었기 때문이다.

11.1. 술의 분류

술이란 한국의 주세법상으로 알코올 성분 1도 이상의 음료를 말하며, 제조방법에 따라 양조주, 증류주, 재제주로 분류된다(표 11-1).

[표 11-1] 제조방법에 따른 술의 분류

분류	제조법	종 류	주요 원료	알코올 함량(%)
양조주	알코올 발효한 발효액을 그대로 또는 여과한 술	단발효주 : 포도주	포도	7~14
		복발효주		
		단행복발효주 : 맥주	보리	4~8
		병행복발효주 : 막걸리, 전통주	쌀	6~20[1]
증류주	양조주를 증류한 술	단발효주 : 브랜디	포도, 사과, 체리	35~45
		복발효주		
		단행복발효주 : 위스키	보리, 옥수수	39~43
		병행복발효주 : 소주	쌀, 보리, 고구마	19.5~45
혼성주	양조주, 증류주에 착색료, 향료, 약초, 감미료, 조미료 등을 혼합한 술	리큐르	과실, 초목의 뿌리, 줄기, 잎, 종자, 멥쌀, 찹쌀	7~40

[1] 막걸리 알코올 함량 : 6~8%, 전통주 알코올 함량 : 17~20%

양조주는 알코올함량이 낮고, 고형분 함량이 높은 것이 특징이다. 양조주에는 원료를 그대로 효모에 의해 알코올 발효시킨 단발효주(예 : 포도주)와 원료를 당화한 후, 효모로 알코올 발효시킨 복발효주(예 : 막걸리, 맥주)가 있다.

증류주(소주, 위스키, 보드카 등)는 양조주를 증류한 술로서 알코올 함량이 높고, 고형분의 함량이 낮다.

혼성주는 양조주 또는 증류주에 꽃, 잎, 과실 등을 침지시켜 맛, 향기, 색을 추출한 것으로, 일반적으로 알코올 함량이 높고, 고형분의 함량도 높다.

1. 포도주(wine)

포도주는 포도과즙을 발효시켜 만든 단발효주이다. 원래 와인(wine)이라고 하면 넓은 의미에서 과실주를 의미하지만, 좁은 의미에서는 포도주를 의미한다.

색깔에 따라 백포도주(white wine), 적포도주(red wine), 로제와인(rose wine)으로 분류한다(표 11-2).

[표 11-2] 색깔에 따른 와인의 분류

백포도주 (White wine)	- 백포도를 원료로 하지만, 적포도의 껍질을 벗겨 사용하기도 한다. - 보통 알코올 농도는 10~13% 정도이며, 8℃로 차게 해서 마신다.
적포도주 (Red wine)	- 포도 껍질까지 즙을 내어 발효시켜 적색이 나게 만든 와인 - 보통 알코올 농도는 12~14% 정도이며, 상온(18~20℃)에서 마신다.
로제 와인 (Rose wine)	- 화이트와인과 레드와인 중간의 연한 홍색을 띤 와인 - 백포도주와 적포도주를 혼합하여 만들거나 적포도의 착즙과정에서 원하는 색에 도달했을 때 과피를 제거하거나 착색료를 사용하여 만든 와인. - 색깔은 화이트 와인과 레드 와인의 중간이며, 맛은 화이트 와인에 가깝다.

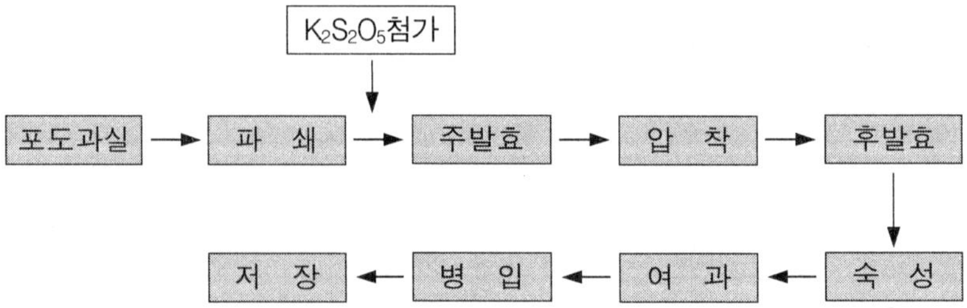

[그림 11-2] 적포도주 제조공정

적포도주는 적포도를 원료로 하여 2~7일의 주발효후에 압착, 숙성시켜 만든 포도주로서, 포도껍질 중의 빨간색소(안토시아닌)와 포도 씨 중의 타닌이 추출되어 붉고 떫은맛을 나타낸다.

백포도주는 청포도를 원료로 사용하지만, 적포도를 사용하기도 한다. 적포도를 사용하는 경우, 먼저 껍질을 벗겨, 색소와 타닌의 용출을 막고 주발효를 행한다. 와인을 제조할 때는 잡균의 번식과 산화방지를 위하여 발효 전에 과즙에 메타중아황산칼륨($K_2S_2O_5$)염을 첨가하는 경우가 많다.

또한, 식사시 용도에 따라 식전와인(appetizer wine), 식사중와인(table wine), 식후와인(dessert wine)으로 분류하고(표 11-3), 단맛의 강도에 따라 스위트와인(sweet wine), 드라이와인(dry wine), 미디윰 드라이와인(medium dry wine)으로 분류된다(표 11-4).

[표 11-3] 식사시 용도에 따른 와인의 분류

식전와인 (Appetizer wine)	- 식욕촉진을 위하여 식전에 마시는 와인 - 드라이하고 쓴맛, 신맛 이 강한 와인을 주로 마신다.
식사중와인 (Table wine)	- 식사 중에 요리를 먹으면서 마시는 와인 - 화이트와인은 생선요리, 적포도주는 육류요리에 적합하다.
식후와인 (Dessert wine)	- 식사 후 소화 촉진을 위해 마시는 와인 케이크, 아이스크림, 차와 같은 달콤한 디저트와 함께 제공되는 와인이다. - 대표적인 것으로는 포트와인, 크림셰리와인, 스위트와인

[표 11-4] 맛에 따른 와인의 분류

스위트 와인 (Sweet wine)	- 완전히 발효되지 않아 당분이 남아있는 와인 또는 당분을 가미한 와인 - 단맛이 강한 와인으로 디저트와인으로 이용.
드라이 와인 (Dry wine)	- 완전히 발효되어 당분이 거의 없는 와인 - 단맛이 없으며 식전주 또는 테이블와인으로 많이 이용
미디엄 드라이 와인 (Midium dry wine)	- 단맛이 약간 있는 와인(스위트와 드라이 와인의 중간정도의 와인)

또 탄산가스의 함유유무에 따라 발포성 포도주, 비발포성 포도주로 분류한다(표 11-5). 대표적인 발포성와인으로는 샴페인이 있다. 샴페인은 발효가 끝난 와인에 당분과 효모를 첨가하여 내압성 병에 채운 후 다시 2차 발효에

의해 탄산가스를 발생시켜 숙성한 발포성 와인으로, 프랑스 샹파뉴지방의 특산품이다.

[표 11-5] 기타 와인의 분류

비발포성 와인 (Still wine)	- 가장 보편적인 와인으로 대부분의 와인이 이에 속한다.
발포성 와인 (Sparkling wine)	- 발효에서 생긴 탄산가스를 그대로 함유시킨 발포성 와인 예) 샴페인, 스파클링 와인
혼성 와인 (Aromatized wine)	- 비발포성 와인으로 약초, 향료, 색소, 감미료 등을 첨가하여 독특한 맛과 향기를 갖는 와인 (예. 베르뭇, 와인쿨러, 기타 리큐르)
강화와인	- 와인에 브랜디나 주정 등을 첨가하여 만든 혼성주 - 발효 중의 와인이나 발효가 끝난 와인에 포도브랜디나 주정을 첨가 - 당분이 약간 남은 상태에서 알코올도수 20도 정도의 와인을 만든다.

2. 맥주(beer)

맥주는 보리맥아중의 아밀레이스(amylase)로 보리전분을 당화하여 맥아즙을 만든 후, 호프(hops)를 첨가하여 맥주효모로 알코올 발효시킨 술이다. 당화와 알코올발효를 연속적으로 행하기 때문에 단행복발효주라고 한다.

맥아는 이조대맥을 발아시켜 뿌리를 제거하고 건조시켜 만든다. 호프는 맥주의 쓴맛과 향기를 부여하고, 유해미생물의 생육억제, 맥아즙 중의 단백질의 침전, 거품형성을 향상시키는 작용을 한다. 거품의 본체는 발아 중에 형성되는 단백질과 아이소휴물론의 복합체이다.

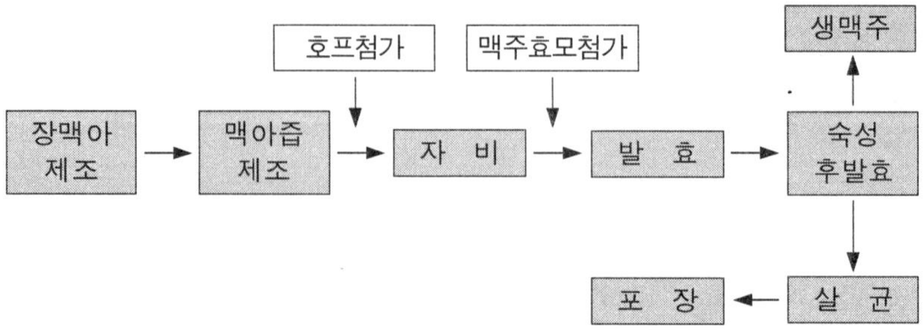

[그림 11-3] 맥주의 제조공정

호프와 맥아 이외에 쌀, 옥수수 등의 부원료를 첨가하여 만드는 맥주도 있다. 일본의 경우, 쌀 이외의 부원료의 함량이 맥아의 50% 이하인 것을 맥주, 50% 이상인 것을 발포주로 분류하고 있다.

또한 맥주에 사용하는 맥주효모에 따라 상면발효맥주와 하면발효맥주로 분류된다(표 11-6).

[표 11-6] 맥주의 상면발효효모와 하면발효효모의 특징

	상면발효효모	하면발효효모
성 질	- 생육 중에 CO_2와 함께 발효액위로 떠올라 두꺼운 갈색의 크림층을 형성(발효조혼탁) - 향기가 강함	- 생육 중에 발효액위로 뜨지 않고, 발효말기 발효바닥에 침전 - 맛이 은은함
발효온도 및 기간	주발효 : 15~20℃, 4~5일	주발효 : 2~10℃, 10~12일
장 점	실온에서 발효하여 냉장시설 불필요, 발효기간이 짧아 비용이 절감	발효기간이 길고 저온에서 발효하여 냉장시설이 필요(단가가 높다.)
단 점	잡균의 번식으로 품질관리가 곤란	일정 품질의 제품생산 가능
종 류	*Sacch. cerevisiae soaz* *Sacch. cerevisiae frohberg*	*Sacch. carlsbergensis* *Sacch. monacensis*

상면발효맥주는 발효말기에 발효액위에 효모균이 떠올라 크림 층을 형성하는 발효형식의 맥주이다. 상면발효맥주는 하면발효맥주에 비해 색과 향이 짙으며, 알코올 함량(8~11%)이 높다. 영국(스타우트, stout), 벨기에(에일, Ale), 캐나다 맥주에 많다.

하면발효맥주는 발효말기에 발효탱크 바닥으로 효모균이 응집, 침전하는 발효형식의 맥주. 색이 엷고, 맛이 깨끗하다. 보통 하면발효맥주는 저온발효(2~10℃)로 장시간 숙성하는 특징이 있어 라거(larger) 맥주라 부른다. 우리나라, 미국, 일본 맥주는 대부분 하면발효맥주이다.

맥주의 하면발효에서의 저온 숙성과정을 라거링(largering)이라고 한다.

또 맥아의 색에 따라, 담색맥주(보통 맥아를 사용), 중등색맥주(보통 맥아에 흑맥아 등을 섞어 사용), 농색맥주(흑맥아 사용)으로 분류된다. 흑맥주는 맥아를 고온에서 태운 흑맥아를 사용하여 만든 농색맥주로, 스타우트(staout)맥주가 대표적이다.

스타우트맥주는 이름 그대로 맥주의 맛과 향이 강한(stout) 흑맥주이다.

[그림 11-4] 세계의 맥주

(1) 맥주의 성분

알코올 함량은 4~10%이다. 생성하는 당분은 덱스트린, 말토오스 등이고, 산미성분은 탄산과 유산 등이다. 향기성분으로서는 고급알코올, 초산에스터 등이다. 특유의 쓴맛과 향기는 호프(학명 : *Humulus lupulus*)에서 유래한다.

(2) 우리나라 맥주의 역사

맥주가 우리나라에 처음 들어온 것은 1876년 일본의 삿포로 맥주이었으며, 1900년경 에비스 맥주와 기린 맥주가 들어왔다. 당시 맥주는 일부 부유층과 상류층만이 마실 수 있었다. 본격적인 맥주회사의 설립은 1933년 일본의 대일본맥주 회사가 조선맥주 회사를 설립한 것이 시초이며, 이어 같은 해 12월에 기린맥주 회사가 소화기린맥주(동양맥주의 전신)를 설립하였다.

3. 위스키(whisky)

위스키는 곡류전분을 맥아로 당화하고, 효모로 발효시킨 후 증류하여 나무통에서 숙성시켜 만든 증류주이다. 주원료는 보리와 옥수수이며, 맥아는 보리로 만든다.

위스키에는 산지, 원료, 제조법에 따라 여러 종류가 있다. 위스키의 원료에 따라 몰트위스키, 그레인위스키, 블랜디드위스키로 나누어진다(표 11-7).

[표 11-7] 원료에 따른 위스키의 분류

몰트위스키 (malt whisky)	- 대맥 맥아(malt)만으로 만들어진 위스키 - 피트(peat)훈연으로 건조한 맥아로 당화, 발효시켜 단식 증류기로 2차 증류한 위스키 - 그레인위스키에 비해 알코올 농도가 낮고, 향미가 강하다 - 화이트 오크로 된 통에서 천천히 장기간 숙성
그레인위스키 (grain whisky)	- 발아시키지 않은 대맥, 호맥, 소맥, 옥수수 등에 맥아를 첨가하여 당화, 발효시켜 연속증류기로 증류한 위스키 - 몰트위스키와 달리 알코올 이외의 휘발성분이 적어 향미가 약하고 가볍다.
브랜디드위스키 (blended whisky)	- 몰트 위스키와 그레인 위스키를 혼합한 것 - 스카치위스키는 단식증류기로 증류한 위스키와 연속증류기로 증류한 위스키를 혼합한 것

몰트위스키는 피트(peat)훈연으로 건조한 맥아만으로 발효하여 단식 증류기에 증류한 후 오크통에서 숙성시킨 것이다. 그레인(grain)위스키는 맥아(15~ 20%)와 옥수수를 원료로 하여 발효시킨 후 연속식 증류기로 제조한 위스키이다. 보통 위스키는 몰트 위스키와 그레인 위스키를 혼합하여 만들며, 이것을 브랜디드 위스키라고 한다(표 11-8).

또 산지에 따라 스카치(Scotch), 아이리쉬(Irish), 아메리칸(American), 카나디안(Canadian)위스키로 분류되며, 이들을 세계 4대 위스키라고 한다(표 11-9). 이중 스카치위스키의 종류는 2,300여종으로 위스키의 60%의 생산량을 차지한다.

버번위스키는 맥아(12%), 옥수수(60~75%), 라이맥(13~28%)를 원료로 하여 만들어지는 위스키이다.

[표 11-8] 산지에 따른 위스키의 분류

스카치 위스키	- 스코틀랜드에서 생산되는 블랜디드 위스키로 3년 이상 숙성한 위스키 예) 발렌타인, 시바스리갈, 조니워커, 글렌피딕, J&B, 로열살루트, 커티샥, 올드 파, 패스포트, 블랙앤화이트, 화이트호스, 더 글렌리벳
아이리시 위스키	- 아일랜드에서 생산되는 위스키 - 피트(peat)로 훈연하지 않은 맥아 이외에 보리와 옥수수를 원료로 사용하여 단식증류기로 3회 증류하여 3년 이상 숙성 예) Old Bushmills, Black Bush, Tullamore Dew, Midleton 등
아메리칸 위스키	- 옥수수, 대맥, 밀 등의 원료(51% 이상)로 만든 위스키원액을 40~80%로 증류하여 내부를 태운 화이트 오크통에 2년 이상 숙성한 위스키 (Straight rye whisky, Straight corn whisky, Straight bourbon whisky) (1) 버번 : 미국의 위스키 중 가장 인기 있는 위스키(예 짐빔), 옥수수(51% 이상 함유)로 만든 위스키 (2) 테네시 : 버번위스키와 같은 방법으로 제조하여 목탄으로 여과한 위스키, 일반적으로 버번보다 고급 (예 잭다니엘)
캐나디안 위스키	- 밀과 옥수수가 주원료로 만든 위스키원액을 3년 이상 숙성한 위스키 - 피트(peat)[1]과 보리의 향을 억제하여 부드럽고 순한 맛이 조화된 것이 특징 예) 크라운 로얄(Crown royal)

피트(peat) : 헤더(heather)라는 식물의 탄화된 토탄의 일종으로 이탄이라고도 함

발렌타인 시바스리갈 조니워커 글렌피딕 J&B 잭다니엘

[그림 11-5] 위스키의 종류

4. 브랜디(brandy)

브랜디(brandy)란 과즙발효액을 증류시킨 증류주이다. 보통 브랜디라고 하면 포도주를 증류한 포도브랜디를 말한다.

브랜디용 포도주에는 일반 포도주와 달리 메타중아황산칼륨을 첨가하지 않는다. 이 때문에 잡균의 오염을 막기 위하여, 원료포도는 산미가 강한 품종이 사용한다. 브랜디의 증류는 보통 증류기로 2회 행하고, 증류액(알코올분 70%)를 4~5년 숙성시킨 후, 숙성된 원액을 조합하여 39~43%로 한다.

대표적인 브랜디로는 프랑스의 코냑(Cognac)과 아르마냑(Armagnac)이 있다. 코냑(Cognac)의 유명 브랜드로는 까뮈(Camus), 레미마르탕(Remy martin), 헤네시(Hennessy), 오지에(Augier), 쿠르부와지에(Courvoixs-ier) 등이 있다. 코냑의 등급은 숙성년도에 따라 결정되며, three star는 3~5년, VSOP(very superior old pale)은 10~20년, Napoleon은 30~40년, Extra는 40~50년이다.

이외에 아르마냑(Armagnac)의 유명 브랜드로는 샤보(Chabot)가 있다.

까뮈 헤네시 레미마르탕 샤보

[그림 11-6] 브랜디의 종류

5. 진(gin)

진은 위스키나 브랜디처럼 우연히 만들어진 것이 아니고, 약용으로 만들어진 술이다. 주정(옥수수, 호밀, 보리)에 주니퍼 리, 코리안더, 계피 등의 향료식물을 침출시켜 증류하거나 주정에 향료 식물의 엑기스를 첨가하여 만든다.

진의 종류는 크게 런던타입과 네덜란드 타입의 진으로 분류된다(표 11-9).

[표 11-9] 진의 종류

런던 타입	- 곡물(옥수수, 호밀, 대맥)을 당화, 발효한 후 연속증류기로 주정을 만듬 - 주정을 60%로 희석하여 향료를 넣고 단식 증류기로 다시 증류한 술 - 향료물질 : 쥬니퍼 베리, Coriander, Angelica의 뿌리, 레몬껍질 * 드라이진 : 오크통에 숙성시키지 않고 무색투명하고 맛이 산뜻
네덜란드 타입	- 곡물(옥수수, 호밀, 대맥)을 당화시켜 발효한 다음 단식 증류기로 2회 증류하여 향료물질을 넣어 단식증류기로 다시 증류한 것 - 낮은 알코올도수로 증류함으로 맥아향이 짙고 풍미가 향취가 강한다.

6. 럼(rum)

럼(rum)은 사탕수수에서 설탕을 만들고 난 찌꺼기인 당밀을 발효, 증류하여 나무통에서 숙성시킨 증류주이다.

7. 데킬라(Dequila)

데킬라는 용설란의 수액을 발효하여 만든 멕시코의 술이다. 1차 발효된 술은 알코올이 4~5%이므로 이것을 증류시켜 소주와 같이 만든다.

8. 보드카(vodka)

보드카는 러시아의 대표적인 술로서 옥수수, 감자, 호밀, 보리 등에 맥아(malt)를 넣어 당화, 발효시켜 증류한 후 자작나무의 숯으로 탈취, 여과하여 만든 무색, 무취의 증류주이다. 대표적인 보드카로는 앱솔루트 보드카(Absolut vodka)가 있다.

9. 고량주

고량주는 수수를 원료로 한 중국 전통 증류주로서 알코올 함량이 높은 것(50~70%)이 특징이다. 중국의 고량주는 항아리에 숙성시키기 때문에 숙성기간이 아무리 길어도 색이 변하지 않아 백주(白酒)라고도 한다. 마오타이주(茅台酒)는 찐 수수를 밀누룩으로 발효시켜 10개월 동안 9회 증류시킨 후, 항아리에 3년 이상 숙성시킨 술로서 가장 널리 알려진 고량주이다.

[그림 11-7] 진(gin), 럼, 데킬라, 보드카 및 고량주

11.2. 우리나라 전통주

1. 우리나라 술의 역사

1) 부족국가

부족국가시대에는 조상에게 술을 바치며 풍성한 수확을 기원하고 감사하는 제천행사가 있었다. 이러한 풍습이 제사를 모실 때 술을 올리는 지금의 풍습으로 이어지고 있다.

- 문헌고찰 -

- 삼국지 위지 동이전(三國志 魏志 東夷傳)
  - 부여의 영고 : '음력 정월이면 하늘에 제사를 지낸다. 나라 안에 사람들이 연일 술 마시고 노래하고 춤을 춘다. 이를 영고(迎鼓)라 이른다.'
  - 고구려의 동맹 : '시월이면 하늘에 제사를 지내고, 나라 안에 큰 모임을 가지니 이를 동맹(東盟)이라 한다.'
  - 예(濊)의 무천 : '항상 10월에 하늘에 제사 지내고, 밤낮으로 술 마시고, 춤추고 노래하였다. 이를 무천(舞天)이라고 명명했다.'
  - 한(韓)의 제천의식 : '항상 오월에 씨를 뿌리고 나서 귀신에게 제사를 지낸다. 밤낮 쉬지 않고 노래하고 춤추며 술을 마신다. 시월에 농사가 끝나면 또 한번 이와 같이 한다.'

2) 삼국시대

삼국시대의 술은 다채로워, 중국에까지 명성을 떨쳤다. 또 누룩으로 술을 빚는 법은 일본에도 전해져 일본 술의 발달에 크게 기여하였다.

– 문헌고찰 –

- 동해석사(東海釋史)와 지봉유설(芝峰類說, 1613)
  '한 잔 신라주(新羅酒)의 기운이 새벽바람에 쉽게 사라질까 두렵구나.'
- 고사기(古事記, 일본)
  '오진텐노(應神天皇, 270~312)시대에 백제의 수수보리가 누룩으로 술 빚는 법을 가르치고, 자신은 일본의 주신(酒神)이 되었다.'
- 대화사시(일본) '신화시대의 인물인 미잔오존이 신라에 가서 술 빚는 방법을 배웠다.'
- 조전통(篠田統, 일본)
  '일본의 나라시대(710~794)에는 메밀, 밀, 보리가 구황작물로 재배가 권장되고, 벼가 주곡에 있었기 때문에, 밀로 만든 막누룩(餠麴)을 받아들이지 못했다. 당시 한반도 남부에도 일본과 같이 벼의 재배가 많아 쌀누룩을 쓰고 있어 이것이 일본에 전해져 일본은 이 전통을 유지하고, 한국은 고려 때부터 밀 재배가 많아져 막누룩이 되었을 것이다.'
- 판구근일랑(坂口謹一郎) : 일본의 술학자
  '일본에는 막누룩을 사용했다는 흔적이 없고, 쌀로 만든 흩임누룩(산국)을 쓰고 있으며, 흩임누룩(산국)의 곰팡이는 누룩곰팡이이다. 이로써 일본 술 빚기는 귀화인에 의하여 전해진 것이 아니고 일본 독자적인 것이다.'

3) 고려시대

고려시대에는 쌀 생산량이 증가되면서 멥쌀을 이용한 약주(청주), 법주, 탁주를 제조하였다. 법주는 쌀과 누룩으로 덧술하여 빚은 약주이다. 만드는 방법은 찹쌀 1말로 무른 떡을 만들고 누룩을 섞어 술밑을 만들어 일정기간을 두고, 쌀 9말을 쪄서 덧술하여 20일간 발효시킨 후 100일간 숙성시킨다.

고려시대의 대표적인 탁주인 이화주(梨花酒)는 일반에 가장 널리 보급된 소박한 술로서, 농주로 음용되어 왔다. 당시 귀족층에서는 청주와 탁주를, 일반 백성들 사이에서는 탁주를 즐겼다.

이화주(梨花酒) : 배꽃이 필 무렵에 쌀누룩을 만들어 빚는 술이라하여 붙여진 이름이다.

또 몽고로부터 증류주인 소주가 도입되어 우리나라 술의 3대 분류인 탁주, 약주, 소주의 기본형태가 완성되었다. 이러한 양조기술의 발달로 식물의 꽃, 잎, 열매, 약재 등을 넣은 침출주가 발달하였다. 사찰을 중심으로 다양한 술들이 제조, 판매되고, 공설주막이 설치되었다.

– 문헌고찰 –

- 고려도경(高麗圖經)

  '고려에는 찹쌀이 없어 멥쌀과 누룩으로 술을 빚는다. 술맛이 독하여 쉽게 취하고 빨리 깬다. 왕이 마시는 술은 양온서(良醞署)에서 빚는다. 청주(淸酒)와 법주(法酒)의 2가지가 있고 질항아리에 넣고 명주로 봉해 저장한다. 일반적으로 고려사람들은 술을 즐긴다. 그러나 서민들은 양온서(良醞署)에서 빚는 것과 같은 좋은 술을 얻기 어려워, 맛이 박(薄)하고 빛깔이 짙은 것을 마신다.'

  '잔치 때 마시는 술은 맛이 달고 빛깔이 짙으며, 마셔도 별로 취하지 않는다.'
- 동국이상국집(東國李相國集, 이규보, 1168~1241)

  '발효된 술밑(醅)을 압착하여 맑은 청주(淸酒)를 얻는다. 겨우 4~5병을 얻을 뿐이다.'

국화주 만드는 법

(1) 찹쌀 2되로 만든 백설기가루에 누룩가루 1되를 섞은 후, 물 3되를 부어 밑술을 만든다(20~30℃, 4~5일).
(2) 찹쌀 8되를 물에 불려 시루에 찐 후, 냉각하여 누룩가루 4되와 혼합한다.
(3) 감국화 또는 야생국화, 생지황, 구기자의 근피 등 각각 1되 정도에 물 2말을 넣고 물이 1말이 될 때까지 달여 식힌다.
(4) 완성된 고두밥과 야생국화 등의 액체를 밑술과 혼합한다(20~22℃, 5~6일)
(5) 숙성된 것을 여과하여 걸러내면 향기로운 국화주가 완성된다.

국화주는 두통을 낳게 하고 눈과 귀를 밝게 한다. 몸이 마비되는 것을 방지하는 등 백병을 없앤다. 과음해도 뒤끝이 깨끗하며 은은하고 감칠맛이 있다.

[표 11-10] 고려시대의 대표적인 술

포도주	쌀로 빚은 술에 포도를 넣어 빚는 술
도소주	원단(설날)에 마시는 약술로써 백출, 대황, 질경 등의 한약재를 넣어 빚은 청주
계향어주(桂香御酒)	계실(계수나무열매)을 넣은 향기로운 술로써 송나라로부터 전래된 술
유주(乳酒)	고려 충렬왕의 왕비가 몽고술인 마유주를 고려에 전했다고 한다.
감 주	감향주와 향감주가 있다. 단양주이다.
이화주(梨花酒)	멥쌀가루로 만든 떡과 쌀누룩으로 빚은 고려시대 대표적인 탁주이다. 술이 익으면 흰빛의 죽같이 되어 물을 타서 마셨다. 순하고 맛이 있어 모유 대신 먹이기도 하였다.
부의주(浮蟻酒)	술이 익으면 밥알이 위로 동동 뜨는 데 그 모양이 개미와 비슷하다고 하여 부의주(浮蟻酒)라 한다. 또 녹의주(綠蟻酒)라고도 한다.
창포주(菖蒲酒)	단오날에 마시는 술이며, 창포향이 나쁜 병을 쫓는다고 하여 액막이 술이라고도 한다. 찹쌀청주를 넣은 술독 안에 창포뿌리를 넣은 주머니를 술이 닿지 않도록 매달아 밀봉했다 마시는 술이다. 햇볕이 내려 쬐는 오시(午時)에 웅황주(雄黃酒)와 함께 마셔야 효력이 있다고 하여 단오날은 대낮부터 창포 술을 마신다.
국화주	국화에 생지황, 구기자, 나무껍질을 넣고 찹쌀로 빚은 술이며, 국화주를 마시면 병에 걸리지 않고 장수한다하여 장수중양절(음력 9월9일)에 마시던 술이다.

웅황주는 유황 분말을 술에 탄 것이다.

단오 : 중오절, 음력 5월 5일 오시(午時) : 오전 11시~오후 1시

(1) 소주의 유래

중국에 증류주 제조법이 처음 전해진 것은 원나라(1271년~1368)때이므로 무려 4000년이나 걸려 동방에 전파되었다. 이렇게 오랜 세월이 걸린 것은 술을 즐기지 않는 이슬람민족이 실크로드를 차지하고 있었기 때문이다. 이 증류법이 12세기 십자군의 영향으로 유럽으로 가서 포도주를 증류한 브랜디가 탄생하였다. 우리나라에 소주가 전래된 것은 징기스칸의 손자 쿠빌라이가 일본정벌을 목적으로 한반도에 진출했을 때이다. 그 후 몽고인의 대본당이었던 개성, 전진기지가 있던 안동, 제주도에서 소주제조가 활발하였다. 고려의 소주 양조기술은 지금의 안동소주를 탄생하게 하였다. 임진왜란 때, 두씨라는 사람이 일본에 끌려가 처음으로 소주의 제조기술을 전수하였다.

[그림 11-8] 안동소주

- 본초강목(本草綱目) : 화주(火酒), 아라키주(亞剌吉酒) : 소주

  '소주는 예로부터의 양조법이 아니며, 원나라시대부터 시작되었다. 농주(濃酒)를 지게미에 타서 시루에 넣고 불을 때어 증기가 올라가게 한 뒤 그 이슬을 받는다. 그것은 맑음이 물과 같고 맛이 진하고 강열하여 이것을 노주(露酒)라고도 한다.'

4) 조선시대

조선시대는 지금까지 전해오는 유명 전통주들이 정착한 시대이다. 술의 고급화로 인해, 제조 원료도 멥쌀에서 찹쌀로 바뀌고, 발효기술도 단양법(單釀法)에서 중양법(重釀法)으로 바뀌었다.

또 약주의 산패 방지를 목적으로 곡주와 소주를 혼합하여 만든 과하주 등이 여름에도 마실 수 있는 술로 개발되었다. 약주에 소주를 섞어 도수를 높인 서울 과하주와 달고 진하게 빚어 여름을 넘기는 김천 과하주가 있다.

과하주(過夏酒)란 여름을 넘기는 술이라는 의미이다.

한편, 조선시대에는 소주에 각종 약재를 응용한 약용소주들이 개발되었으며, 전라, 황해도의 이강주, 전라의 죽력고, 평양의 감홍주 등이 유명하다. 조선시대의 증류주는 일본, 중국 등에 수출되기도 하였다.

(1) 대표적인 전통주

① 호산춘(壺山春, 도수 18°)

호산춘은 멥쌀 찹쌀 누룩에 솔잎을 첨가하여 만들어 솔향이 나는 술이다. 술 이름에 춘(春)자가 붙은 술은 대개 3번의 덧술하여 만드는 술이다. 호산

호산춘(壺山春)은 이강주(梨薑酒), 죽력고(竹瀝膏)과 함께 조선시대의 3대 명주(名酒)로 꼽히는 전통주이다.

춘도 13일 간격으로 3번 술을 빚어 장기간(2~3개월) 숙성시켜 만든 술이다.

② 면천 두견주(杜鵑酒, 도수 19°)

진달래꽃을 넣어 빚는 가향주(加香酒)이다. 진달래꽃을 두견화라고도 하듯이, 진달래술을 두견주라 한다.

호산춘 두견주 청명주

[그림 11-9] 우리나라의 전통주 호산춘, 두견주, 청명주

- 규합총서 : 진달래술 만드는 법

  '찹쌀과 누룩가루로 술을 빚어 술이 끓어오를 때 진달래꽃을 따서 꽃술이 들어가지 않도록 다듬어 명주 주머니에 넣어 1개월 이상 그대로 담가 둔다.'

진달래 꽃술에는 안드로메도톡신(andromedotoxin)이란 독성 성분이 있다.

③ 청명주(淸明酒, 도수 17°)

조선시대 중엽부터 유행했던 술로서 청명(음력 2월 하순) 때 쯤 빚는 술이라 해서 청명주(淸明酒)라 한다. 청명주는 누룩 만들 때 물대신 청명주의 맑은 술을 사용한다.

④ 삼해주(三亥酒)

정월 첫 해일(亥日, 돼지날)에 밑술을 담가, 다음 해일(12일후)에 1차 덧술, 그 다음 해일(12일후)에 2차 덧술하여 100일 만에 먹는 술이라 하여 삼해주 또는 백일주(百日酒)라고 한다. 버들가지가 날 무렵에 먹는다하여 버들가지 술이라고도 한다. 보통약주와는 달리 3번에 걸쳐 빚어 맛은 순하고 도수가 높은 약주이다. 찹쌀과 멥쌀을 2 : 1의 비율로 섞어 만든다.

⑤ 하향주(荷香酒, 도수 20°)

술의 향이 은은하고 향기를 실은 듯하다 하여 하향주라 한다. 다른 전통주에 비해 알코올 도수가 높아 음지에 보관하면 해를 넘길 수도 있다. 하향주의 특징은 일반술 제조에는 죽이나 떡을 쓰지만, 하향주에는 풀을 끓여 쓴다는 것이다.

⑥ 한산 소곡주(素麯酒, 도수 18°)

다른 술과는 달리 누룩을 적게 쓰다고 하여 소곡주라 한다. 소곡주는 찹쌀을 빚어 100일 동안 익힌다.

⑦ 백하주(白霞酒)

천년을 이어온 전통주로 찹쌀과 누룩으로 생쌀발효법으로 빚는 술이다. 생쌀발효법이란 술의 원료인 쌀을 찌지 않고 생쌀가루상태로 누룩과 섞어 술을 빚는 방법을 말한다. 백하주는 술이 익을 때 술 표면에 뜨는 흰 아지랑이가 마치 노을과 같다하여 붙여진 이름이다.

삼해주

소곡주

하향주

[그림 11-10] 우리나라의 전통주 삼해주, 소곡주, 하향주

⑧ 오메기술(도수 14~17°)

고소리술(도수 40°)은 오메기술을 증류한 술을 말하며, 고소리란 소주를 내린다는 소줏고리의 제주도 방언이다.

차좁쌀로 빚은 제주 전통의 청주이다. 제주에서는 차좁쌀가루를 끓는 물에 반죽하여 삶아낸 떡을 오메기라고 하는데, 이 떡에 누룩과 물을 넣어 발효시켜 만든 좁쌀 막걸리를 2번 밑술하여 위에 뜬 맑은 술만 떠낸 것이 오메기술이다.

(2) 대표적인 약용소주

① 전주 이강주(梨薑酒, 도수 25°)

전통소주(35°)에 배와 생강 울금 계피를 넣고 3개월 이상 침출시킨 후 꿀을 넣어 만든 약용소주다. 전통소주에 배와 생강을 넣어 빚었다하여 이강주라 한다. 예전에는 약의 의미인 이강고(梨薑膏)라고도 하였다.

② 죽력고(竹瀝膏, 도수 22°, 32°)

대나무를 이용해 빚는 약용소주이다. 푸른 대나무를 구워 끈끈한 진액을 뽑아 만든 죽력(竹瀝)을 소주에 넣고 소줏고리로 증류하여 만든 약술이라는 의미로 죽력고(竹瀝膏)라 부른다. 죽력은 대나무를 잘게 쪼게 항아리에 넣고 3일 밤낮으로 불을 지펴 얻어진다.

③ 감홍주(甘紅酒, 도수 41°)

진피(陳皮) : 오래 묵은 귤의 껍질. 건위(健胃), 소화, 발한제로 쓰인다.
용안육(龍眼肉) : 용안의 열매로서, 용의 눈과 같다고 하여 용안육이라 한다. 맛이 달고 자양분이 많아 자양제로 쓰인다.

자주색을 띤 연분홍 색깔의 색다른 술로, 평양을 중심으로 한 관서지방의 전통주이다. 달고 붉은 이슬과 같은 술이란 의미에서 감홍로(甘紅露)라고도 한다.

감홍로는 쌀, 메조, 찰수수, 누룩을 원료로 하고 여기에 자초(紫草, 약초의 일종), 용안육, 진피(陳皮), 계피, 방풍(防風), 정향(丁香), 생강 등에 약재를 넣어 발효시킨 것을 3회 증류하고 120일간 숙성시켜 만든다.

④ 문배주(도수 40°)

문배주는 밀, 좁쌀, 수수로 빚어 만든 증류주로, 문배나무 과실 향기가 난다고 하여 문배주라고 한다. 문배주는 고려 왕건시대부터 내려 온 평양의 소주로 주요 문화재(86호)로 지정되어 있다.

죽력고

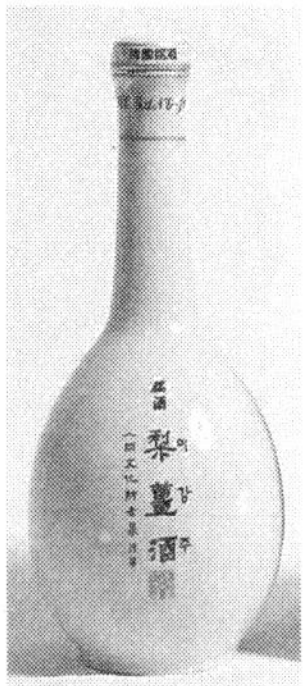
이강주

감홍로

문배주

[그림 11-11] 대표적인 약용소주

5) 근대시대

1907년 일제는 주세징수와 자가양조(自家釀造) 금지, 밀주(密酒) 방지를 목적으로 술제조에 대한 면허제를 실시하였다. 가정에서의 술제조가 금지되고, 일제가 정한 제조방식의 탁주, 약주, 소주로 획일화되었다.

또한 1920년 재래식 누룩을 사용하던 방법에서 흑국, 황국의 배양균을 사용하는 입국법으로 바뀌면서 전통주의 맥이 끊겼다.

이로 인하여 우리의 전통주는 자취를 감추고 일본청주(正宗), 맥주, 양주 등이 그 자리를 차지하였다. 상류계층에서는 일본청주 등의 외래주를 음용하고 우리의 전통주는 서민들 사이에서 명맥을 유지하였다. 그러나 1980년대 이후 전통주가 재현되기 시작하였고, 1995년에는 개인에게도 술의 제조를 허용하여 전통주 복원에 노력하고 있다.

11.3. 주(酒) 및 술의 어원

주(酒)의 옛글자는 유(酉)이다. 유(酉)는 밑이 뾰족한 항아리 모양을 본떠 만든 글자이다. 침전물을 모으기 쉽도록 밑이 뾰족한 항아리에 술을 발효시킨 것에서 유래하였다. 그 후 유(酉)자는 "닭, 별, 서쪽, 익는다."는 뜻으로도 쓰이면서 유(酉)에다 물수변(氵)을 붙여 술이라고 하였다.

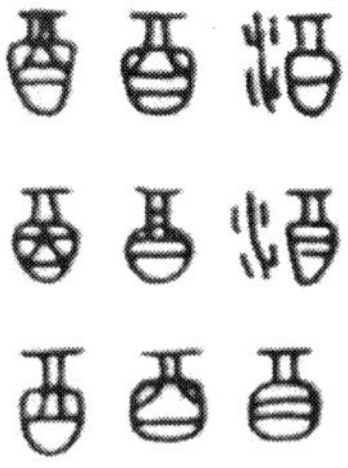

따라서 술을 뜻하는 유(酉)자가 변으로 들어간 한자는 모두 술이나 발효에 관계가 있다.

예를 들어, 술에 관련된 한자로는 주(酎, 진할 술 주), 료(醪, 막걸리 료), 례(醴, 감주 례)가 있으며, 발효에 관련된 한자로는 발(醱, 술괼 발), 효(酵, 술괼 효), 낙(酪, 타락 낙), 양(釀, 술빚을 양), 초(醋), 장(醬), 의(醫, 의원 의)가 있다.

추상어로는 취(醉, 술 취할 취), 명(酩, 술취할 명), 정(酊, 술취할 정), 수(酬, 잔 돌릴 수), 작(酌, 잔 권할 작) 등이 있다.

1) 술의 어원

(1) 수불에서 유래

술의 본래 말은 수블/수불인데, 조선시대 문헌에는 수울/수을로 되어 있다. 이 '수블'이 수불 > 수울 > 수을 > 술로 변화하였다. 수불의 의미는 분명하지 않지만, 곡물, 누룩, 물을 넣어 발효시키면, 부글부글 물이 끓어오르는 현상을 보고, 마치 물에서 불이 붙는다는 뜻으로 "수불"이라 한 것으로 추정된다.

(2) 수라(Sura), 세르(Ser), 스라(Sra)에서 유래(육당 최남선)

범어의 수라(Sura, 쌀로 빚은 술), 웅가르어의 세르(Ser), 달단어(타타르어)의 스라(Sra)에서 조선말기에 술이란 말이 되었다.

(3) 의성어 술술에서 유래

술을 마시는 모양이나 술술 잘 넘어간다는 의성음이 '술'의 어원이다.

(4) 순(醇)이나 수(酬)에서 유래(통속어원 학자 정교)

동언공략(東言攻略)에서 순박하고 좋은 술맛 순(醇)에서 비롯되었거나,

손님을 대접하는 수(酬)에서 술'로 되었다.

11.4. 전통주의 종류

1. 막걸리(탁주)

전통막걸리는 밀누룩에 고두밥(지에밥)과 물을 섞어 발효시켜 양조한 술덧을 체로 거칠게 걸러낸 술이다(그림 11-12).

막걸리는 술을 막 걸렀다고 하여 막걸리라고 한다. 또 술이 희다고 하여 백주(白酒), 탁하다 하여 탁주(濁酒), 탁배기, 집집마다 담가 마시는 술이라 하여 가주(家酒), 농사지을 때 필수적이라 하여 농주(農酒), 제사지낼 때 제상에 올린다 해서 제주(祭酒), 백성이 가장 많이 즐겨 마시는 술이라 하여 향주(鄕酒), 나라를 대표하는 술이라 하여 국주(国酒)라고도 한다.

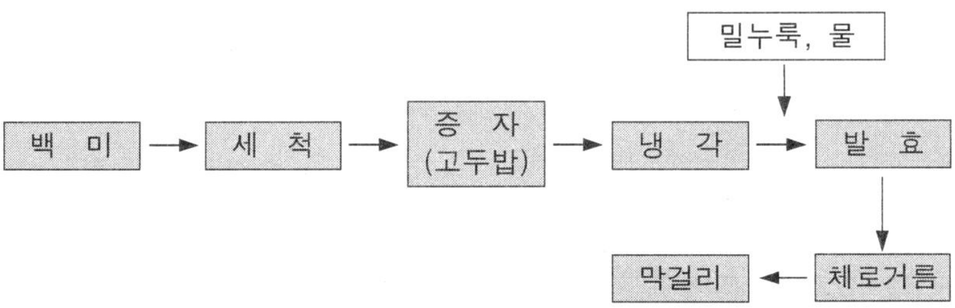

[그림 11-12] 전통막걸리의 제조공정

모주(母酒)

(1) 모주의 사전적 의미로 술을 거르고 남은 찌꺼기라는 뜻인데, 전주지방의 모주는 막걸리에 생강, 대추, 감초, 인삼, 칡(갈근) 등의 한약재를 넣고, 술의 양(절반 정도)이 줄어 알코올 성분이 거의 없어지면, 계피가루를 넣어 먹는다. 전주 지방의 명주인 이강주와 함께 해장술로 유명하다. 아들의 건강을 염려한 어머니가 막걸리에 각종 한약재를 넣고 달여 아들에게 주어 '모주'라 이름 붙였다.

(2) 광해군 때 제주도로 귀양간 인목대비의 어머니가 술지게미를 재탕한 막걸리를 만들어 팔았는데, 이 때 왕비의 어머니가 만든 술이라 하여 대비모주(大妃母酒)라 부르다 모주가 되었다는 설이 있다. 지금도 제주도에서는 막걸리를 모주라고 한다.

동동주와 막걸리의 차이점은 없다. 밥알이 동동 떠 있는 상태의 술을 동동주라고 하고, 밥알이 없으면 막걸리라고 한다.

탁주는 전통주 중에서 가장 오랜 역사를 지닌다. 또한 집집마다 빚었기 때문에 그 집안의 솜씨나 제조법에 따라 맛과 향도 다양한 것이 특징이다. 또 알코올 함량이 낮아 술로 인한 부작용이 적고, 탄산가스를 함유하고 있어 청량감을 준다.

1) 누룩

누룩(곡자, 麯子)이란 누룩곰팡이를 곡류에 번식시킨 것이다. 누룩곰팡이에는 황국균(黃麴菌), 흑국균(黑麴菌), 홍국균(紅麴菌), 백국균(白麴菌, 흑국균의 변이주)이 있으며, 막걸리나 약주제조에는 주로 황국균이 사용된다. 누룩은 사용하는 곡류의 원료에 따라 밀누룩, 쌀누룩, 보리누룩, 녹두누룩이 있으며, 우리나라의 경우, 대부분 밀누룩을 사용하며, 일본의 경우는 쌀누룩을 사용한다.

[표 11-11] 떡누룩과 흩임누룩의 비교

	떡누룩(막누국, 餠麴)	흩임누룩(산국, 散麴)
형 상	덩어리	낟알
원 료	주로 밀을 이용한 밀누룩 (보리, 조, 쌀 등도 이용)	쌀을 이용한 쌀누룩
원료처리	날 것	찐 것
주 요 미생물	내부까지 침투하는 발효형으로, 거미줄곰팡이(*Rhizopus nigricans*), 효모, 유산균, 털곰팡이(*Mucor*), 누룩곰팡이(*Aspergillus*) 등 다양하다.	표면에만 번식하는 호흡형으로, 누룩곰팡이(*Aspergillus oryzae*)가 많다.
종국의 유무	자연발생	종국(種麴) 접종
이 용	술(한국, 중국), 장류(한국)	술(일본), 장류(중국, 일본)
종 류	분국(粉麴), 조국(粗麴), 초국(草麴)	입국(粒麴)

종국(種麴) : 당화효소를 증식시키기 위해 따로 배양한 곰팡이균

한편, 누룩의 제조방법에 따라 떡누룩(병국)과 흩임누룩(산국)으로 분류된다(표 11-11). 떡누룩은 곡류를 분쇄하여 떡처럼 뭉쳐 만든 누룩으로, 다시 곡물을 가루 내어 덩어리로 만든 분국과 곡물을 거칠게 갈아 만든 조국, 그리고 여뀌잎, 닥나무잎 등의 약초를 넣거나 그 즙으로 만든 초국으로 나누

어진다. 흩임누룩은 곡물을 분쇄하거나 낱알 그대로를 뭉치지 않고 흩어진 상태로 만든 누룩이다.

전통탁주는 밀로 만든 떡누룩을 사용하여 6~7일간 발효 숙성하여 만든다. 그러나 지금의 탁주는 입국((粒麴, Koji)을 사용하여 2~3일 만에 속성 발효시켜 만든다. 입국은 찐쌀을 냉각한 후, 인위적으로 곰팡이를 접종하여 2~3일의 단시간 배양한 것으로, 개량된 일본식 흩임누룩이다. 탁주, 약주용 입국에는 백국균(白麴菌, *Aspergillus. Kawachill*)을 사용한다. 이는 황국균에 비해 산생성력이 강하여 잡균의 오염을 방지할 수 있기 때문이다.

[그림 11-13] 누룩

- 떡누룩(밀누룩) 만드는 법
  밀을 껍질채 분쇄하여 물로 되게 반죽을 하고, 이것을 누룩틀에 담고 발뒷굼치로 꾹꾹 밟아 통풍이 잘 되는 곳에서 띄운다. 잘 디딘 누룩은 곰팡이가 안에 고루 피고, 향긋한 냄새가 나야 한다.
- 사시찬요초(조선 성종) : 보리와 밀가루를 섞어 만든 떡누룩
  '삼복 중에 누룩을 만들며, 보리10되, 밀가루2되로 누룩을 만든다. 녹두즙에 여뀌와 더불어 반죽하여 밟아 떡처럼 만들어 연잎 등으로 싸서 통풍이 잘 되는 곳에 걸어 말린다. 누룩은 반죽을 단단히 하고, 강하게 밟아야 좋은 누룩이 된다.'

2) 쌀

쌀을 어떻게 처리해서 사용하는가에 따라 술맛도 다르게 된다. 생쌀가루에 뜨거운 물을 부어 설익은 상태로 사용하는 경우가 있는데, 이것은 백하주, 향온주 등 조선시대의 대표적 약주들에 널리 쓰이던 방법이다. 이밖에도 시

루에 쪄낸 밥을 쓰기도 하며 백설기를 찌거나 죽을 쑤는 등의 방법으로 술의 원료를 처리한다.

2. 약주

약주는 탁주와 같은 방법으로 만든다. 즉, 멥쌀이나 찹쌀로 만든 고두밥(지에밥)에 누룩과 물을 섞어 발효, 숙성(20~25℃, 10~20일)시키면 위에 맑은 술이 떠오른다. 이 속에 용수를 박아두면 맑은 술이 고이는데 이것이 약주이다.

약주와 탁주의 뚜렷한 구분은 없으며, 술을 거르는 과정에서 탁주와 약주로 구별이 된다. 즉, 체로 거른 것은 막걸리이고, 체로 거르지 않고 용수를 박아 떠내면 약주이다.

용수 : 술을 거를 때 쓰는 기구로 싸리나 대나무로 둥굴고 길게 엮어 만든다. 고급 전통주를 만들 때는 용수안에 창호지를 덧대어 사용한다.

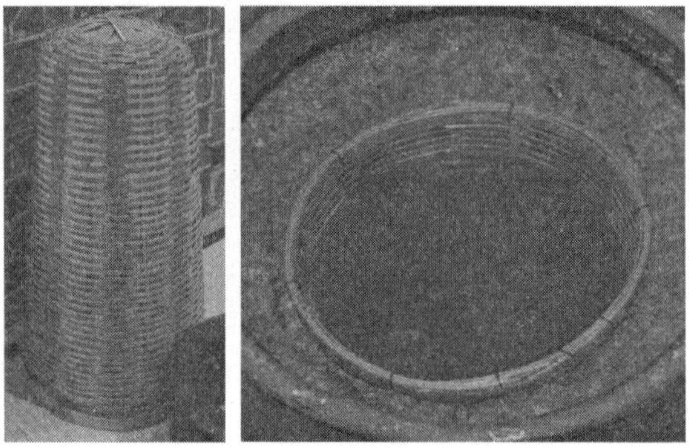

[그림 11-14] 용수

1) 약주의 유래

약주란 말은 본래 중국, 일본에서는 약재를 넣어 빚은 술을 의미하지만, 우리나라에서는 일반적으로 청주를 약주라고 한다.

조선시대에 흉년이 들면 약재를 넣은 환자용 청주 이외의 술에 대해서 금주령을 내려, 특권층들이 청주를 약으로 쓰는 술이라 속여 마시는 일이 많았다. 이러한 관례가 굳어져 권력이 있거나 점잖은 이가 마시는 술은 약주라 부르게 되었고, 오늘날 술의 높임말로도 쓰이게 되었다.

– 문헌고찰 –

- 임원십육지(서유구)

  서유구는 아호를 약봉(藥峰)이라고 했으며, 그의 부인이 청주를 잘 빚었는데 그가 살던 곳이 약현(서울 중림동)이었기 때문에 그 술을 '약현에서 나는 술' 또는 '약봉이 만든 술'이라고 하여 약주로 변해버린 것이 그 유래라 한다.

2) 약주의 제조법

약주 제조법에는 단양법과 중양법이 있다.

(1) 단양법

누룩, 물, 고두밥을 단번에 넣고 발효시켜 술을 만드는 방법이다. 대표적인 단양주로는 탁주와 동동주가 있다.

(2) 중양법(重釀酒)

단양주에 곡물, 물, 누룩을 혼합한 것을 한번 더 넣어 덧술한 것을 이양주(二釀酒)라고 한다. 즉, 알코올 도수를 높이기 위해서 일단 숙성한 술밑(酷)을 걸려 새로이 곡물과 누룩을 넣어 술을 진하게 빚는 방법이다(그림 11-20).

술밑은 누룩을 섞어 버무린 고두밥(지에밥)을 말하며, 술덧의 발효를 수행하는 효모를 배양하는 공정이다.

그 덧술의 횟수에 따라 이양주(二釀酒), 삼양주(三釀酒), 오양주(五釀酒)를 만든다. 이렇게 얻은 알코올 농도가 높은 술을 중양주(重釀酒))라고 한다. 덧술을 많이 하면 알코올 도수가 높아지고, 맛과 향은 더욱 풍부해진다. 중양법을 3번 이상 거듭하여 만든 진한 고급청주를 춘주(春酒)라 부르며, 대표적인 것으로는 백하주, 삼해주 등이 있다. 또 춘주는 정월에 빚어 봄에 먹는 술을 의미하기도 한다.

그러나 덧술을 많이 하면, 원료의 양에 비해 생산되는 술의 양이 적기 때문에, 사대부 집안이나 양반들이 주로 마셨으며, 서민들은 대부분 단양주를 마셨다.

또 쌀을 원료로 하여 중양주를 만들면, 술밑의 끈기 때문에 쉽게 걸려지지 않고, 무리하게 오온(五醞), 구온(九醞) 거르면 산화에 의해 술이 시어진다. 기장이나 조처럼 끈기가 적은 것을 많이 사용한다.

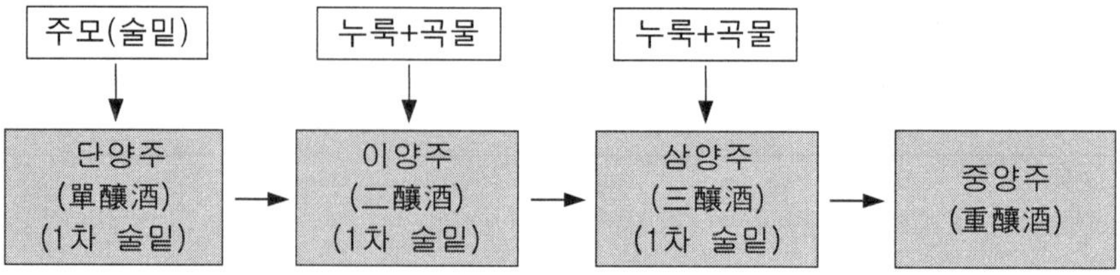

[그림 11-15] 중양주의 제조법

약주는 맑은 술이라는 뜻으로, 예전에는 청주라고 하였다. 청주(淸酒)란 탁주에 비하여 맑은(淸) 술이라는 뜻이다. 현재 우리가 마시는 청주는 일본식 쌀누룩을 쓰는 일본청주이며, 일제시대의 일본식 제조방법을 아직도 그대로 따르고 있다. 즉, 본래 삼국시대에 일본으로 전래된 청주제조법이 일본의 기후와 풍속에 맞게 발달되어, 역으로 우리나라에 도입된 술이 일본청주이다. '청하' 라는 술도 일본에서 개발된 냉청주 제조기술을 도입한 것이다.

현재 주세법에는 일본식 청주를 "약주류 중 청주" 전통청주를 "약주류 중 약주"라고 분류한다. 청주라고 하면 일본의 정종을 생각하지만, 본래 청주는 누룩을 사용하여 빚은 우리의 전통주를 의미한다.

[표 11-12] 전통청주(약주), 일본청주 및 중국청주의 차이점

	한 국	일 본	중 국
누룩	밀누룩(막누룩)	쌀누룩(흩임누룩)	밀누룩(막누룩)
원료	쌀, 찹쌀, 잡곡 등 다양	쌀	찹쌀
맛	-누룩속의 유산균발효로 산미, 감미가 강하다. -다양한 미생물의 작용으로 맛이 복잡하고 다양하다(차게 마시는 것이 좋다).	-맛이 단순하고, 경쾌하다(데워 마시면 좋다).	-노주(老酒)라고 하며, 누룩냄새가 많이 나고, 오래 묵혀 맛이 진하다.

3. 소주

일반 전통주는 알코올도수가 낮아 오래 두면 식초가 되거나 부패한다. 이런 결점을 막기 위해 고안된 증류주가 소주이다. 소주는 약주나 막걸리를 증류하여 이슬처럼 받아내는 술이라 하여 노주(露酒)라고도 하고, 화주(火酒)라고도 한다.

또 소주는 (1) 순수한 곡물만으로 발효시켜 증류한 순곡소주, (2) 소주에 약재를 혼합하여 발효시킨 약용소주, (3)소주에 가향물질을 혼합하여 발효시킨 가향소주로 분류된다.

1) 소주 내리는 법

소주를 만드는 가장 원시적인 방법은 솥뚜껑을 이용한 방법이다. 약주나 막걸리를 솥에 담고 솥뚜껑을 뒤집어 덮는다. 뒤집어 놓은 솥뚜껑손잡이 밑에 주발을 놓아둔다. 그리고 뒤집어 덮은 솥뚜껑 위에 찬물을 붓는다. 솥에 불을 때면 알코올과 향기성분이 기화되고, 솥뚜껑에 부딪치면서 술 방울이 맺힌다. 이렇게 맺힌 술 방울이 솥 안의 주발에 고이게 된다. 그래서 소주 만드는 것을 소주 내린다고 한다.

이러한 원리로 좀 더 간단히 만든 기구가 소줏고리이다. 소줏고리는 증류된 술 방울이 소줏고리에 달린 긴 관을 통해 밖으로 나오도록 한 것이다(그림 11-16).

[그림 11-16] 소줏고리

2) 증류식 소주와 희석식 소주

증류식 소주란 누룩을 사용하여 만든 막걸리나 약주를 소줏고리(재래식 증류기)로 증류한 술을 말한다. 고려시대부터 시작된 전통적인 방법으로 증류시킨 것으로, 희석식보다 맛과 향이 강하다. 숙성전의 위스키의 맛과 비슷하다. 이 방법으로 45°의 소주를 얻을 수 있으며, 유명한 전통소주로는 안동

소주가 있다.

현재 판매되고 있는 일반소주는 희석식 소주를 말하며, 주정(95% 알코올)을 20~35°로 희석한 소주이다. 연속식증류기로 증류된 주정을 물로 희석하여 탈취하고, 여기에 아미노산, 사카린, 아스파탐, 올리고당, 스테비오사이드 등을 첨가하여 만든다. 소주를 마셨을 때 머리를 아프게 하는 물질은 퓨젤오일과 메탄올알데하이드 등의 화학성분이다. 일부 소주 회사가 이것을 제거하기 위해 활성탄을 사용하고 있다.

3) 소주(燒酒)와 소주(燒酎)의 차이

소주(燒酒)는 곡류와 서류 등을 원료로 하여 주정 발효시켜서 숙성된 술밑을 증류하여 만든 술을 의미하며, 소주(燒酎)의 주(酎, 진한 술 주)는 술을 만들 때, 여러 번 덧술하여 알코올 농도를 높인다는 말이다. 현재 시판되고 있는 소주는 소주(燒酎)로 표기되고 있다. 이는 일본인이 알코올을 높인다는 뜻으로 잘못 사용한 말이며, 본래 우리나라와 중국에서는 소주(燒酒)이다.

4. 가향주

술에 독특한 향을 주기위해 꽃, 식물의 잎을 넣어 빚은 약주이다. 가향주는 한약재나 꽃 등을 술에 첨가하거나 처음부터 함께 빚어 만든다.

5. 속성주

단기간에 빚어지는 술을 말하며, 보통 7일안에 만들어진다.

속성주(速成酒)는 엿탁주라고도 하며, 대표적인 것으로는 계명주(鷄鳴酒)가 있다. 계명주는 술을 담근 다음 날 닭이 우는 새벽녘에 벌써 다 익어 마실 수 있는 술이라고 하여 붙여진 이름이다.

제조 공정은 다음과 같다

① 술을 담그기 5~7일 전에 조청에 누룩을 담가 둔다.

② 옥수수와 수수에 그 3배의 물을 넣은 후, 엿기름을 넣어 삭을 때까지 약하게 가열한다.

③ 그 후 찌꺼기를 거르고, 다시 끓인 후 냉각한 재료에 조청에 담근 누

룩과 솔잎과 섞는다.

④ 25~28℃로 7일간 발효시킨 후 걸러낸다(알코올 농도 11%).

여기에 8가지 약초를 넣어 알코올 농도 16%로 만든 술을 약(藥)계명주라고 한다.

6. 이양주(異釀酒)

보통의 술빚는 방법이 아닌 특이한 발효기법을 이용하여 빚은 술이다. 예를 들어, (1) 생대나무의 대롱을 이용하거나, (2) 술독을 땅속에 묻거나, (3) 물 속에 담가 숙성시키는 등의 특이한 발효기법을 사용한 술이다.

1) 대표적인 이양주

① 와송주(臥松酒)

비스듬히 자란 소나무의 구부러진 부분을 파고 술 재료를 넣어 밀봉한 후 흙을 덮어 만드는 술이다. 익으면 청향이 그윽하다.

② 죽통주(竹筒酒)

생 대나무의 마디 사이에 구멍을 내어 술을 빚어 넣고, 대나무로 구멍을 막고 진흙을 발라 익힌 술이다. 또는 굵은 청대를 마디있게 잘라 구멍을 뚫고 술을 빚어 넣어 숙성시키기도 한다.

③ 지주(地酒)

술항아리를 땅속에 묻어 익히는 술을 말한다. 밑술을 3번 덧술하여 빚은 만든다.

④ 청서주(淸暑酒)

술항아리를 찬물에 채워 발효시키는 술로 여름철의 양조별법이다.

⑤ 송하주(松下酒)

동짓날 밤에 소나무 밑을 파고 술을 빚어 넣은 항아리에 소나무 뿌리를 넣고 밀봉하였다가 이듬해 늦가을에 꺼내 마신다.

7. 과실주

쌀로 빚은 술에 과실을 넣거나 처음부터 함께 빚어 만들 술로서 과실의 향과 맛이 우러나기 때문에 일종의 가향주라 할 수 있다. 술에 과실의 향을 부여하거나 약용의 목적으로 애용되었다. 과실을 자연 발효시킨 과실주와 우리의 전통 과실주는 전혀 다르다.

포도를 자연 발효시켜 만든 포도주는 원나라 왕이 고려의 충렬왕(1285년)에게 보내왔다는 기록이 있지만, 본격적으로 와인이 들어오기 시작한 것은 조선시대 고종 때부터이다.

- 양주방(釀酒方, 1700년대) : '포도주는 누룩, 밥, 포도즙을 섞어서 만든다.'

11.5. 체내에서의 알코올 대사

체내에 알코올이 흡수되면, 알코올탈수소효소(ADH)에 의해 분해되어 아세트알데하이드로 생성한다. 이 물질은 독성이 강한 물질로, 얼굴을 붉어지게 하고, 두통, 구토 등의 숙취의 원인이 된다. 아세트알데하이드는 다시 아세트알데하이드탈수소효소(ALDH)의 작용으로 아세테이트(초산)으로 분해되어, 최종적으로 물과 탄산가스가 된다.

알코올 $\xrightarrow{-H^{+}}$ 아세트알데하이드 $\xrightarrow{-H^{+}}$ 아세테이트 ⟶ 물, 탄산가스

↑ 알코올탈수소효소 (ADH)　　↑ 아세트알데하이드탈수소효소 (ALDH)　　(6~10시간 경과)

ADH : alcohol dehydrogenase
ALDH : acetaldehyde dehydrogenase

[그림 11-17] 체내에서의 알코올의 분해 기작

즉, 사람이 술을 잘 마시고, 못 마시는 것은 아세트알데하이드탈수소효소

(ALDH)를 얼마나 많이 함유하고 있느냐에 따라 결정된다. 여성은 남성에 비해 ALDH의 활성이 낮으며, 또 한국인은 서양인에 비해 ALDH의 활성이 낮은 것으로 알려져 있다.

일반적으로 알코올은 1g당 7.1kcal의 칼로리를 내며, 1시간에 7~8g 정도가 간에서 분해된다. 예를 들어, 소주 1병(360㎖, 알코올 20%)을 마시면, 알코올 함량은 360×20/100×0.8(알코올의 비중)=57.6g 이다. 따라서 소주 1병의 칼로리는 57.6×7.1=408kcal가 된다. 또 소주 1병의 알코올을 분해하는 데는 7~8시간이 소요된다.

또 알코올의 흡수는 공복에 빠르며, 단백질이나 지방질 식품과 함께 섭취할 때 흡수가 늦어진다.

11.6. 술의 예법 및 술 끊는 법

1. 술의 예법

– 문헌고찰 –

- 소학(小學)

  (1) 술이 들어오면 자리에서 일어나 주기(酒器)가 있는 곳으로 가서 절하고 술을 받아야 한다. 감히 제자리에 앉은 채로 어른에게 술을 받을 수 없기 때문이다. 그러나 어른이 이를 만류하면 비로소 제자리에 돌아와서 마신다.

  (2) 어른이 술잔을 다 비우지 않으면 젊은이는 감히 마시지 못한다. 어른이 마시고 난 뒤에 마시는 것이 아랫사람의 예의이다.

  (3) 우리나라의 사람들은 어른을 모시고 술을 마실 때는 특히 행동을 삼가는데, 먼저 어른에게 술잔을 올리고 어른이 술잔을 주면 반드시 두 손으로 받는다.

  (4) 어른이 마신 뒤에 잔을 비우며, 어른 앞에서 술을 마시지 못하므로 돌아앉거나, 상체를 뒤로 돌려 마신다.

- 사소절(이덕무)

  '술이 아무리 독해도 눈살을 찌푸려서는 안된다. 또 술은 빨리 마셔도 안 되고, 혀로 입술을 빨아도 안 된다. 훌륭한 사람은 술에 취하면 착

한 마음을 드러내고, 조급한 사람은 사나운 기운을 드러낸다.'

- 양반전(박지원)

  '술을 마셔 얼굴이 붉게 해도 안 되며, 손으로 찌꺼기를 긁어먹지 말고 혀로 술 사발을 핥아도 안 된다. 남에게 술을 굳이 권하지 말며, 어른이 권할 때 아무리 사양해도 안되거든 입술만 적시는 것이 좋다. 남에게 술을 따를 때는 술잔 가득 부어야 하며, 술은 술잔에 차야 맛이다.'

- 규합총서

  '밥 먹기는 봄같이 하고, 국 먹기는 여름같이 하며, 장 먹기는 가을같이 하고, 술 먹기는 겨울같이 하라.'

2. 술 끊는 법

– 문헌고찰 –

- 규합총서

  '술 7되에 곱게 간 주사(朱砂) 5돈을 넣어 돼지우리 속에 두어 돼지가 제멋대로 흔들게 두었다가 7일 뒤에 먹으면 다시는 술을 먹지 않게 된다. 또 우물에 거꾸로 난 풀을 달여 먹이면 즉효가 있고, 또 댓잎위의 이슬을 섞어 먹이면, 신효(神效)하나 먹는 사람에게 알리지 말아야 한다. 매똥 재 1돈을 술에 타 먹여도 즉효하다.'

- 흰 개 젖과 흰돼지 젖을 3일 정도 마시면 된다. 아침, 점심, 저녁, 식간에 마시고, 한 번에 한 잔씩 먹되 먹는 사람이 몰라야 된다.

12장

차(茶)의 문화

차(茶)는 중국의 운남성과 티벳, 미얀마에 자생하는 동백나무과의 상록수(*Camellia sinensis* L)이다. 처음의 야생 차나무는 높이 30m까지 자랐기 때문에, 원숭이를 훈련시켜 찻잎을 땄으나, 지금은 1m 안팎으로 개량되었다.

동양에서는 녹차가 주로 즐기지만, 유럽이나 미국에서는 홍차를 즐긴다. 또한 한국을 비롯한 동양에서는 차 자체의 향과 맛을 즐기는 반면, 티베트에서는 버터를 넣어 마시고, 몽고에서는 소금 간을 하여 마신다.

한국, 중국, 일본의 차 문화 또한, 각각의 특징을 보인다. 한국은 은은한 향과 구수한 맛을, 중국은 향이 강한 맛을, 일본은 색을 중시하는 경향이 있다.

12.1. 차의 유래와 역사

차는 인류와 역사를 같이 하는 가장 오래된 기호식품이다. 동양에서는 기원전3,000년경부터 차를 마셔왔다. 처음에 차는 약용 음료였으나 6세기 이후(당나라) 음료로 널리 마시게 되었다.

- 중국의 전설 : 중국 당나라의 육우이 지은 다경(茶經)

  그 당시에는 먹을 것도 부족하고 음식에 대한 지식도 없어 신농(神農)은 산천의 초목을 직접 씹어 보아 식용이나 약용이 가능한지를 실험하였다. 하루는 신농이 100가지 풀을 먹고 이 중 72가지 독초에 중독되어 큰 나무 밑에서 쉬고 있는데, 마침 강풍이 불어 나뭇잎이 떨어졌다. 그것을 씹어 본 결과, 맛은 쓰고 떫고, 향이 있으며 먹은 뒤 정신을 들게 하였다. 그때부터 차의 효능이 알려져 널리 음용 되었다. 지금 그의 능(陵)은 차능(茶陵)이라 불리고, 햇차가 나오면 먼저 다신(茶神)인 신농에게 차례를 지낸다.

  - 신농 : 백성들에게 농경과 목축을 처음 가르쳤다는, 머리가 소의 모습을 한 고대 중국의 황제. 약 4,800년 전 신농(神農)이 차를 처음 마신 것으로 기록

12.2. 차(茶)와 다(茶)의 어원

차(茶)는 중국 사투리발음의 티(tee, tea)에서 전해졌다. 보리차, 인삼차, 쌍화차에도 차라는 이름을 붙이지만, 엄밀히 말하면 차가 아닌 일종의 대용차이다.

차(茶)란 차나무의 어린잎이나 순을 가공한 것을 말한다. 차(茶)를 중국에서는 '챠', 일본에서는 '차' 하고 하지만, 우리는 '차' 와 '다' 로 병용하여 사용한다. 예를 들어, 茶房(다방), 茶菓(다과), 茶食(다식), 綠茶(녹차), 茶禮(차례, 다례) 등이다.

차를 중국 광동성에서는 'Cha', 복건성에서는 'Tai' 라고 한다. 우리나라에는 광동성의 '차' 와 복건성의 '다' 가 모두 들어와 사용하게 되었다.

또 '차' 와 '다' 를 사용함에 따라 다음과 같이 뜻이 달라지는 경우가 있다.

① 다례(茶礼) : 부처, 사람에게 차를 끓여내는 행위

② 차례(茶礼) : 명절에 간단히 지내는 제사

③ 다병(茶瓶) : 다탕을 담는 주자(注子)나 병

④ 차병(茶瓶) : 마른차를 넣어두는 병

12.3. 우리나라 차(茶)의 역사

Ⅰ. 삼국시대

우리나라에 차가 언제 도입되었는지는 분명치 않으나, 삼국사기의 기록에 의하면, 우리나라에는 6세기경부터 차가 있었으나, 7세기경 당나라에서 새로운 차 종자가 전래되어 지리산 사찰을 중심으로 차가 재배되었다. 현재 경남 하동에 신라 흥덕왕(서기 828년) 때 심은 우리나라에서 가장 오래된 녹차나무가 남아 있다.

일본은 우리보다 1세기 늦은 8세기경에 차가 전래되었으며, 유럽에는 16세기에 전래되어, 17세기 초에 유럽각국으로 전파되었다.

신라시대에는 왕족, 귀족, 승려, 화랑, 학자들이 주로 차를 즐겨 마셨으며, 차를 불전에 공양하거나 와실의 제수(祭需)에 사용하였다.

삼국시대에는 단차, 말차, 잎차를 모두 음용하였으나 특히 말차의 이용이 많았다.

- 문헌고찰 -

- 삼국유사(三國遺事) 가락국기

  '가야국의 시조 김수로왕(서기 42년)은 꿈의 계시를 받고 김해 별진포로 나갔다. 그곳에는 화려한 인도의 배 한 척이 오고 있었다. 배에는 아유타국(阿踰陀國)의 공주 허황옥과 오빠 허보옥이 타고 있었다. 그들 역시 꿈의 계시로 가야국의 김수로왕을 찾아왔다. 김수로왕은 허황옥을 왕비로 맞이하는데 많은 금, 은, 패물과 비단 그리고 차나무 씨를 가져왔다.'
- 삼국사기(三國史記)

  '신라 흥덕왕 3년(서기 828년) 사신 김대렴(金大濂)이 당(唐)에서 가져온 차를 지리산 쌍계사와 화엄사일대에 심게 했다. 차는 이미 선덕여왕(632~647) 때에 있었으나, 이 때 이후 더욱 성행하였다.'
- 삼국유사 : 충담(忠談)의 안민가(安民歌)

  '신라 경덕왕 23년(764) 왕이 귀정문(歸正門)에서 충담선사를 만났다. 어디서 오는 길이냐고 묻자, 미륵세존(弥勒世尊)께 차를 공양하고 오는

다구(茶具) : 차를 끓여 마시는데 필요한 도구

중이라 하였다. 왕이 차 한 잔 주겠느냐고 하니, 다구(茶具)에 차를 달여 올렸는데, 맛이 기이하고 이상한 향기가 풍겼다.'

- 쌍계사 진감국사대공비석(眞鑑國師大空塔碑, 774~850)

  '진감국사 혜소(慧昭)가 중국차를 선물 받았을 때, 이를 돌솥에 섶나무 삶듯이 삶았다.'

- 남행월일기(南行月日記), 이규보(1168~1235) : 말차

  '원효가 와서 살았기에 사포 또한 와서 모시고 있었는데, 차를 달여 올리려 하였으나 샘물이 없음을 근심하다가, 그 물이 문득 바위틈에서 솟아나고, 맛이 매우 달고, 젖과 같아 점차(点茶)를 시험하였다.'

점차는 말차(沫茶) 즉, 엽차를 갈아 가루로 만든 차를 말한다.

[표 12-1] 형태에 따른 차의 분류

말차(末茶)	증기로 찐 찻잎을 말려 맷돌로 갈은 가루차. 뜨거운 물에 가루를 풀어 마시기 때문에 탁하다.
단차(团茶)	증기로 찐 찻잎을 절구에 찧어 떡 모양으로 말린 차. 단병차(团餅茶), 병차(餅茶, 떡차)라고도 하며, 엽전처럼 만들어 돈차라 하기도 한다.
잎차(葉茶)	찻잎을 뜨거운 물에 우려먹는 보통의 차
화차(花茶)	재스민 등의 꽃을 찻잎 사이에 넣어 말리거나 찐 차로 향편차(香片茶)라고도 한다. 중국의 재스민 차는 녹차에 재스민 꽃을 넣어 만들며, 대만에서는 발효시킨 포종차(반발효차)에 재스민 꽃을 넣어 만들기도 한다.

[그림 12-1] 형태에 따른 차의 분류

2. 고려시대

고려시대는 차 문화의 전성기이었으며, 불교사원을 중심으로 유행하여 한국 다도(茶道)의 예법이 확립되었다. 왕실에서는 주요 행사 때마다 반드시 진다의식(進茶儀式)을 행하였다.

진다의식이란 술과 과일을 임금에게 올리기 전에 먼저 임금이 차를 청하면 신하가 차(茶)를 올리는 의식을 말한다.

또, 외국사신을 맞이할 때나 관혼상제에도 차가 사용되었으며, 궁중의 차를 관리하는 관청인 다방(茶房)을 설치하여 관원들이 모든 차행사를 주관하였다.

또한 평민사회에서도 차 마시는 관습이 확산되었다. 달인 차를 판매하는 다점(茶店)과 여행자 휴게소인 다원(茶院)이 설치되었다.

고려시대 초기에는 삼국시대와 마찬가지로 단차와 말차, 잎차가 음용되었고, 특히, 말차가 성행했다. 그러나 고려 말에는 잎차가 성행하면서 차 마시는 도구도 다완(茶碗, 찻사발)에서 다관(찻주전자)로 바뀌었다. 이와 같은 차 문화의 발달로 고려청자, 정자나 다정(茶停)과 같은 건축양식과 상감청자라는 독특한 제조법을 개발하게 되었다.

– 문헌고찰 –

- 고려사(高麗史, 성종원년조, 981) : '왕이 스스로 차를 맷돌에 갈고 있다.'
- 고려도경(高麗圖經, 1124) : 송나라 사신 서긍(徐兢)
  '고려의 차는 맛이 쓰고 떫어 입에 넣을 수 없다. 그래서 고려인은 납차(臘茶)와 송나라의 용봉사단(龍鳳賜團)을 귀히 여긴다. 용봉사단은 송나라 궁중의 차로 국제예물로 오지만, 부족하여 상인을 통해 구입한다. 고려 때에는 신라 이상으로 말차가 성행했다. 말차를 만드는 기구를 연다마(研茶磨) 또는 다마(茶磨)라고 불렀다. 고려인들은 다마에 고형차를 갈아 끓는 물에 넣어 마셨다.'

납차(臘茶) : 납일(臘日)에 잎을 따서 만든 단차(團茶). 납일(臘日은 동지 뒤의 셋째 술일(戌日)를 말한다.
용봉차(龍鳳茶) : 향잎(香葉)을 넣어 만든 단차(團茶). 용봉(龍鳳)의 무늬가 박혀 있고, 금으로 치장한 송나라 궁중용 차.

다마(茶摩) : 차를 가는 데 사용되는 맷돌

3. 조선시대 차의 문화

조선초기에도 고려의 차 문화가 계속되어 기호음료로서 애용되었다. 그러나 조선중기에는 차 문화가 쇠퇴하여 차를 마시는 풍습이 사라졌다.

고려시대의 다방(茶房)은 조선시대에 차 문화가 쇠퇴하면서 주막으로 바뀌었다.

차 문화가 쇠퇴한 직접적 원인은 숭유억불정책에 의해 차 생산을 주도하던 사원들의 위축으로 차생산은 급격히 감소했기 때문이다. 또한 임진왜란(1592년) 때 도와 준 명나라가 그 대가로 많은 차를 요구하자, 조정은 백성들에게 많은 차세(茶稅)를 부과하자, 백성들은 견디다 못해 차나무를 불태우면서 차 문화는 더욱 쇠퇴하였다.

– 문헌고찰 –

- 성종 때의 문신 김종직의 글

  '함양군에 나지도 않는 차를 백성에게 부과하여 멀리 전라도에서 비싼 값에 차를 구해온다. 쌀 한말에 차 한홉의 비율로 사온다. 엄천사(嚴川寺) 북쪽 대나무 숲에서 차나무 몇 그루를 얻어 다원을 설치하였다. 몇 해 안되어 차나무가 잘 번식하여 다원에 가득했다.'

- 이규보의 글

  '차세(茶稅)가 극심하다. 차의 산지인 화계에서는 차를 채취할 때 남녀노소를 막론하고 차를 따게 하니, 이것은 백성의 고혈이요, 만민의 살을 베어 먹는 것이다. 산야를 불 질러 없애야 만민이 안도할 것이니 이를 알아 달라.'

오미자(五味子)라는 말은 단맛, 짠맛, 쓴맛, 신맛, 매운맛의 5가지 맛(五味)이 난다고하여 붙여진 이름이다.

[표 12-2] 우리나라 음청류(飮淸類)의 종류

화채	오미자물이나 꿀물에 꽃, 꽃잎, 과일 등을 잣(실백)과 함께 띄운 음료. 1) 진달래화채 : 녹두녹말에 묻혀 살짝 데친 진달래꽃을 꿀물이나 오미자물에 띄운 것 2) 유자화채 : 채 썰은 유자와 배에 꿀물이나 오미자물을 넣은 것
식혜	밥에 엿기름물을 넣어 발효시킨 음료
수정과	계피, 생강, 통후추를 끓인 물에 설탕을 끓여 넣고 곶감, 잣을 띄운 음료
미수(米水)	찹쌀, 보리쌀, 콩 등을 쪄서 말려 볶은 가루를 꿀물에 타서 마시는 음료
수단(水團)	물에 떡이 들어 있다는 뜻이라는 수단은 쌀가루로 만든 경단을 끓는 물에 삶아 꿀물에 넣고 잣을 띄워 시원하게 마시는 음청류(유두절식음료)
과실차	대추, 인삼, 매실, 오미자, 당귀, 구기자, 인삼, 계피, 결명자 등의 한약재나 은행, 호두, 배 등의 과실에 더운물에 넣고 오래 달여서
곡물차	곡물을 볶아 물에 끓여 마시는 음료(예 : 보리차, 옥수수차, 율무차, 둥글레차)

이때부터 관혼상제 때 차를 올리는 풍속 대신에, 술을 올리는 풍속이 생겼다. 일반가정의 제사에도 청주를 사용하였다. 차보다는 숭늉과 음주의 풍습이 성행하여, 숭늉과 막걸리는 서민의 음료로 정착하였다. 또한, 차의 대용음료로서 인삼차, 쌍화차, 결명자차, 율무차, 식혜, 화채, 수정과 등의 음청류가 발달하게 되었다.

이러한 차 문화는 승려와 일부 문인들 사이에서만 유지해오다가 19세기에 이르러 다시 성행하였다.

조선시대에 차를 중흥시킨 인물로는 정약용(丁若鏞), 초의선사(草衣禪師), 김정희(金正喜) 등을 들 수 있다.

오미자화채

유자화채

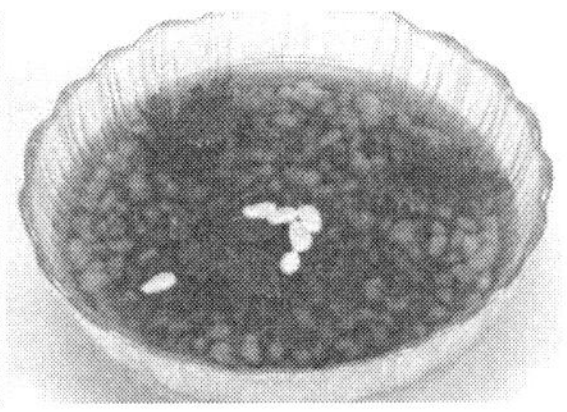
수단

수정과

식혜

[그림 12-2] 우리나라 음청류의 종류

4. 근대 시대

일제 시대에는 일본인들은 보성지역에 대규모의 차생산지를 만들고, 생산되는 차를 일본으로 가져갔다. 보성의 보성차밭, 광주의 무등다원, 정읍의 소천다원 등은 일본인이 만든 것이다. 일제 시대를 거치면서 차 문화는 다시 침체기를 맞이하다가 최근에 들어 다시 녹차문화가 대중화되고 있다.

12.4. 차의 분류

차(茶)는 그 제조방법에 따라 불발효차인 녹차, 반발효차인 오룡차, 발효차인 홍차, 후발효차인 황차, 흑차 등으로 분류된다(그림 12-3).

차는 잎의 크기에 따라 소엽종(小葉種)과 대엽종(大葉種)으로 분류된다. 소엽종은 녹차제조에 쓰이고, 대엽종은 찻잎이 크고 두껍고, 떫은맛이 강하여, 홍차, 오룡차 등의 발효차에 사용된다. 소엽종은 한국, 중국, 일본에서 주로 생산되며, 대엽종은 인도 아삼지방과 스리랑카에서 주로 생산된다.

- 차
  - 불발효차 - 녹차
    - 덖음차(한국 전통녹차, 중국녹차)
    - 증제차(일본 녹차, 일부 한국녹차)
  - 반발효차 - 오룡차, 포종차
  - 발 효 차 - 홍차
  - 후발효차 - 홍차, 녹차(보이차)

[그림 12-3] 제조법에 따른 차(茶)의 분류

1. 녹차(green tea)

녹차는 찻잎의 녹색과 성분을 변하지 않게 제조한 불발효차이다. 녹차는 제조방법에 따라 덖음차와 증제차로 분류된다.

1) 덖음차(부초차, 釜炒茶)

덖음차는 어린 찻잎을 손으로 비벼 부드럽게 한 후, 가마솥에서 덖어 만든 녹차로, 우리의 전통녹차와 중국차가 여기에 속한다.

덖음차는 생잎 중에 들어 있는 산화효소의 파괴를 위해 솥에서 덖어 만들기 때문에 풋내가 적고 구수하고 깊은 맛이 있어 우리 입맛에 잘 맞는다.

찻잎의 모양은 볶는 방식에 따라 여러 형태로 말아진다. 또 90℃ 내외의 물로 우려내야 본래의 향미를 느낄 수 있다.

(1) 덖음차의 제조공정

① 덖음 : 덖음공정은 녹차의 품질을 결정하는 가장 중요한 공정이다. 온도가 너무 높으면 찻잎이 타고, 온도가 너무 낮으면 효소에 의한 발효로 붉은색을 나타낸다. 보통 300℃에서 효소를 불활성화시킨다.
덖음과정은 1차적으로 녹차의 변질, 산화를 방지하고, 녹차의 푸른 기운을 꺽는다하여 살청이라고도 한다.

덖다 : 우리말로 물기가 조금 있는 고기나 약재, 곡식 등을 볶아 익힌다는 의미이다.

② 유념(비비기) : 찻잎의 수분을 고르게 한다.

③ 1차 건조 : 직접가열을 통해 덖음차 고유의 향미를 부여하는 과정이다.

④ 2차 건조 : 덖음차 고유의 구부러진 형상을 만들기 위해 회전시키면서 건조하여 모양을 형성하는 과정이다.

⑤ 건조 : 녹차의 품질변화를 막기 위해 수분함량을 4% 이하로 건조하는 과정

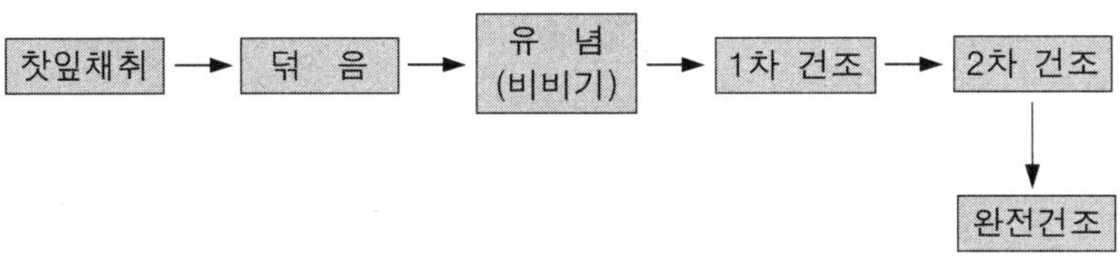

[그림 12-4] 전통 녹차(덖음차)의 제조공정

2) 증제차(蒸製茶)

찻잎을 100℃의 수증기로 30~40초 정도 쪄서 산화효소를 파괴시키고, 녹색을 유지시킨 것으로, 찻잎의 모양이 곧고 빳빳하다. 차의 맛은 덖음차에 비해 담백하고, 녹색이 선명하며, 풀냄새가 더 강하다.

쉽게 우러나므로 70~80℃의 물에서 차를 우려낸다. 물의 온도가 높으면, 쓰고, 떫은맛과 풋냄새가 강해진다. 일본녹차, 일부 한국녹차(가공의 용이함과 일본차 문화의 영향으로 생산)가 여기에 속한다.

(1) 증제차의 제조공정

① 증열 : 수증기로 잎을 쪄서 효소를 불활성화시키고, 찻잎을 부드럽게

하여 작업을 용이하게 하고, 풋냄새를 제거한다.

② 조유 : 증기로 찐 잎을 열풍 속에서 압박하는 공정으로, 수분함량을 50% 정도로 감소시킨다.

③ 유념(비비기) : 찻잎의 수분함량을 균일하게 하고, 찻잎 세포조직을 적당히 파괴하여 잘 우러나오게 하고, 형상을 좋게 하는 공정이다

④ 중유 : 열풍건조시켜 수분함량을 26~50%로 감소시키는 공정이다.

⑤ 정유 : 찻잎 내부의 수분을 배출시켜 건조시키고, 증제차 특유의 침상형 모양을 만드는 공정이다.

⑥ 건조 : 찻잎의 보존상 품질 변화를 막기 위해 건조, 수분함량이 4% 이내가 되도록 하는 공정이다.

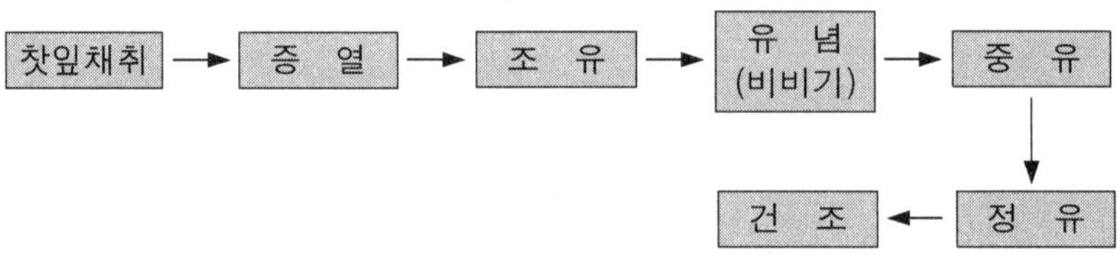

[그림12-5] 증제차의 제조공정

3) 옥로차(玉露茶)

옥로차는 일반 증제차와는 달리, 차의 새순이 나올 때 그늘막으로 빛을 차단시켜 재배한 차이며, 일본에서 개발되었다.

옥로차는 증제차와 같이 증기로 쪄서 효소를 불성화시킨 뒤, 덖음차와 같은 곡형이나 반곡형의 모양으로 만든 녹차이다.

증제차의 담백하고 산뜻한 맛과 덖음차의 맛과 형상이 조화되어 독특한 풍미를 나타낸다. 옥로차는 떫은맛의 카테킨 성분이 적고, 감칠맛을 내는 아미노산성분과 엽록소가 많아, 맛이 부드럽고 선명한 녹색을 나타낸다.

(1) 옥로차의 제조공정

① 증열 : 광선을 차단하여 재배한 찻잎의 수분 함량은 80~85% 정도로 노천재배보다 높다. 따라서 단시간에 열처리가 중요하다.

② 냉각 : 증기로 찐 찻잎을 급냉시켜 열에 의한 변색을 막고, 잎 표면의

수분을 제거하여 색의 변화를 억제하도록 하는 과정이다.

③ 조유 : 일반 증제차의 조유 광정과 비슷.

④ 유념 : 잎이 부드럽기 때문에 약하게 비벼 찻잎의 수분을 고르게 한다.

⑤ 중유

⑥ 재건 : 증제차의 정유 공정 대신 재건(성형과정)을 거쳐 찻잎의 상호 마찰과 차 자체의 무게에 의한 압박으로 찻잎이 둥글게 말아지도록 한다.

⑦ 건조

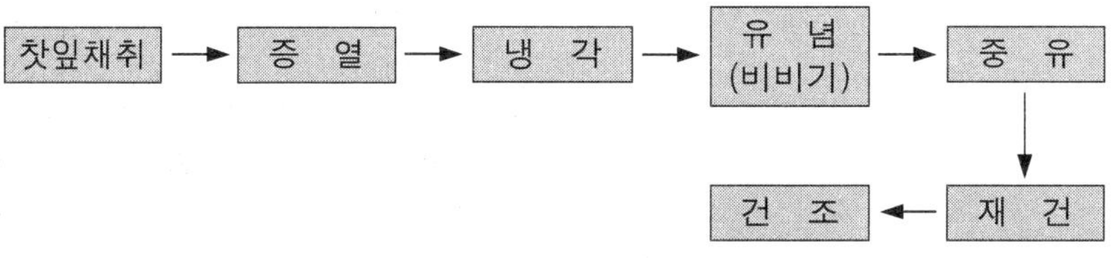

[그림 12-6] 옥로차의 제조공정

4) 녹차의 성분 및 효능

녹차의 감칠맛과 단맛은 아미노산과 당류에 의한 것이며, 주로 단맛과 감칠맛을 갖는 테아닌(theanin, L-글루탐산-γ-에틸아미드)이다. 특히, 옥로차에는 테아닌의 함량이 많다.

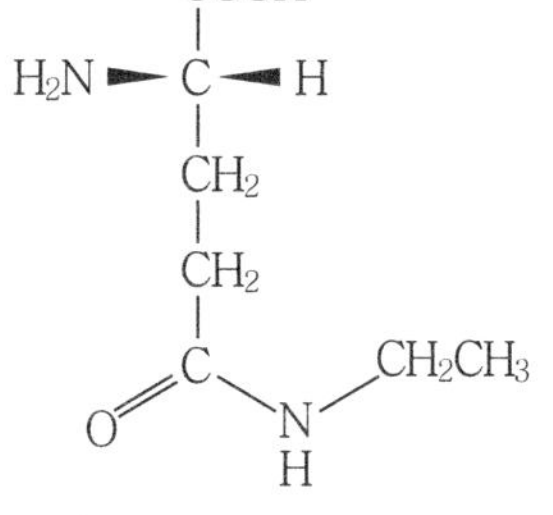

[그림 12-7] 녹차의 감칠맛 성분인 테아닌

또한 녹차에는 감칠맛 이외에 떫은맛, 쓴맛에 있다. 카테킨류(catechin)는 녹차의 떫은맛, 쓴맛의 주요성분이며, 열수가용성분의 절반을 차지한다. 카테킨 중에서 가장 많은 EGCG는 다양한 생리활성을 나타내는 주요 카테킨으로 항산화작용, 항균작용, 동맥경화예방 등의 효과가 확인되고 있다. 카테킨의 함량은 일조량이 많을수록 증가하기 때문에, 일조량이 적은 옥로차에는 카테킨함량이 적다.

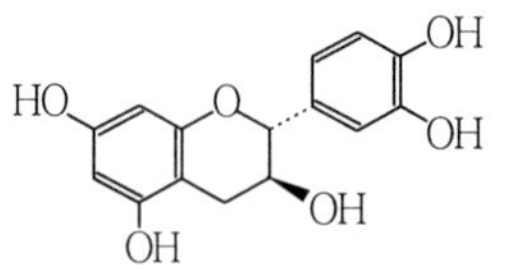

카테킨

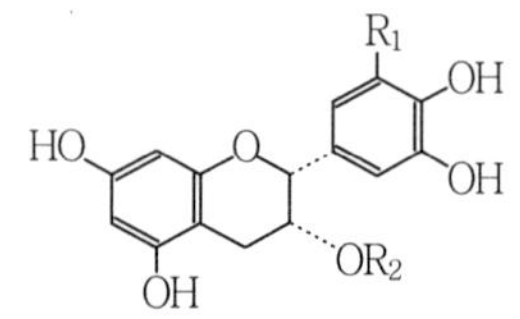

		R_1	R_2
(-)-에피갈로카테킨	(EGC)	OH	H
(-)-에피갈로카테킨-3-갈레이트	(EGCG)	OH	G
(-)-에피카테킨	(EC)	H	H
(-)-에피카테킨-3-갈레이트	(ECG)	H	G

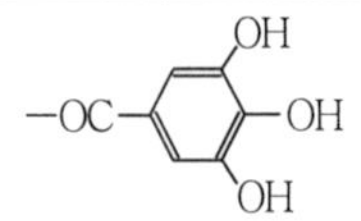

갈레이트

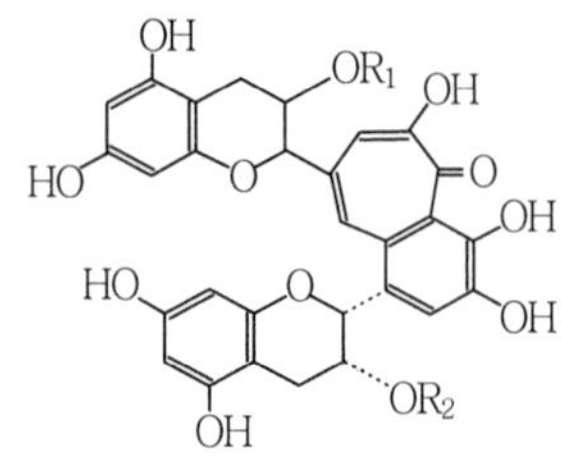

		R_1	R_2
테아플라빈	(TF1)	H	H
테아플라빈-모노갈레이트 A	(TF2A)	G	H
테아플라빈-모노갈레이트 B	(TF2B)	H	G
테아플라빈-다이갈레이트	(TF3)	G	G

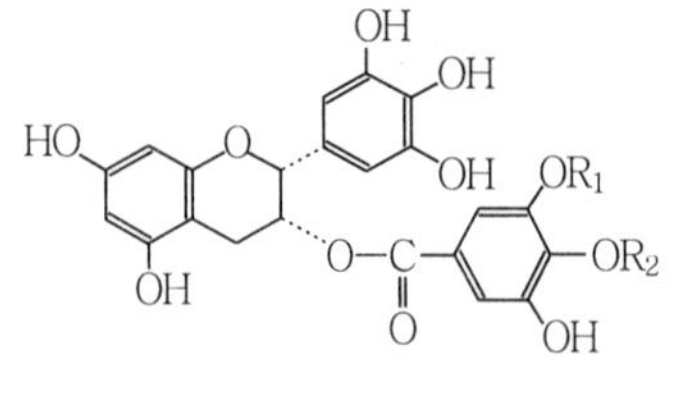

	R_1	R_2	
에피갈로카테킨-3-O-(3-O-메틸)갈레이트	OH	H	메틸화 카테킨류
에피갈로카테킨-3-O-(4-O-메틸)갈레이트	OH	G	

[그림 12-8] 차 잎의 주요 폴리페놀류

쓴맛의 주성분은 각성(覺醒)작용과 이뇨작용이 있는 카페인(caffeine)이다. 카페인은 녹차 중에 함유되어 있는 카테킨과 쉽게 결합하여 체내에 잘 흡수되지 않는다. 그러나 커피는 카테킨 등의 유효성분이 거의 없어 체내에서의 흡수속도가 빠르다.

또, 녹차는 비타민 C와 망간을 많이 함유한다. 녹차에는 비타민 C가

60~300mg/100g 함유되어 있다. 그러나 발효차에는 비타민 C가 거의 들어 있지 않다. 녹차의 침출액의 색은 플라보노이드와 그의 유도체에 기인된다. 향기성분은 청엽알코올(cis-hexenal)과 다이메틸설파이드(dimethyl sulfide) 등으로 상쾌한 향기가 특징이다.

또한, 녹차저장 중에는 이취성분(off-flavor)인 1-펜텐-3-올, 시스-2-펜텐-1-올, 헵타다이엔알(hepatadienal)의 함량이 증가한다. 이 성분들은 저장기간이 길수록 많이 생성되고, 저장온도가 낮을수록 생성이 억제된다. 또 수확시기가 늦은 저급 녹차일수록 많은 양이 생성된다. 따라서 녹차를 보관할 때는 습기와 공기의 접촉을 피하고, 저온 보관하는 것이 좋다.

[표 12-3] 녹차, 말차, 홍차음료 중의 특수성분 함량(100g 중)

	카페인(g)	타닌[1](g)	비타민 C(mg)	기타 성분
옥로차	3.5	10.0	110	
말 차	3.2	10.0	60	
홍 차	2.9	11.0	0	
인스턴트커피	4.0	12.0	0	
코코아	0.2	4.1	0	테아블로민 1.7g

[1] 차의 타닌은 카테킨류, 커피는 클로로젠산, 코코아는 폴리페놀화합물

- 동의보감(東醫寶鑑, 허준) : 차의 효능

  '차나무는 조금 차고, 냉하며, 맛은 달고 쓰며 독이 없다. 체한 것을 소화시키고, 머리를 맑게 해주며, 소변을 잘 통하게 하고, 잠을 적게 해주고, 불에 의한 화상을 해독시켜준다.'

5) 녹차의 종류

녹차는 향미, 색이 뛰어난 것을 좋은 차이며, 이는 찻잎의 채취시기, 제조방법, 보관방법, 우려내는 방법에 따라 달라진다. 우리나라에는 아직 생산지역이나 제조방법에 따른 세분화된 평가기준이 없어, 보통 찻잎의 채취시기로 차의 등급을 나누며, 채취 시기가 빠른 차일수록 고급차로 평가한다.

일반적으로 녹차는 채취시기에 따라 우전차, 세작, 중작, 대작으로 분류한다(표 12-4). 찻잎이 성숙할수록 비타민 C의 함량은 증가하지만, 폴리페놀, 아미노산, 카페인, 총 질소, 회분 등의 중요한 가용성 성분이 감소하기 때문

에 일찍 채취하는 것이 좋다.

[표 12-4] 녹차의 채취시기에 따른 분류

구 분	채엽 시기	특 징
우전차(雨前茶)	곡우(穀雨)전	곡우이전에 딴 새끼손톱 크기의 어린 찻잎으로 만든 차. 맛이 부드럽고 감칠맛과 향이 좋은 최고급차.
세작(細雀)	곡우~입하사이(4월 말경)	우전차보다 약간 강한 맛의 차. 다인들이 많이 애용한다.
중작(中雀)	입하이후	떫은맛이 강하고 약간 아린 맛이 있는 차. 일반적으로 마실 수 있는 차
대작(大雀)	한여름	잎이 크고, 거칠며, 맛이 강한 차. 보리차처럼 마시는 차

* 곡우(穀雨, 4월 20일), 입하(5월5일)

6) 녹차를 끓이는 온도 및 시간

어린잎이나 좋은 차일수록 물의 온도를 낮추고, 찻잎의 크기가 클수록 물의 온도를 높이는 것이 좋다.

[표 12-5] 생산지나 생산자에 의한 녹차의 분류

작설차(雀舌茶)	세작으로 찻잎이 참새 혀 참새의 혀를 닮아서 붙여진 이름
설록차(雪綠茶)	눈덮인 한라산 다원에서 생산된 깨끗한 녹차'라는 의미
춘설차(春雪茶)	무등산 고산지대에서 눈이 녹기 전에 돋아난 어린잎으로 만든 차
화 개 차	지리산 화개지역에서 생산된 야생녹차
죽로차(竹露茶)	대나무의 이슬을 먹고 자란 차나무의 잎이란 뜻
반 야 차	예로부터 내려오는 나름대로의 방법에 의해 만들어 지는 차
유 비 차	유기농법으로 재배되어진 차
응 조 차	매의 손톱과 닮아서 응조차라고 한다.
맥 과 차	찻잎이 보리입자를 닮았다고 하여 맥과차라고 한다.

즉, 우전차와 같은 고급녹차의 경우, 카테킨의 용출을 억제하고 감칠맛을 내는 아미노산 성분이 잘 우러나도록 저온(50~60℃)으로 침출시키는 것이 좋다. 저급녹차는 감칠맛을 기대하기 어렵기 때문에 열탕으로 단시간에 침출시키는 것이 좋다. 일반적으로 녹차는 60~70℃의 낮은 온도로 우려 떫은맛

이 적게 우러나도록 하는 것이 좋다.

차를 우리는 시간은 1~2분 정도로 하며, 덖음차는 증제차보다 약간 길게 한다. 이는 덖음차가 곡형으로 되어 있어 용출되는 시간이 더 걸리기 때문이다.

한편 생산지나 생산자에 의해 그 종류가 분류되기도 한다(표 12-5).

2. 오룡차(oolong tea)

오룡차(烏龍茶)는 중국차의 일종으로 보통 60% 정도 발효시킨 차를 말한다.

오룡차를 만드는 방법은 다음과 같다. 먼저 찻잎을 햇볕에 노출시킨 후, 실내에서 잎을 더 시들게 한다. 이 때 발효가 진행되지만, 홍차와 같이 발효 전에 유념과정이 없기 때문에 효소반응은 서서히 진행된다. 오룡차의 특유의 향미가 나타나는 시점에서 덖음을 하여 발효를 정지시킨다.

오룡차는 홍차의 떫은맛과 녹차의 쓴맛을 감소시키고, 꽃향기가 난다. 고급 오룡차에는 재스민락톤(jasmine lactone), 메틸쟈스모네이트(methyl jasmonate) 등의 재스민향이 난다. 우리나라와 일본에서 오룡차의 소비가 점점 증가되고 있다.

한편, 포종차(包種茶)는 일명 청차(清茶)라고도 하며, 발효정도는 15~20%로 낮은 반발효차이다. 포종차의 색이 녹차에 가깝고, 찻잎에서 재스민이나 장미와 같은 꽃향기를 낸다.

즉, 포종차는 발효도가 낮아 녹차에 가깝고, 오룡차는 발효도가 높아 홍차에 가깝다.

3. 홍차(black tea)

홍차는 85% 이상 발효시킨 차를 말하며, 떫은맛이 강하고, 등홍색을 나타낸다.

홍차는 찻잎을 시들게 한 후, 잘 비빈 후(유념과정), 발효(20~25℃, 습도 90% 이상)시킨 후 건조하여 만든다.

찻잎의 발효란 찻잎에 함유된 폴리페놀옥시데이스(polyphenol oxidase)에 의해 카테킨(catechin)을 산화시키는 것으로, 카테킨은 산화에 의해 갈색의 테아플라빈으로 변하는 동시에, 여러 성분들의 복합적 변화에 의해 독특한 향기와 맛을 나타낸다.

1) 홍차의 탄생

중국에서 유럽으로 차가 전해진 것은 16세기경이며, 그 당시에는 녹차에 우유나 설탕을 넣어 마셨다.

특히, 영국에서 폭발적 인기를 끌어, 귀족은 물론 서민들도 마시는 국민적인 음료가 되었다. 영국의 차(茶)문화가 발전된 이유는 산업혁명 때문이었다. 산업혁명으로 낙농계급이 공업노동자로 바뀌면서 우유부족이 심각해지자 정부가 우유대용으로 홍차를 장려했던 것이다. 당시 서민계급은 우유에 홍차를 넣고, 상류계급은 홍차에 우유를 넣어 마셨다.

영국의 차 문화가 발전하게 된 또 다른 이유는 (1) 식민지였던 인도의 아삼지역에서 차를 발견한 후, 영국의 중상류층을 중심으로 더욱더 보편화되고, 또한 (2) 유럽의 다른 지역은 물이 경수인 반면, 영국은 연수로 차에 적합하였기 때문이다. 그러나 프랑스에서는 와인이나 초콜릿, 커피 등에 눌려 차(茶)가 주요 음료가 되지 못했다.

2) 홍차 잎의 배합방법에 따른 분류

홍차는 홍차 잎의 배합방법에 따라 스트레이트티(straight tea), 브랜디드티(Blanded tea)와 후레버리티(Flavery tea)로 분류된다.

[그림 12-9] 대표적인 홍차

(1) 스트레이트티(straight tea)

보통 1종류의 찻잎으로 만드는 차를 말하며, 산지 이름을 따서 명명한다. 대표적인 것으로는 다질링(Darjeeling, 인도), 아삼(Assam, 인도), 실론(Ceylon, 스리랑카), 우바(uva, 스리랑카), 기문(keemun, 중국) 등이 있다.

인도의 다질링, 스리랑카의 우바, 중국의 기문은 세계 3대 홍차이다.

(2) 브랜디드티(Blanded tea)

여러 산지의 찻잎을 2종류이상 혼합하여 만든 차이다. 잉글리시 브렉퍼스트(English Breakfast), 아이리쉬 브렉퍼스트(Irish Breakfast), 오렌지 페코(Orange Pekoe), 러시안 캐러반(Russian Caravan) 등이 여기에 속한다. 예를 들어, 잉글리쉬 브렉퍼스트는 실론과 인도의 홍차를 혼합하여 만든 차로서, 가는 찻잎을 사용하여 빨리 우러나는 모닝티용 차이다. 주로 밀크티(milk tea)로 마시며, 향과 맛이 강하고, 카페인의 함량이 많다.

잉글리시 브렉퍼스트 아이리쉬 브렉퍼스트 오렌지 페코 러시안 캐러반

[그림 12-10] 브렌디드티(blanded tea)

(3) 후레버리티(Flavery tea)

찻잎에 여러 향을 더하여 만든 차로 가미된 향의 이름에 따라 분류한다. 과일향(레몬, 복숭아, 망고, 사과, 딸기 등)을 첨가한 것이 대부분이다.

레몬티((Lemon tea)는 자연스러운 레몬향이 가미된 가장 기본적인 홍차이다. 얼그레이(Earl Gray)는 기문이나 실론산 홍차에 베르가못(bergamot) 향유를 가미된 진한 오렌지색의 홍차이다. 얼그레이 이름은 중국에서 홍차제조 기술을 배워온 영국의 얼그레이 2세 백작의 이름에서 붙여졌다.

얼그레이 망고홍차 레몬홍차 복숭아홍차 사과홍차

[그림 12-11] 후레버리티(Flavery tea)의 종류

3) 홍차의 성분

발효과정 중에 효소작용으로 클로로필이 분해되고, 카테킨은 산화, 중합하여, 적색의 테아플라빈(teaflavin)과 등갈색의 테아루비진(tearubigin)을 생성하여 홍차 특유의 홍색을 나타낸다. 양적으로는 테아루비진이 많으나, 테아플라빈의 색이 더 진하다. 좋은 홍차는 0.75% 정도의 테아플라빈을 함유한다.

홍차라는 이름은 차의 침출액이 홍색이 나타내어 유래되었다. 영어로는 찻잎이 검다고 하여 black tea라 한다. 홍차는 녹차와 달리 풋내가 없고, 아름다운 홍색을 나타내지만, 녹차에 많은 비타민 C는 홍차발효 중에 모두 산화되어 소실된다.

홍차의 향기성분으로는 리날로올(linalool, 레몬향), 리나롤의 산화로 형성되는 리날로올옥사이드(linaooloxide), 제라니올(geraniol, 장미향) 등의 꽃이나 과일향기를 갖는 터펜, 알코올류가 많다.

홍차에 레몬을 넣으면, 비타민 C를 보강해 주고, 홍차 고유의 풍미와 상쾌한 산미를 증진시켜 준다. 또 레몬을 넣으면 홍차의 색이 엷어지는데, 이는 홍차 중의 테아플라빈이나 플라보노이드성분이 레몬의 산성(구연산 6~7%)에 의해 무색이 되기 때문이다.

홍차의 색깔과 향미는 주로 폴리페놀옥시데이스의 작용에 의해 기인되지만, 그 외에 아미노산과 폴리페놀화합물의 반응물(알데하이드)에 의해 생성되는 휘발성 카보닐 화합물도 관여한다.

홍차는 맛보다 향을 중요시하기 때문에, 고온에서 단시간(100℃, 2~3분)

끓이는 것이 좋다. 추출시간이 너무 짧으면 향기성분이 추출되지 않고, 너무 길면 떫은맛이 강해진다. 홍차에는 영양성분이 거의 없어 칼로리는 0에 가깝다.

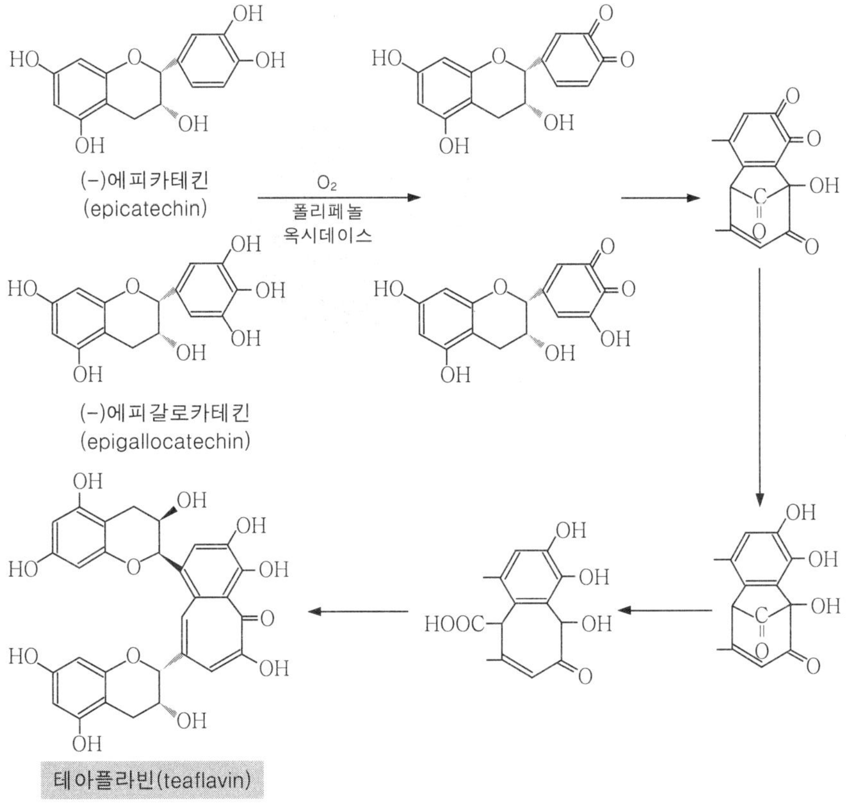

[그림 12-12] 발효과정을 통한 홍차의 색소 형성과정

4. 후발효차

후발효차는 녹차의 제조법과 같이 덖음 과정을 걸쳐 효소를 불활성화시킨 뒤 찻잎을 퇴적하여 20~30일간 방치한다. 그 사이에 공기 중의 곰팡이 등의 미생물이 부착하여 발효한다. 건조한 찻잎을 1~3년 숙성한다.

대표적인 후발효차로는 황차와 흑차가 있다. 황차는 후발효도가 15~25% 정도로 찻잎 중의 클로로필이 파괴되어 황색을 띠며, 떫은맛의 카테킨 성분이 약 50~60% 감소되어 맛이 순하고 부드럽다. 흑차는 발효도가 80~98%

정도로, 처음에 마실 때는 곰팡이 냄새로 약간 역겹지만, 독특한 풍미와 부드러움을 느낄 수 있는 차이다. 중국에서는 잎차보다 차를 압착하여 덩어리로 만든 고형차가 주로 생산되며, 저장기간이 오래 될수록 고급차이다.

대표적인 흑차로는 보이차가 있다. 보이차란 이름은 중국의 보이현에서 만들어져 붙여진 이름으로, 기름기가 많은 광동요리를 먹을 때 함께 마신다.

[그림 12-3] 보이차

13장

외래작물의 문화

전통적으로 우리나라에 외래작물이 전래되는 경로는 중국을 통해서였다. 15세기 말(1492) 콜럼버스에 의해 신대륙이 발견되면서 아메리카의 경작식물들이 유럽으로 전해지고, 이것이 중국으로 전해졌다. 우리나라에는 17~18세기에 중국과 일본을 통해 많은 외래농작물들이 전래되었다. 중국을 통해 전래된 농작물로는 토마토(1600년경), 감자(1825년), 옥수수, 낙화생(1780년경) 등이 있다. 일본을 통해 전래된 농작물로는 호박(1605년경), 고추(1613년경), 고구마(1763년) 등이 있다. 수박은 고려 말(1200년 말)에 몽고를 통해 전래되었다.

1. 수박(水朴)

수박은 이집트가 원산지인 박과에 속하는 1년생 초본식물로써, 4,000년전 고대 이집트시대부터 재배되었다고 한다. 우리나라에는 고려 때 몽고에 귀화한 홍다구(1244~1291)가 처음 개성에 심었다고 한다. 연산군실록(1450)에 수박의 재배에 대한 기록과 신사임당(1504~1559)의 초충도(草蟲圖)에 수박이 그려져 있는 점으로 보아, 조선시대 초기에 수박의 재배가 보편화되었음을 알 수 있다.

[그림 13-1] 신사임당의 초충도

- 도문 대작(허균)

  '고려를 배신하고 몽고에 귀화하여 고려사람을 괴롭힌 홍다구(洪茶丘)가 처음으로 개성에다 수박을 심었다.'

1) 수박의 어원

수박이란 말은 순수한 우리말이며, 모양은 박과 비슷하고 물이 많이 들었다고 하여 수박(水朴)이라 표기하였다. '박' 은 한자 표기가 없는 순우리말이다.

수박의 한자명은 서과(西瓜) 또는 수과(水瓜)이다. 처음 실크로드를 통해 중국에 들어 온 오이(瓜, 오이과)라는 의미로 서과(西瓜)라고 불렀으나, 물이 많은 오이((瓜, 오이과)라 하여 수과(水瓜), 시원하고 찬 오이라고 하여 한과(寒瓜), 여름에 귀한 과일이라고 하여 하과(夏瓜)라고도 한다.

영어로는 수박을 water melon이라고 하며, 수분이 많은 멜론(melon은 그리스어로 과실의 뜻)이라는 의미이다.

2) 수박의 효능

요소 대사 과정의 중간대사 물질인 시트룰린(citrulline)이라는 성분이 있어 이뇨작용을 촉진하여 신장병에 효과가 있고, 해열 및 해독작용도 한다.

아미노산 대사 후 형성된 독성의 암모니아와 결합하여 시트룰린(citrulin)은 단백질이 무독성의 요소로 변하여, 소변으로 배출되는 것을 도와주기 때문에 이뇨효과가 크다. 소변이 잘 나오지 않으면, 피로해지고 몸이 붓는데, 이는 세포와 세포 사이에 필요 없는 조직액이 늘어나기 때문이다.

민간요법에서는 수박을 전신 부종이나 기타 부종치료에 이용되어져 왔으며, 뜨거운 햇볕을 받아 메스껍거나 구토가 날 때 효과가 있다. 수박과육 중의 붉은 색소는 라이코펜(lycopene)으로 낮과 밤의 온도차가 클수록 색깔이 진하다. 최근 토마토에 들어있는 라이코펜에 항암효과가 밝혀지면서 수박에 대한 관심도 높아지고 있다.

2. 고추

고추의 원산지는 남아메리카이며, 콜럼버스가 신대륙을 발견한 이후, 스페인에 도입(1493년)되어, 15세기에 영국과 중부유럽에 전파되었다. 중국에는 17세기에 전파되었고, 일본(1542년)에는 표류하던 포르투갈상선이 전파하였다. 우리나라에는 1613년(광해군 6년)에 일본을 통해 처음 도입되었고, 그 후 1710년(숙종 36년)에 중국에서 도입된 기록이 있다. 도입 초기에는 술안주로 고추나 고추씨를 사용하였으며, 17세기말에 고춧가루를 후추, 산초의 대용품으로 사용하였다.

- 문헌고찰 -

- 초목유부경종법(草木六部耕種法, 일본)
  '고추는 1542년 포르투갈 사람이 비로소 일본에 전했다.'
- 지봉유설(芝峰類設, 1613년, 조선시대)
  '고추에는 독이 있다. 일본에서 들어와서 왜겨자(倭芥子)라 하며, 재배되고 있다.'
- 성호사설(星湖僿說, 1723년) 이익((李瀷)
  '번초(蕃椒)는 매우 매운 것이다. 우리나라에는 이것을 일본에서 왔다는 지식 외에는 아무 것도 없으니 왜초(倭椒)라 한다.'
- 본조식감(本朝食鑑, 1695년, 일본)
  '메밀국수에 고추를 넣으니 한때는 일본인도 고추를 먹었던 것 같으나 육식을 하지 않는 일본인 위장에 자극이 지나쳐 이것을 독초라 생각하

여 먹지 않았던 것 같다.'

- 대화본초(大和本草, 1709년) : 일본의 패원익헌(貝原益軒)
  '일본에는 풍신수길(豊臣秀吉)이 조선을 정벌할 때 고추종자를 가져왔기 때문에 고려호초(高麗胡椒)라 한다.'
- 본초강목습유(本草綱目拾遺, 1765년, 중국)
  '고추가 요즘 재배되어 시장에 많이 모여든다. 본초강목(本草綱目, 1578)에는 이에 관한 설명이 없다.'
- 본조세사담기(本朝世事談綺, 1734년 일본)
  '고추는 조선에서 온 것이고, 1605년에 담배와 함께 남쪽 야만국에서 왔기에 남만호초라고 한다.'
- 성형도설(成形圖說, 1804년, 일본) : '고추는 고려호초(高麗胡椒)라고도 하고, 남만호초라고도 한다.'
- 증보산림경제(增補山林經濟, 1766년)
  '고추 중에 짧고 껍질이 두꺼운 한 품종이 있어서 이것을 당초(唐椒)라 한다.'
- 조선개화사(朝鮮開化史, 1901년)
  '고추는 본래 독초이기 때문에 조선 사람을 골리기 위해 조선에 전했는데 체질의 차이로 오히려 조선 사람이 즐겨 먹게 되었다.'

1) 고추의 효능

- 일화일언(一話一言)(1726~1779, 일본)
  '수박을 먹고 복통이나 토사를 할 때, 고추를 달여 먹으면 해독된다. 이것은 조선통신사에게 배운 것이다.'
- 오주연문장전산고(五洲衍文長箋散稿, 1850년경) 이규경(李圭景)
  '추운 날 먼 길을 갈 때 고추를 넣은 복대를 하고, 고추를 버선 틈에 넣으면, 그 자극으로 혈행(血行)이 좋아져 추위를 타지 않는다. 또 고추를 고추대포와 같은 무기로 쓰기도 한다.'

3. 고구마

1) 고구마의 전래

고구마의 원산지는 남미 열대지방이다. 미대륙의 발견과 함께 스페인과 유럽에 전파되면서 중국(1600년경)에 전해진 후, 일본에도 전해졌다. 우리나라에는 고구마는 조선후기(1763년)에 일본을 통해 도입되고, 이듬해 시험 재배한 것이 시초이다.

- 문헌고찰 -

- 조선왕조실록(朝鮮王朝實錄, 1663년)
  '남해현민(南海縣民) 김여휘 등이 오키나와(流球)에 표류했다가 껍질이 붉고 살이 희며 쪄서 먹으니 맛이 마와 같은 것이 있다. 이것으로 배고픔을 면했다.'
- 해차일기(海槎日記, 영조 39년 1763년)
  '대마도에는 감저(甘藷)라는 것이 있는데, 효자마(孝子痲)라고도 하며, 일본말로 고귀위마(古貴爲痲)라 한다. 작년 대마도에서 처음 고구마를 보았고 이것을 몇 두(斗) 구해 부산진으로 보냈다. 또 이것을 구하여 동래(東萊)의 교리배(校理輩)에 전하고자 한다. 이것이 잘 자라 우리나라에 퍼진다면 문익점의 목화와 같이 백성들을 이롭게 할 것이다. 동래에서 잘 자라면 제주도와 여러 섬에도 전파시켰으면 좋겠다.'
- 감저보(甘藷普, 1766) : 동래 부사 강필리가 쓴 한국 최초의 고구마 전문서
- 감저신보(甘藷新普) : 김장순은 남부지방에서만 재배되던 고구마를 경기지방에서 시험 재배하여 그 연구 결과를 기록

2) 고구마의 어원

① 고구마의 옛말은 감저(甘藷)이다. 대마도에서는 감저(甘藷)를 효행저(孝行藷)라 적고 '고우꼬우이모라 부른다. 고구마란 이름은 대마도의 '고우꼬우마' 에서 유래된 말이다.

② 효행저(孝行藷) : 옛날 중국의 한 가난한 집에서 병든 노부(老父)가 감

저(甘藷)를 먹고 싶다고 하여, 아들이 산속에 들어가서 천신만고 끝에 감저(甘藷)를 구하여 노부(老父)에게 먹였으니 이때부터 효행저(孝行藷)라고 하였다.

③ 남방에서 도입되었기 때문에 남저(南藷)라고 하며, 조엄에 연유하여 조저(趙藷)라고도 한다. 감자는 북방으로부터 들어와 북서(北薯)라고도 한다.

4. 감자

1) 감자의 전래

우리나라의 감자 재배역사는 다른 작물에 비해 비교적 짧다. 북방을 통해 1825년에 도입되었다.

- 문헌고찰 -

- 오주연문장전산고(五洲衍文長箋散稿, 1850년) 이규경
  '북저(北藷)는 일명 토감저(土甘藷)라 하는데, 순조 24~25년(1824~1825)에 개북(開北)에서 처음 들어 온 것이다.'
- 원서방(圓薯方, 순조 32년, 1832)
  '우리나라에 처음 감자가 들어오기는 북개시(北開市)의 영고탑(寧古塔)이니 이것을 북감저(北甘藷)라 하는 바, 본디 중국 서남쪽이 원산지인데, 서쪽과 북쪽으로 전파되고 마침내 동쪽으로 전해졌다.'
- 원저보(圓藷普, 김창한 1862)
  '북방으로부터 감자가 이 땅에 들어 온지 7~8년 지난 순조 32년(1832)에 영국 상선이 전북해안에 약 1개월간 머물렀는데, 배에 타고 있던 선교사가 김창한의 아버지에게 씨감자를 주면서 재배법을 가르쳐 주어 재배하게 되었다.'

2) 감자의 어원

감자는 중국어로 마령서(馬鈴薯)라 하며, 한 포기를 파내어 들어올리면 말방울처럼 보인다는 뜻으로 붙여졌다. 우리나라에는 북방 산악지대를 통해 들어와서 그 이름을 몰랐으나 청나라 상인이 북방감저(北方甘藷)라고 가르쳐 주었다. 북방에서 온 고구마라는 뜻인 북방감저(北方甘藷)에서 붙여진 이름

이다. 그래서 북방감저(北方甘藷)의 북방을 빼고 감저(甘藷)라 적었다. 그 후 남방에 이것과 재배방법과 성질이 비슷한 고구마가 있어 이것도 감저(甘藷)라 하였다. 그 후에, 마령서(馬鈴薯)는 감자라고 부르고, 고구마는 당(唐)감자, 서주(西州)감자, 설탕감자, 무감자로 부르다가 고구마로 정립되었다.

- 조선어방언의 연구(朝鮮語方言의 硏究) : 소창진평(小倉進平, 1937년)
  '전라도, 경상남도, 충청남도 일부에서 감저(甘藷)를 감자, 감져, 감지로 부르며, 평안북도 일부지역에서는 지과(地瓜)라 한다. 그러나 감저(甘藷)는 대마도의 방언에 따른 고구마란 명칭이 일반화되었다. 고구마 재배가 남부에서 북상했기 때문인 것 같다.'

5. 토마토

토마토의 원산지는 안데스 산맥의 고랭지대로 알려져 있다. 우리나라에 들어온 정확한 시기는 알 수 없지만, 지봉유설(1614년)에 토마토를 남만시(南蠻柹)로 기록한 것으로 보아 1614년 이전에 들어온 것으로 보인다.

일본에 토마토가 전래된 것은 우리보다 늦은 1709년이므로, 중국으로부터 전래된 것으로 보인다. 그러나 일반적으로 토마토가 일반적으로 재배된 것은 그리 오래되지 않았다. 1927년에 보급되기 시작하여 1960년대부터 미국산 토마토 가공식품에 자극되어 전국적으로 재배하였다. 방울토마토는 1990년대에 재배되기 시작했다

- 지봉유설(之峰類說, 1614년)
  '남만시는 초시이다. 봄에 생하여 가을에 결실, 그 맛이 감과 비슷하다. 본래 남만에서 나왔는데, 근자에 한 사신이 종자를 중국에서 얻어 왔다. 또한 신기한 과일이다.'

토마토의 종류로는 스테이크용 토마토, 재래종 토마토와 같은 일반 토마토, 송이채로 수확하는 송이 토마토, 방울토마토, β-카로틴이 많이 함유된 노란 토마토, 진한 녹색의 흑토마토, 플럼토마토 등이 있다.

플럼토마토(plum tomato)는 서양자두와 같이 생겼다고 하여 붙여진 이름이다. 플럼토마토는 씨는 적고 과육이 단단하고 알차며 풍미가 강하여 요리용으로 많이 사용된다. 또 라이코펜 함량이 매우 높고, 감칠맛 성분인 글루

탐산도 보통 토마토의 2배 이상으로 풍부하다. 대저토마토는 일반토마토의 일종으로, 과육이 단단하고 당도가 높으며, 약간 짠맛이 난다.

[그림 13-2] 우리나라 토마토의 종류

토마토는 바로 먹을 때는 붉은색의 완숙토마토가 좋지만, 두고 먹을 때는 미완숙 토마토가 이는 토마토가 후숙 과일이기 때문이다. 완숙토마토의 저장 온도는 0℃이지만, 미완숙 토마토의 후숙 온도는 15~18℃가 적당하므로, 냉장고보다 서늘한 곳에 보관하는 것이 좋다. 냉장 보관할 경우에도 되도록 냉기 배출구에서 먼 곳에 보관하고, 신문지 등으로 싸두는 것이 좋다.

토마토에 함유되어 있는 빨간색소인 라이코펜(lycopene)은 폐암, 전립선암, 위암 등을 암을 예방하고, 면역력 강화 및 노화방지에 효과가 있는 것으로 알려져 있다.

라이코펜은 가열하면 오히려 함량이 증가하고 흡수율도 더 높아진다. 토마토를 삶거나 끓이면 생것보다 체내흡수율이 4배 정도 증가한다. 또한 익힌 토마토에 올리브유를 가하여 라이코펜 흡수를 9배 이상 높일 수 있다.

6. 호박

호박은 남북아메리카 대륙에서만 재배되어 왔으나 1492년 신대륙의 발견으로 유럽에 도입되었다. 동양에는 호박이 가장 먼저 전해진 것은 일본으로, 16세기 중엽(1549)에 포루투갈 무역선을 통해 동양계 호박이 전해졌고, 서양계 호박은 19세기 중엽에 미국으로부터 도입되었다.

우리나라에는 임진왜란 이후(1605년경)에 일본을 통해 들어온 것으로 추정된다. 호박은 처음에 승려들이 주로 먹던 음식이라 하여 승소(僧蔬), 즉, 승려들의 채소라고 하였다. 호박의 한자명은 남과(南瓜)이며, 남만(南蠻)에서 전래되었다는 것을 의미한다. 호박이란 말은 오랑캐로부터 전해진 박과 비슷하다고 하여 붙여졌다.

우리나라에서 재배되고 있는 호박은 동양계, 서양계, 페포계의 3종이다. 동양계 호박은 재래호박으로, 애호박, 풋호박, 늙은 호박 등이 있으며, 가장 많이 애용된다. 늙은 호박은 청둥호박 또는 맷돌호박이라고도 하며, 겉과 속이 주황색을 띠는 호박이다. 늙은 호박은 과채류 중에서 전분의 함량이 가장 많으며, 감자, 고구마, 콩에 다음으로 칼로리가 높다.

서양계 호박으로는 밤호박(왜호박)과 주키니(돼지호박)이 있으며, 밤호박은 전분과 카로틴, 비타민 A등이 풍부하고 영양가 높다. 페포계 호박에는 속이 노랗고 겉은 초록빛이 나는 단호박이 있다.

[그림 13-3] 우리나라에서 재배되고 있는 호박들

7. 옥수수

옥수수는 중국을 통해 16세기 이후 우리나라에 전래되었다. 옥수수는 중국말로 위수수(玉蜀黍, 옥촉서)라고 하며, 이 위수수가 우리나라로 들어오면서 옥수수가 되었다. 또 옥수수는 지방에 따라 강냉이, 옥시기, 옥숙꾸, 옥시게라고도 한다.

강냉이라는 말은 옥수수가 중국 양자강 남쪽의 강남에서 전래했기 때문에 강남이로 부르다가 강냉이로 변한 것으로 알려졌다. 즉, 강냉이란 말은 강남 > 강낭 > 강낭이 > 강냉이로 변한 것으로 생각된다. 그러나 지금의 강냉이란 말은 옥수수란 뜻보다는 옥수수 알을 튀겨 부풀린 것을 의미로 사용하는 경우가 많다.

8. 땅콩

땅콩의 원산지는 브라질을 중심으로 한 남미지방이며 우리나라에는 1780년을 전후하여 중국을 통해 들어온 것으로 추측된다. 땅콩은 땅에서 나는 콩이라 하여 붙여진 이름이다. 또 땅콩은 낙화생(落花生)이라고도 한다. 낙화생이란 말은 꽃이 떨어지면 자방이 길게 뻗어 땅속으로 들어가 땅콩이 생기다는 뜻에서 붙여졌다.

찾아보기

- 나 -

- 다 -

– 라 –

– 마 –

– 바 –

– 사 –

– 아 –

– 자 –

- 차 -

– 카 –

– 타 –

– 파 –

- 하 -

한국식문화사(韓國食文化史)

2009년 8월 10일 초판 발행
2017년 2월 24일 5 쇄 발행

저 자 : 손 종 연

발행인 : 임 종 철

발행처 : 도서출판 **진 로**

등록 : 제 6-0660호

주소 : 서울특별시 동대문구 고미술로 49
(의증빌딩 3층)

TEL : 02-2215-0203

FAX : 02-2216-0208

ISBN : 978-89-86877-52-6(93590)

정가 18,000 원